Einfach glücklich Das Geheimnis einer erfüllten Partnerschaft und starken Beziehung

Guy Bodenmann, Caroline Fux

Einfach
glücklich

**Das Geheimnis einer erfüllten Partnerschaft
und starken Beziehung**

Inhaltsverzeichnis

129
Warum eine ausge-
glichene Beziehungs-
waage wichtig ist

163
Priorität, Abwechs-
lung und Raum –
die Zutaten für ein
erfülltes Sexleben

51
Fünf
Dinge,
die jedem
wohl tun

68
Sprecherregeln und
Zuhörerregeln bei
Streit

80
Warum Stress so
schädlich für die
Beziehung ist –
und wie Sie sich
dagegen wehren
können

198
Das Geheminis
für eine lange,
erfüllte
Beziehung

Was wollen Sie wissen?

Dass zwei Menschen zusammenfinden und sich auf das Abenteuer Partnerschaft einlassen, ist jedes Mal ein kleines Wunder. Die Liebe ist ein Geschenk! Sie ist kostbar und verdient es, gehegt und gepflegt zu werden. Denn eine erfüllte Partnerschaft – inklusive dauerhaftem Liebesglück – ist keine Selbstverständlichkeit. Hier ein Schnelleinstieg:

Wir sind total verschieden. Kann das denn gut gehen?

Sehen Sie es doch einmal so: Schließlich haben Sie sich ja gesucht und gefunden, also passen Sie auch zusammen. Bei allen ähnlichen Interessen oder auch konträren, sich gegenseitig ergänzenden Vorlieben ist dies am wichtigsten: Wenn Sie beide das Gefühl haben, zusammenzugehören, dann gehören Sie auch zusammen. Dennoch ist ein „Wir-Gefühl" in der Beziehung wichtig, bei dem für die Zukunft gemeinsame Wünsche und Ziele formuliert werden, das sich aber auch aus gemeinsam Erlebtem bzw. Durchgestandenem speist (siehe „Das Wir-Gefühl", S. 23).

Zwischen all den unterschiedlichen Fähigkeiten von Ihnen und Ihrem Partner sollte ein Kräftegleichgewicht zwischen Geben und Nehmen herrschen (siehe „Das Kräftegleichgewicht", S. 126).

Gegen Entfremdung bei allzu verschiedenen Interessen hilft das „Update", das dem Partner einfach regelmäßig bei Gesprächen gegeben wird – so verliert der andere nie den Anschluss (siehe „So klappt das Update", S. 112).

Die große Verliebtheit ist vorbei. Hat unsere Beziehung noch eine Chance?

Die kurze Antwort: Auf jeden Fall. In ausführlicher Form: Liebe zu definieren oder wissenschaftlich dingfest zu machen, versucht man schon seit Jahrhunderten – gelungen ist es bisher nicht (siehe „Was ist Liebe?", S. 14). Dass die erste Phase der stürmischen Zeit voll Leidenschaft und Entdeckungslust nicht ewig anhalten kann, muss klar sein (siehe „Wolke 7: Kein Dauerzustand", S. 137). Werden die Liebe und die Beziehung gepflegt, kann jedoch ein Band der Vertrautheit entstehen, bei dem es weder zu einer Entfremdung noch zu einer allzu starken Gewohnheit kommt (siehe „Wie man die Liebe pflegt", S. 17). Dazu gehören Sexualität (siehe „Der Sexualität Raum geben", S. 161), aber natürlich auch das Gespräch, dass den Partner über die eigenen Wünsche und Ziele informiert (siehe „Entwicklung und permanenter Austausch", S. 110).

Mein Partner hat kaum noch Lust auf Sex. Kann ich daran etwas ändern?

Die Ursachen für ein mangelndes Interesse des Partners an Sex kann verschiedenste Ursachen haben. Ist die Leidenschaft in Ihrer Beziehung langsam „eingeschlafen" oder gab es einen plötzlichen Sinneswandeln bei Ihrem Partner? Liegt es an geänderten Umständen wie einer Schwangerschaft oder dem neuen Nachwuchs – oder hat Ihr Partner sehr viel Stress auf der Arbeit? Versuchen Sie, zum tieferliegenden Grund zu gelangen, indem Sie vertraute Gespräche mit dem Partner führen. Vielleicht helfen Ihnen – so wenig verführerisch das auch klingt – gewisse Routinen (siehe „Sie wollen mehr Sex?", S. 168). Und auch wenn es gut läuft, lohnt sich etwas Abwechslung immer (siehe „Die Zutaten...", S. 162).

Oft streiten wir über die banalsten Dinge. Warum eigentlich?

Stellen Sie zunächst fest, ob Sie die Angelegenheit wirklich beide für banal halten. Meist steckt für den einen eine tiefere Motivation dahinter. So könnte zum Beispiel die stehen gelassene Teetasse für Sie nichts weiter bedeuten, während Ihr Partner es als Missachtung der eben gesäuberten Wohnung wahrnehmen könnte (siehe „Kleinigkeiten ...", S. 105). Wenn Sie sich häufig um solche scheinbaren Kleinigkeiten streiten, reden Sie miteinander in einem festgelegten Rahmen mit klaren Regeln (siehe „Zum wunden Punkt vordringen", S. 104).

Ich habe Trennungsgedanken. Lohnt es sich, zu bleiben – oder nicht?

Paare trennen sich heute öfter als früher. Das heißt aber nicht, dass es Trennungsgedanken nicht schon immer gab. Sie kommen in den besten Beziehungen vor, können aber die unterschiedlichsten Ursachen haben. Werden Sie sich über den Grund klar: Ist das Vertrauen zu Ihrem Partner zerstört, etwa durch einen Seitensprung? Sind Alltag und Vertrautheit so groß geworden, dass alles als langweilige Routine erscheint? Oder ist Ihre Beziehung an sich gut, aber Sie durchleben persönlich oder beruflich eine (Sinn-)Krise (siehe „Untreue passiert nicht nur den anderen", S. 185)? Sprechen Sie mit Ihrem Partner über diese Gedanken (siehe „Den Partner nicht vor vollendete Tatsachen stellen", S. 194) und denken Sie auch über eine Paarberatung nach. Werden Sie sich darüber klar, dass Sie in Ihrer Beziehung – trotz aller Schwierigkeiten – auch gute Werte haben (siehe „Die großen Rivalen: Vertrautheit und Abnutzung", S. 187) sowie Verantwortung für eventuelle Kinder. Wichtig ist also: „Weg vom Gas!" (S. 194).

Wir lieben uns sehr – aber die Arbeit raubt uns die Zeit. Ist das schlimm?

Arbeitsbelastung und Stress hat wohl fast jeder Mensch. Wenn diese Faktoren von außen aber zu sehr in die Beziehung eindringen, können sie sich negativ auswirken. Plötzlich reden Sie weniger miteinander und sind dünnhäutiger bei Dingen, die Sie früher gelassen genommen hätten (siehe „Wie sich Stress ...", S. 79). Ein anderes Verhalten unter Stress sind dauerhaft einseitige Prioritäten, z. B. wenn Sie Arbeitsmeetings generell sorgfältiger planen als die Zweisamkeit mit Ihrem Partner. Achten Sie auf die kleinen Anzeichen, dass sich Ihre Beziehung verschlechtert (siehe „Fünf warnende Signale", S. 78) und steuern Sie bewusst gegen. Das kann durch allgemeine Verhaltensweisen geschehen (siehe „Günstige und ungünstige Verhaltensweisen ...", S. 84) sowie durch bewusste, entspannende Tätigkeiten (siehe „Sechs Anti-Stress-Puffer", S. 83).

Kann man auch zu viel Zeit miteinander verbringen?

Genauso wichtig wie ein fest vereinbarter Paarabend (siehe „Der Beziehung Priorität geben", S. 32) kann es für manche Partner sein, auch einen Abend in der Woche ganz bewusst für sich zu haben. Wenn Ihr Bedürfnis nach Nähe nicht mit dem Ihres Partners übereinstimmt und unausgesprochen bleibt, kann das zu Streit führen, bei dem die eigentliche Ursache unerkannt bleibt: Der nun fremdbestimmte freie Abend auf der Seite des einen Partners und vielleicht die Angst, außen vor gelassen zu werden auf der Gegenseite. Sprechen Sie über solche unterschiedlichen Bedürfnisse, betreiben Sie eine „Faire Ursachenforschung" (S. 154) und schauen Sie, ob Sie die Situation ändern können (S. 120).

Dauerhaftes Liebesglück

Liebe ist ein Geschenk des Himmels. Hüten Sie sie ein Paar-Leben lang wie einen kostbaren Schatz. Dazu müssen Sie nicht einmal im Jahr eine Riesen-Aktion starten. Viel wichtiger sind kleine Aufmerksamkeiten im Alltag.

Paarbeziehungen sind hoch im Kurs: Der Traum vom anhaltenden Liebesglück ist ein Dauerbrenner. Verlassen Sie sich dabei aber nicht auf die gute Fee oder das Schicksal. Sie selber haben es in der Hand, für eine stabile und glückliche Beziehung zu sorgen: durch liebevolle Gesten, Unterstützung und Offenheit, gute Gespräche, echtes Engagement. Und immer wieder die Erkenntnis: Ihre Beziehung ist einzigartig!

Den Wunsch nach einer festen Partnerschaft haben die meisten Menschen. Und nicht einfach irgendeine Beziehung soll es sein sondern eine glückliche, starke Bindung, die ein ganzes Leben lang hält. In einer Umfrage von Bodenmann unter Schweizer Jugendlichen im Jahr 2003 haben überwältigende 97 Prozent der Befragten angegeben, dass für sie eine feste Partnerschaft zu den wichtigsten Dingen im Leben gehöre. 80 Prozent gaben an, dass eine Ehe für sie ein lebenslanges Engagement bedeute – und nicht einfach ein Projekt auf Zeit. Und auch in der „Shell"-Jugendstudie 2010, für die Jugendliche zwischen 12 und 25 Jahren befragt wurden, sagten 92 Prozent, dass es für sie wichtig ist, ein gutes Familienleben zu führen.

Dass man sich nur für ein paar Jahre bindet und dann wieder trennt, entspricht also ganz und gar nicht den Wunschvorstellungen Es ist aber leider oft Realität. Die Kurzlebigkeit von Partnerschaften steht im Widerspruch zum Bedürfnis nach einer stabilen und engen Beziehung. Das tiefe Sehnen nach einer dauerhaften, glücklichen Beziehung ist im Menschen in allen Kulturen stark verwurzelt. Man sucht in engen Beziehungen das, was auch die Ur-Bindung zwischen Mutter und Kind gibt: Sicherheit, Geborgenheit, emotionale Wärme und Nähe. Diese Gefühls-Aspekte sind wichtiger als materielle oder gesellschaftliche Vorteile.

66 Wissenschaftlich belegt: Eine stabile, glückliche Beziehung gehört zu den Grundbedürfnissen des Menschen.

———

Eine enge, lebenslange Partnerschaft ist daher höchst wichtig und mit entsprechend hohen Erwartungen besetzt. Studien zeigen, dass viele Menschen zum Zeitpunkt der Eheschließung die Wahrscheinlichkeit, dass die eigene Ehe wieder geschieden wird, auf gerade mal 0 bis 8 Prozent schätzen – obwohl heute rund jede zweite Ehe auseinandergeht.

Die Überzeugung sitzt tief, dass eine Scheidung immer nur die anderen betrifft. Für sich selbst schließen die meisten Menschen dieses Szenario aus. Im ersten Liebesglück können sie sich nicht vorstellen, dass das einmal vorbei sein könnte.

Wunsch und Realität

Auch wenn der Wunsch nach einer dauerhaft engen und glücklichen Beziehung in den meisten Fällen da ist: Die Fakten sprechen eine andere Sprache. Die Scheidungsrate liegt in den westlichen Industrieländern zwischen 40 und 50 Prozent. Bei den übrigen festen Partnerschaften, die standesamtlich nicht erfasst und deshalb statistisch schlechter greifbar sind, liegt die Trennungsrate noch höher, da diese Beziehungen spontaner und schneller beendet werden können.

Für viele Paare wird also die Beziehung, in der sie doch nach Nähe, Geborgenheit und Zärtlichkeit gesucht haben, zur herben Enttäuschung. Die Erfahrung, verlassen oder gegen einen anderen Partner ausgewechselt zu werden, ist nicht nur frustrierend, sondern meist auch sehr verletzend und schmerzhaft. Außerdem verhindert sie, dass man wieder mit dem gleichen Grundvertrauen in eine neue Beziehung startet. Stattdessen beginnt man sie verkrampfter und pessimistischer.

Im Übrigen hat auch die Erfahrung mit der Partnerschaft der Eltern einen Einfluss darauf, wie offen und positiv man sich auf eine enge Beziehung einlässt. In der schon erwähnten Studie von Bodenmann (2003) zeigte sich, dass Jugendliche, die die Scheidung ihrer Eltern erlebt hatte, eine deutlich negativere Sicht haben. Nur 10 Prozent der Jugendlichen aus Scheidungsfamilien glauben, dass eine Ehe lebenslang halten wird –

> **Die Forschung zeigt:** Langfristig geht es nicht den Paaren am besten, die mit den meisten „Trümpfen" in die Beziehung starten. Sondern denen, die ihre Partnerschaft hegen und pflegen und sich um sie kümmern.

gegenüber 73 Prozent der Jugendlichen, deren Eltern eine stabile Beziehung führen.

Immer weniger Paare wollen ihre Beziehung einfach dem Schicksal überlassen. Sie wünschen sich Hilfestellungen und Tipps, um die Qualität Ihrer Beziehung hoch halten zu können. Dieses Buch liefert eine Fülle von Anregungen dafür.

Warum klappt es nicht, obwohl wir wollen?

Liebe verschwindet nicht von heute auf morgen. Sie löst sich nicht einfach in Schall und Rauch auf. In den meisten Fällen wird die Liebe allmählich verschüttet. Und zwar vom „Alltagsmüll", den beide Partner aus Sorglosigkeit und Unachtsamkeit auf ihr abladen.

Man kann mit noch so vielen „Trümpfen" – Liebe, Schönheit, Attraktivität, sexuelle Anziehung, Status, Intelligenz oder Reichtum – in eine Beziehung starten: Sie sind auf lange Sicht und ohne den ständigen Einsatz der beiden Partner keine Garantie dafür, dass eine Partnerschaft erfüllend und glücklich ist.

Liebe muss man pflegen

Wir putzen dreimal am Tag die Zähne, bringen unser Auto regelmäßig in die Werkstatt und besuchen Weiterbildungskurse, damit wir im Job auf dem neuesten Stand bleiben. Von der Liebe aber erwarten wir, dass sie ein Selbstläufer ist. Und genau das ist das Problem: Auch wenn sich fast alle Paare lebenslange Liebe wünschen, sind ziemlich wenige dazu bereit, in diesen Traum auch Zeit und Energie zu investieren.

Aber Moment! Wir reden hier ganz selbstverständlich von Liebe. Müssten wir nicht zuerst die Frage beantworten: Was ist Liebe überhaupt?

Was ist Liebe?

Was ist Ihre Vorstellung von Liebe? Eine große Welle, auf der Sie mühelos reitend durch das Leben getragen werden?

Oder ist es eine Kletterpartie in steinigem Gelände, die mühsam ist und Kraft kostet? In diesem Kapitel nähern wir uns einem großen Gefühl an.

Philosophie, Biologie, Literatur, Psychologie – es gibt kaum eine Wissenschaft, die nicht versucht hat, die Liebe zu ergründen und zu erklären. Dichter haben alle sprachlichen Register gezogen und versucht, die Liebe in Worte zu fassen. Verhaltensforscher haben Verliebte beobachtet und studiert. Haben ihre Blicke, ihr Lächeln und die ausgetauschten Berührungen beschrieben. Mediziner haben Hormone gemessen. Und alle haben einen Beitrag zur Ergründung dieses großen Gefühls geliefert. Doch so ergreifend, faszinierend und genau die gewonnenen Erkenntnisse auch sind: die Liebe bleibt trotzdem ein großes Geheimnis.

> **Es gibt kaum eine Wissenschaft, die nicht versucht hat, die Liebe zu ergründen und zu erklären.**

Die Liebe ist ein metaphysischer Zustand – etwas, das wir wissenschaftlich nicht erklären können. Sie ist mehr als ein Gefühl wie Freude oder Glück. Der Punkt, an dem aus Sympathie oder Zuneigung Liebe wird, ist nicht klar greifbar. Wir können einen Menschen attraktiv, nett, sympathisch und begehrenswert finden – und ihn trotzdem nicht lieben. Dafür lieben wir vielleicht einen Menschen, der auf den ersten Blick gar nicht besonders wirkt. Oder wir empfinden plötzlich Liebe für einen Menschen, den wir vorher kaum wahrgenommen haben. Oder aber wir lieben einen Menschen nicht mehr, den wir einmal sehr geliebt haben.

Definitionsversuche – ein unfertiges Puzzle

Es gibt unzählige Definitionsversuche der Liebe. Sie beschränken sich aber meist auf den Versuch, die verschiedenen Formen von Liebe zu beschreiben. Nichts von alledem aber macht greifbar, was Liebe denn nun wirklich ist.

Zum Beispiel biologische Erklärungsversuche: Zwar kann man heute ganz genau aufzeigen, welche Hirnareale aktiviert sind, wenn jemand in Liebe an den Partner denkt. Oder welche speziellen Stoffe der Körper ausschüttet, wenn man verliebt ist. Doch das ist es auch schon – ein tieferes Verständnis von Liebe schaffen diese Untersuchungen nicht.

Es wird unterschieden zwischen romantischer, leidenschaftlicher, pragmatischer, kameradschaftlicher, besitzergreifender oder selbstloser Liebe. Trotzdem kommt man der Sache nicht auf den Grund. Der Funke, der zwischen zwei Menschen überspringt und aus Sympathie oder Zuneigung Liebe macht, ist wissenschaftlich nicht zu erklären.

66 Die Liebe ist ein Geschenk und ein Mysterium, wissenschaftlich schwer greifbar und daher besonders faszinierend.

Es ist wie bei der Entstehung von Leben: Auch hier bietet die Verbindung zwischen Spermium und Eizelle keine ausreichende Erklärung für dieses Phänomen. Schließlich verbinden sich auf der Welt millionenfach Substanzen, ohne dass daraus neues Leben entsteht. Mit der Liebe verhält es sich ähnlich.

Die Idee einer problemlosen Beziehung

Obwohl Liebe also letztlich nicht zu erklären ist, haben fast alle Menschen eine Vorstellung davon, was sie ist und wie sie sich anfühlt. Und sie haben auch eine Vorstellung davon, was passiert, wenn sie „ihre" Liebe erst einmal gefunden haben: Die meisten Leute erwarten, dass sie von der Liebe wie von einer großen, warmen Welle durchs Leben gespült werden. Dabei genießen sie die wärmende Sonne, die ununterbrochen scheint. So schön dieses Bild auch ist – es entspricht nicht der Wirklichkeit.

Und wenn es im Märchen heißt: „Sie lebten glücklich zusammen bis an ihr Lebensende", so ist das nur die halbe Wahrheit. In Wirklichkeit sollte es heißen: „Sie lebten glücklich zusammen bis an ihr Lebensende, weil sie sich jeden Tag für ihre Partnerschaft eingesetzt haben."

Die Liebe ist kein lauschiges Wellenreiten in einem Inselparadies, sondern eher vergleichbar mit einer Kletterpartie in den Alpen. Immer wieder muss man – trotz aller Begeisterung und Glücksgefühle – den besten Griff finden, um vorwärts zu kommen. Ständig müssen die sichersten Tritte gesucht werden, schwierige Passagen gemeistert und besonders behutsam erklettert werden. Man trifft auf flache Strecken und Panoramawege, auf denen man gemütlich spazieren kann. Aber eben auch auf Schutt und Steilhänge. Dann tastet man sich langsam hoch und zieht sich hinauf. Und das trotz jahrelanger Erfahrung und besten Kenntnissen.

Mit der Liebe ist es ähnlich. Man kann sie nicht einfach genießen und über Jahrzehnte sorglos davon zehren, ohne etwas für sie zu tun. Genauso wenig kann man sie nach ei-

Höhen und Tiefen
An der dauerhaften Liebe muss
gearbeitet werden. Das Gute dabei ist: Die Anstrengung wird
immer wieder belohnt.

nem bestimmten Rezept pflegen und immer wieder die gleichen Dinge tun, damit
sie gedeiht. Man muss sich ihren Bedürfnissen anpassen, empfänglich für ihre Zeichen
sein und sich um eine angemessene Pflege
bemühen – genau wie beim Klettern, wenn
wechselnde Wetterverhältnisse, Steilhänge
am Berg und die eigenen Kräfte und Kennt-
nisse es erfordern, sich der Situation immer
wieder neu anzupassen.

Gut vorbereitet zur Liebesreise starten

Stellen Sie sich vor, Sie starten Ihre Beziehungsreise, ohne sich darum zu kümmern,
was auf Sie zukommt. Dann stehen Sie vielleicht plötzlich vor der Eigernordwand – oh-

ne richtiges Schuhwerk und ohne Kletter-
ausrüstung. Das können Sie verhindern, indem Sie sich vorbereiten.

Viele Paare starten in eine Beziehung
oder Ehe mit starken Liebesgefühlen. Wie
ein großer Rucksack voll von Köstlichkeiten,
so ist ihr Herz voller Liebe und Zuversicht.
Doch genauso wie der Vorrat im Rucksack
auf der Bergtour schnell aufgebraucht ist,
hält auch die Liebe nicht ewig vor, wenn
man sie nicht pflegt. Doch wie genau geht
das – die Liebe pflegen?

Dieses Buch will Ihnen helfen, einen
Rucksack mit Wissen und Kompetenzen zu
packen, die Ihnen auf Ihrer Beziehungsreise
nützen und die dazu dienen, Ihre Liebe zu
erhalten.

Wie man die Liebe pflegt

Die Liebe ist wie eine schöne Pflanze: Wer will, dass
sie gedeiht, muss sie dauerhaft hegen und pflegen.

Es gibt Dinge, die der Pflanze „Liebe"
schaden, und Dinge, die ihr gut tun.
Man sollte ihr die richtige Menge Wasser,
Licht und Dünger geben und auch mal den
Topf wechseln, wenn der alte nicht mehr
passt.

Durch wissenschaftliche Studien weiß
man heute relativ genau, was den Erhalt der
Liebe fördert und was eher schadet.

Das schadet der Liebe

Die Forschung konnte drei Hauptfaktoren
herausfiltern, die die Liebe und die Stabilität
einer Partnerschaft am meisten gefährden:

- **Eintönigkeit und Gewöhnung:** Wer
  nicht für Abwechslung und Spannung
  in der Partnerschaft sorgt, kann in einem langweiligen Lebensrhythmus stecken bleiben.
- **Ungünstige persönliche Voraussetzungen:** Eine schwierige Persönlichkeit
  oder psychische Labilität sind kein guter Nährboden für die Liebe.
- **Mangelnde Fähigkeiten zur Beziehungspflege:** Wenn die Partner nicht
  wissen, was sie für die Beziehung tun
  können, oder ihnen die Möglichkeiten
  dazu fehlen, fällt es schwer, die Liebe lebendig zu erhalten.

Diese drei Faktoren sind unterschiedlich
leicht zu bewältigen. Die Persönlichkeit eines Menschen beispielsweise lässt sich
nicht mal eben so ändern. Psychische Labilität (Nervosität und leichte Erregbarkeit,
emotionale Unausgeglichenheit, hohe
Ängstlichkeit usw.) oder gar eine psychische
Störung (z.B. Depression, Angst-, Schlaf-
oder Sexualstörung) können für ein Paar eine große Herausforderung sein. Ein unaus-
geglichener, psychisch belasteter Partner
bringt zwangsläufig „schweres Gepäck" in
die Beziehung mit. Dann ist es wichtig, dass
beide Partner diese zusätzliche Belastung
von Anfang an offenlegen und lernen, damit umzugehen.

Andere Dinge lassen sich dagegen leichter beeinflussen: Es ist zum Beispiel einfacher, sich die Kompetenzen anzutrainieren,
die man braucht, um eine Beziehung fit zu
halten. Und es gibt auch Möglichkeiten, die
Eintönigkeit in der Partnerschaft zu redu-
zieren.

Das tut der Liebe gut

Zum Glück kennen wir aus der Forschung
nicht nur diejenigen Faktoren, die eine Beziehung erschweren. Sondern auch solche,
die dem Erhalt der Liebe dienen und eine

Miteinander reden
Eine der wichtigsten Aspekte für eine dauerhaft glückliche Paarbeziehung ist das Gespräch. Hier begegnen sich beide Partner emotional und tauschen Gefühle, Bedürfnisse, Wünsche und Ziele aus.

langfristig stabile und glückliche Partnerschaft möglich machen. Die wichtigsten sind: miteinander im Gespräch bleiben, gegenseitige Unterstützung, ein kompetenter Umgang mit Alltagsproblemen, realistische Erwartungen sowie persönlicher Einsatz für die Beziehung.

Miteinander im Gespräch bleiben

Es ist für eine glückliche Partnerschaft extrem wichtig, dass sich beide Partner im Gespräch emotional begegnen und ein Austausch über Gefühle, Bedürfnisse, Wünsche und Ziele möglich ist.

Eine gute gefühlvolle Kommunikation schafft die Voraussetzung für eine tiefe Verbindung und hilft dabei, sich nahe zu bleiben sowie Differenzen und Missverständnisse aus dem Weg zu räumen.

Mehr Informationen zu diesem Thema finden Sie in den Kapiteln „Einander täglich Gutes tun" (S. 48) und „Sich emotional öffnen" (S. 96).

Gegenseitige Unterstützung

Eine wichtige Grundlage jeder Beziehung ist die Gewissheit, auf den Partner zählen zu können. Wer den Partner in belastenden Situationen unterstützt und ihm mit tiefem Verständnis sowie mit Rat und Tat zur Seite steht, macht die Partnerschaft mehr und mehr zu einem tragfähigen Fundament.

Mehr Informationen dazu finden Sie im Kapitel „Unterstützung geben und bekommen" (S. 76).

Alltagsprobleme richtig bewältigen

Der Alltag ist eine häufige Quelle von Stress. Wer Sachprobleme erfolgreich und gemeinsam löst, belastet die Beziehung nicht mit unfruchtbaren Auseinandersetzungen. Für die sorgfältige Suche nach Lösungen für gegensätzliche Anliegen braucht man vielleicht etwas mehr Zeit Aber dafür sind am Ende beide Partner zufrieden.

Weiterführende Informationen zu diesen Themenbereichen finden Sie in den beiden Kapiteln „Beziehungskiller Alltag" (S. 77) sowie „Offen und fair kommunizieren" (S. 61).

Realistische Erwartungen

Es ist wichtig, in Sachen Liebe auf dem Boden der Tatsachen zu bleiben und nicht irgendwelchen Traumvorstellungen nachzuhängen. Wenn sich beide bewusst sind, dass für Enttäuschungen nie nur ein Partner verantwortlich ist und sie die Erwartungen an ihre Partnerschaft nicht zu hoch schrauben, wird die Beziehung positiver erlebt werden.

Mehr Informationen dazu finden Sie im Kapitel „Realistisch bleiben" (S. 135).

Persönliches Engagement: „Commitment"

Etwas für die eigene Beziehung zu tun gehört zu den wichtigsten Grundpfeilern einer guten Partnerschaft. Es erhöht ihre Qualität und Stabilität, wenn beide Partner dazu bereit sind, sich für die Partnerschaft einzusetzen, ihr Raum und Zeit zu geben und sich emotional auf den Partner einzulassen. Commitment ist gefragt. Commitment zu zeigen heißt, Verbindlichkeit zu leben und ganz bewusst Verpflichtung für seine Beziehung zu übernehmen und sich für die Partnerschaft zu engagieren. Das ist nach wie vor ein wichtiger Grundwert – auch in modernen Partnerschaften.

Mehr Informationen dazu finden Sie im Kapitel „Im Guten wie im Schlechten: Verbindlichkeit" (S. 177).

Stärken Sie Ihre partnerschaftlichen Kompetenzen

Dieses Buch soll Sie zum Nachdenken anregen und Sie dabei unterstützen, sich verschiedene Fähigkeiten anzueignen, damit Ihre Beziehung „in Schuss" bleibt. Es dient als Werkzeugkasten, in dem Sie verschiedene Utensilien für die Beziehungspflege finden. Welche dieser Werkzeuge Ihnen am besten helfen, hängt von Ihnen und den benötigten „Reparaturarbeiten" in Ihrer Beziehung ab. Setzen Sie Ihre Prioritäten:

▶ **Möchten Sie** das Wir-Gefühl stärken?
▶ **Eine lebendige** Sexualität pflegen?
▶ **In echter innerer** Verbundenheit miteinander leben?
▶ **Oder ganz allgemein** eine gute Grundstimmung schaffen, die Geborgenheit vermittelt?

Jedes Paar und jede Beziehung ist anders. Haben Sie den Mut, Ihren eigenen Weg zur Beziehungs-Pflege zu finden und zu gehen. Und denken Sie dabei immer an das Zitat von Schriftsteller Berthold Brecht:

66 Liebe ist der Wunsch, etwas zu geben, nicht zu erhalten.

Berthold Brecht

Investieren in das Projekt „Wir"

Sie müssen sich nicht selbst aufgeben, um eine erfüllte Partnerschaft zu leben. In diesem Kapitel erfahren Sie, warum es trotzdem wichtig ist, sein Ego auch mal auf die hinteren Plätze zu verweisen.

Manche Menschen träumen von der Beziehung zu einem Seelenverwandten, der perfekt zu ihnen passt. Andere sehen ihr Glück in einem Partner, der sie optimal ergänzt. Aber was ist nun wirklich besser: „Gleich und Gleich" oder Gegensätze?

Jede Beziehung ist ein kleines Wunder. Denn eigentlich ist das Ganze unglaublich kompliziert: Zwei Menschen starten ein großes gemeinsames Projekt mit ungewissem Ausgang!

Auch wenn sich zwei Menschen noch so ähnlich sind, unterscheiden sie sich doch in vielen Dingen: Sie haben eine eigene Biografie, trotz vielen gleichen auch unterschiedliche Bedürfnisse und Erwartungen an die Be-

ziehung und meist auch ein anderes Geschlecht. Diese Unterschiede machen das „Unternehmen Partnerschaft" zu einer spannenden und wunderschönen, aber mitunter eben auch sehr anspruchsvollen und komplizierten Sache.

„Gleich und Gleich" oder doch lieber Gegensätze?

Der Volksmund hat für beide Beziehungsvarianten ein schönes Sprichwort parat: „Gegensätze ziehen sich an" und „Gleich und Gleich gesellt sich gern". Die Erkenntnisse der Wissenschaft sprechen allerdings klar dafür, dass Gleichheit einer Beziehung besser bekommt.

→ Gut zu wissen

Studien belegen: Je ähnlicher sich zwei Partner sind, desto besser stehen die Vorzeichen für eine Beziehung.

Die Erklärung, warum „Gleich und Gleich" langfristig besser ist, leuchtet ein: Wenn sich zwei Menschen ähnlich sind, gibt es weniger Reibungsflächen und Konfliktpotenzial. Diese Ähnlichkeit betrifft vor allem Bedürfnisse, Ziele und Wertvorstellungen, aber auch die Einstellung zur Partnerschaft und zu verschiedenen Lebensbereichen. Auch scheinbar simple Dinge wie Hobbys oder kulinarische Vorlieben sind natürlich leichter vereinbar. Günstig ist es außerdem, wenn beide ähnlich attraktiv sind, weil sie sich so als mehr oder weniger gleichwertig erleben.

Darum tun sich unterschiedliche Partner schwerer

Eine Beziehung wird nicht deshalb in die Brüche gehen, weil ein Partner seine Ferien lieber im Gebirge verbringt und der andere lieber am Strand ausspannt. Aber verschiedene Ansichten und Bedürfnisse zu haben,

Gemeinsam sind Sie stark

Eine sorg- und mühelose Beziehung hängt nicht davon ab, ob Sie den „richtigen", den allein für Sie bestimmten Partner finden. Tatsache ist: Sorg- und mühelose Beziehungen gibt es kaum, Schwierigkeiten und Auseinandersetzungen gehören zu jeder Partnerschaft dazu. Entscheidend ist nur, dass Sie die gemeinsam meistern.

bedeutet auch immer, dass man verhandeln, sich anpassen und Kompromisse eingehen muss. Nun sind Kompromisse nichts Schlechtes. Sie gehören zum Alltag und sind Teil jeder Beziehung. Wenn aber beide Partner zu häufig Abstriche machen müssen, kann das einer Beziehung schaden.

Mit wie vielen Unterschieden ein Paar glücklich sein kann, hängt von der Kompromissbereitschaft und der Toleranz beider Partner ab. Mehr Informationen zum Thema Toleranz finden Sie im Kapitel „Toleranz und Fairness" (S. 115).

Das Wir-Gefühl: Fundament jeder Beziehung

Träume teilen, gemeinsame Ziele haben und dem andern zuliebe die Zwiebeln weglassen – für eine dauerhafte, glückliche Beziehung braucht es Teamgeist und Verständnis.

→ **Voraussetzung für eine** starke Beziehung ist ein starkes Wir-Gefühl. So wichtig dieses Wir-Gefühl ist, so wenig selbstverständlich ist es.

Auf dem gemeinsamen Weg eines Paares sind nicht so sehr die Bedürfnisse des Einzelnen ausschlaggebend. Viel wichtiger ist das, was für beide Partner von Bedeutung ist und was sie als Team weiterbringt. Ein starkes Wir-Gefühl zu haben heißt, sich auf den andern verlassen zu können – komme, was wolle. Oder einen Stich im Herzen zu fühlen, wenn es dem Partner schlecht geht – auch wenn man mit der Sache gar nichts zu tun hat. Oder ein Projekt aufzugeben, weil man weiß, dass es der Beziehung schaden würde. Das Wir-Gefühl bedeutet also, sich als Paar als eine Einheit zu sehen. Und nicht als zwei Ichs.

Schreiben Sie zusammen Geschichte

Eine Beziehung ist wie eine große Reise. Gemeinsam mit dem Partner entdeckt man neue Länder, lernt Menschen kennen und erlebt Abenteuer. Mal übernimmt der eine das Steuer, dann wieder der andere. Mal liegt man am Pool eines Fünf-Sterne-Hotels, dann wieder muss man auf einer Parkbank

Paarsache

Ihrem Wir-Gefühl auf der Spur

Das Wir-Gefühl ist für jeden etwas anderes.

☐ **Was bedeutet es** für Sie persönlich, ein starkes Wir-Gefühl zu haben?

☐ **Können Sie sich** an eine Situation erinnern, in der Sie das Wir-Gefühl in Ihrer Beziehung als besonders stark erlebt haben?

☐ **Was schadet Ihrem** Wir-Gefühl?

☐ **Was tut Ihrem** Wir-Gefühl gut?

übernachten. Es gibt Höhen und Tiefen, und vielleicht verliert man sich sogar mal aus den Augen, um sich später wieder zu finden. Je länger dieses Abenteuer dauert, desto stärker wird das Wir-Gefühl. Weil das Paar auf dieser Reise gemeinsam seine ganz persönliche Geschichte schreibt.

Damit das Wir-Gefühl auf der Beziehungs-Reise wachsen kann, muss man Teamgeist

leben und am gleichen Strang ziehen. Dazu gehört, die eigenen Bedürfnisse nicht unüberlebt vor die des „Wirs" zu stellen.

Werfen Sie einen Blick auf Ihre Paar-Geschichte, indem Sie die Tabelle oben gemeinsam ausfüllen. In die linke Spalte kommen Dinge, die Sie gemeinsam erlebt haben und die Sie zusammengeschweißt haben. Das können besonders schöne Dinge sein oder auch Krisen, die Sie miteinander bewältigt haben. In die mittlere Spalte schreiben Sie Dinge, die Sie im Hier und Jetzt verbinden In die rechte Spalte Sachen, die Sie noch gemeinsam erleben möchten.

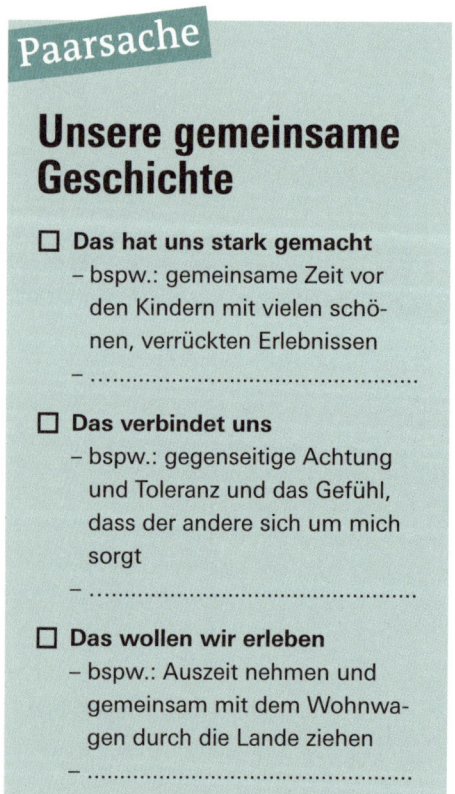

Paarsache

Unsere gemeinsame Geschichte

☐ **Das hat uns stark gemacht**
 – bspw.: gemeinsame Zeit vor den Kindern mit vielen schönen, verrückten Erlebnissen
 – ……………………………………

☐ **Das verbindet uns**
 – bspw.: gegenseitige Achtung und Toleranz und das Gefühl, dass der andere sich um mich sorgt
 – ……………………………………

☐ **Das wollen wir erleben**
 – bspw.: Auszeit nehmen und gemeinsam mit dem Wohnwagen durch die Lande ziehen
 – ……………………………………

Gemeinsam verbrachte Zeit festigt das Wir-Gefühl

Wie stark das Wir-Gefühl in einer Beziehung ist, hängt davon ab, wie viel Zeit beide Partner investieren und investiert haben. Hier giltganz klar: Quantität geht vor Qualität (wobei Qualität natürlich auch wichtig ist).

Lassen Sie sich auf folgendes Gedankenexperiment ein: Was sind Ihre liebsten Erinnerungen an Vater und Mutter? Denken Sie an die Situationen, die am stärksten in Ihrem Gedächtnis haften geblieben sind. Die Chancen stehen gut, dass es Situationen sind, in denen Ihr Vater oder Ihre Mutter besonders viel Zeit für Sie hatte. Vielleicht haben Sie an einen Ausflug ohne Ihre Geschwister gedacht. Oder an die Nachmittage, an denen Ihr Vater früher von der Arbeit nach Hause gekommen ist, um mit Ihnen ins Hallenbad zu gehen. Oder etwas anderes

Eine Beziehung braucht Raum in der Vergangenheit, in der Gegenwart und in der Zukunft. Pflegen Sie gemeinsame Erinnerungen, schaffen Sie Zeit füreinander im Jetzt und planen Sie gemeinsam und gleichberechtigt Ihre Zukunft.

mit Ihnen unternommen hat und einfach mal nur für Sie allein da war.

→ Gut zu wissen

Sie brauchen gemeinsam verbrachte Paar-Zeit nicht mit irgendwelchen spektakulären Inhalten zu füllen. Einfach ungestört füreinander da sein – das stärkt jede Beziehung. Schaffen Sie in Ihrem Alltag Zeit füreinander und ziehen Sie sich immer wieder auf „Paar-Inseln" zurück.

Natürlich ist eine Partnerschaft nicht zu vergleichen mit der Beziehung zwischen Kindern und Eltern. Aber auch hier gilt: Das Beste, was man seinem Partner schenken kann, ist Zeit und Aufmerksamkeit.

Wie viel gemeinsame Zeit braucht ein Paar?

Es gibt keine Zauberformel, mit der man ausrechnen kann, wie viel Zeit ein Paar braucht, um ein starkes Wir-Gefühl aufzubauen und zu erhalten. Jeder Partner als Einzelperson und jede Partnerschaft als Ganzes ist individuell. Jedes Paar hat die Aufgabe, zu spüren

und auch zu besprechen, wie viel gemeinsame Zeit für beide wichtig und richtig ist.

Die gemeinsam verbrachte Zeit ist der Baustoff, aus dem Sie das Haus Ihrer Beziehung aufbauen. Ihr Haus kann größer und seine Wände stärker werden, wenn Sie dafür mehr Baumaterial – sprich: mehr Zeit – zur Verfügung stellen. Auch hier gilt: Sie und Ihr Partner sind die Einzigen, die bestimmen können, wie Ihr „Beziehungshaus" aussehen soll. Manche Paare bauen sich gerne eine Festung, andere fühlen sich in einem Campingwagen wohler. Wichtig ist nur, dass Sie die Vorstellung von Ihrem Traum-Beziehungshaus teilen und gemeinsam daran arbeiten.

Ja, ich will! Sich bewusst für die Beziehung entscheiden

Liebe lässt sich nicht planen und nicht steuern. Die Frage „Beziehung ja oder nein?" stellt sich bei manchen Paaren zu Beginn der Partnerschaft sehr klar. Andere Beziehungen fangen eher zufällig und unscheinbar an. Doch wer eine langfristige, glückliche Partnerschaft führen möchte, kommt früher oder später unweigerlich an den Punkt, an dem er sich entscheiden muss:

i **Verlassen Sie sich nicht auf Muster,** die früher einmal funktioniert haben. Ein ständiges Abtasten und Austauschen ist wichtig, um herauszufinden, wie viel Distanz und Nähe und welche Aktivitäten Ihnen gut tun. Was früher funktioniert hat, ist heute vielleicht unpassend. Bleiben Sie „am Ball" – eine Beziehung lang.

- **Will ich** diese Beziehung?
- **Bin ich bereit,** etwas in ihre Pflege zu investieren?
- **Bin ich bereit,** eigene Bedürfnisse denen der Partnerschaft unterzuordnen?

Sich bewusst für eine Beziehung zu entscheiden heißt nicht, das eigene Selbst völlig aufzugeben. Ja, Sie dürfen auch manchmal egoistisch sein. Aber eine Beziehung ist kein Selbstläufer und muss gepflegt werden – manchmal auch auf Kosten der eigenen Bedürfnisse.

Stärken Sie die Verbundenheit

Das Beste, was Sie Ihrer Beziehung schenken können, ist Zeit. Denn wer echte Nähe und Vertrautheit sucht, muss Zeit für Aufmerksamkeit und Zuwendung haben. Nähe entsteht nicht zwischen Tür und Angel. Wie Sie die Zeit mit Ihrem Partner füllen, bleibt Ihnen überlassen. Doch nutzen Sie die Zeit für eine echte Begegnung. Lernen Sie einander immer wieder neu kennen. Es gibt nicht die eine goldrichtige Aktivität, die Paare zusammenschweißt. Sie müssen keinen Tandem-Bungee-Sprung wagen, um das Wir-Gefühl

in Ihrer Beziehung zu stärken (es sei denn, Sie möchten das beide).

Bedrückendes Schweigen – was, wenn wir uns nichts zu erzählen haben?

Manche Paare haben Angst vor gemeinsamen, ruhigen Aktivitäten, weil sie befürchten, dass sie sich nichts zu erzählen haben. Viele Leute glauben irrtümlich, dass sie sowieso schon alles über ihren Partner wissen, weil sie vielleicht schon jahrzehntelang zusammen sind.

Tatsache ist: Je länger Paare zusammen sind, desto weniger fragen und erzählen sie sich. Geben Sie Ihrem Partner immer mal wieder ein „Update", was Sie gerade im Beruf oder privat beschäftigt, wovon Sie träumen oder was Ihnen zurzeit vielleicht Bauchschmerzen bereitet. Denn was für Sie klar und logisch scheint, ist für Ihren Partner möglicherweise ganz neu.

Mehr Informationen zum regelmäßigen Austausch finden Sie im Kapitel „Entwicklung und permanenter Austausch" (siehe S. 110).

ℹ **Ein Candlelight-Dinner** kann nicht zehn Jahre des Schweigens ausgleichen. Pflegen Sie einen regelmäßigen Austausch und füllen Sie die gemeinsame Geschichte mit schönen Erlebnissen. Beugen Sie Entfremdung vor, indem Sie Ihren Partner darüber auf dem Laufenden halten, was Sie beschäftigt. Und fragen Sie nach, was bei ihm gerade aktuell ist.

Bei allem Wir-Gefühl: Bleiben Sie sich selber treu

Das Wir-Gefühl in Ihrer Beziehung aufzubauen, zu pflegen und zu stärken heißt nicht, dass Sie sich dabei verleugnen und Ihre Bedürfnisse vergessen müssen. Bleiben Sie sich treu! Denn wer keine Identität hat und seine Wünsche und Ziele nicht kennt, ist auch für den Partner uninteressant.

So paradox es klingen mag: Die meisten Menschen wünschen sich einen Partner mit klaren Vorstellungen und Bedürfnissen, mit Ecken und Kanten. Ein Gegenüber wie ein Fähnlein im Wind ist unattraktiv und wenig spannend, obwohl dadurch vielleicht so mancher Konflikt vermieden werden kann. Konturen, klare Meinungen und Ansichten zeugen von einer eigenen, gefestigten Persönlichkeit, von Charakterstärke und Zielstrebigkeit. Das fasziniert und gibt einem das Gefühl, einen interessanten Menschen als Partner zu haben. Ist jemand zu angepasst, sagt immer ja und bringt sich zu wenig in die Partnerschaft ein, wird diese Person vielmehr als öde und langweilig wahrgenommen, was der Beziehung eher schadet.

Paarsache

Dinge, die gut tun

Hier finden Sie eine Liste von Aktivitäten, die Raum für Gespräche und Begegnung bieten. Setzen Sie sich mit Ihrem Partner zusammen und machen Sie Ihre eigene Liste mit Aktivitäten, die Sie beide schätzen. Tun Sie Ihrer Beziehung etwas Gutes und planen Sie diese Dinge fest in Ihren Terminkalender ein.

☐ **Spazieren** gehen

☐ **Gemeinsam** essen gehen

☐ **Im Kino** einen Film anschauen

☐ **Einen Wellness-Tag** einlegen

☐ ....

☐ ....

☐ ....

Austausch
Kennt der eine die Wünsche, Bedürfnisse und Ziele des anderen, können sich beide gegenseitig beim Erreichen dieser unterstützen.

Zeigen Sie Profil

Das Entdecken und die Festigung der eigenen Persönlichkeit gehört zu den wichtigsten Entwicklungsaufgaben von uns Menschen zwischen dem 14. und 22. Lebensjahr. Wer eine langfristige Partnerschaft eingeht, sollte diese Phase am besten abgeschlossen haben. Denn die Bildung der Paaridentität fällt leichter, wenn beide Partner schon ihre Persönlichkeit bereits ausgeprägt haben. Es kann nämlich zu Schwierigkeiten kommen, wenn jemand seine Bedürfnisse gegenüber dem Partner vertreten und sich abgrenzen muss, obwohl er die eigenen Wünsche und Lebensvisionen noch gar nicht so genau kennt oder sie sich immer wieder ändern. Je besser beide Partner ihre Bedürfnisse kennen und mitteilen können, desto einfacher wird es auch im Alltag, diese „unter einen Hut" zu bringen. Sich aneinander zu reiben, erhält die positive Spannung in der Beziehung – aber nur, wenn beide Partner offen, fair und tolerant miteinander umgehen.

→ Gut zu wissen

Wissen, was man will, heißt nicht, dass man deshalb gleich egoistisch oder unflexibel ist. Ganz im Gegenteil: Denn je genauer Sie Ihre Bedürfnisse kennen, desto besser können Sie zusammen mit Ihrem Partner die Beziehung so gestalten, dass sie für Sie beide stimmt. Nur so hat Ihre Beziehung auch langfristig eine Chance. Wenn Sie Ihre Bedürfnisse über Jahre hinweg zurückstellen und denen des Partners unterordnen oder sie verleugnen, werden sie sich anstauen und sich irgendwann in Frustrationen, Aggressionen oder psychosomatischen Beschwerden entladen.

Wann kommt das „Ich" vor dem „Wir"?

Es gibt keinen Regelkatalog, der Ihnen sagt, wann Sie auf die Befriedigung eigener Be-

Paarsache

Wünsche, Bedürfnisse, Ziele: Zwei Übungen

Machen Sie die erste Übung jeder für sich. Nehmen Sie sich Zeit und überprüfen Sie, was für Sie im Leben wichtig ist. Tragen Sie beide jeweils mindestens drei Einträge ein:

Meine Wünsche: Aktivitäten, Erlebnisse oder Dinge, von denen ich spüre, dass ich sie gerne hätte, aber ohne die ich auch gut auskomme:

– ....
– ....
– ....
– ....

Meine Bedürfnisse: Aktivitäten, Erlebnisse oder Dinge, die ich mir nicht nur wünsche, sondern die ich auch vermisse, wenn sie nicht da sind:

– ....
– ....
– ....
– ....

Meine Ziele: Konkrete Pläne, die Teil meines Lebensentwurfs sind und die ich unbedingt realisieren möchte:

– ....
– ....
– ....

Setzen Sie sich anschließend mit Ihren beiden Listen zusammen und diskutieren Sie die Inhalte:

☐ **In welchen Punkten** passen Ihre Listen gut zusammen?

☐ **Gibt es Dinge**, die Sie beim anderen überraschen?

☐ **Wie gut** können Sie Ihre Bedürfnisse alleine beziehungsweise mit Ihrem Partner ausleben?

☐ **Wo gehen** Ihre Wünsche, Ziele und Bedürfnisse auseinander?

Hier eine zweite Übung, die Sie dabei unterstützt, die Frage der Bedürfnisse konkret anzugehen (jeder Partner macht den ersten Teil der Übung unabhängig für sich):

☐ **Nehmen Sie 12 Karteikärtchen** und schreiben Sie auf jedes Kärtchen einen Begriff, der Ihnen in der Beziehung wichtig ist: z. B. Treue, Nähe, Verbundenheit, Entwicklung, Freiheit, Abwechslung, Unterstützung, Sexualität, Wachstum usw.

☐ **Bringen Sie dann** Ihre Kärtchen in eine Pyramidenform:
Das stärkste Bedürfnis steht an der Spitze, gefolgt von weiteren starken Bedürfnissen direkt unterhalb usw.. Bis zur Basis der Pyramide, wo Sie die Begriffe hinlegen, die Ihnen am wenigsten wichtig sind.

☐ **Vergleichen Sie anschließend** Ihre Pyramiden:
Wo erkennen Sie Übereinstimmungen, wo Unterschiede?

Diskutieren Sie diese und beachten Sie dabei die Kommunikationsregeln (S. 70).
Wenn Sie erkennen, dass Ihre Bedürfnisse sehr weit auseinandergehen und grundlegende Differenzen bestehen, holen Sie sich Impulse aus Kapitel 5, „Toleranz und Fairness" (S. 115).

dürfnisse pochen dürfen und welche Konsequenzen das für Ihre Partnerschaft hat. Sie müssen als Paar immer wieder neu aushandeln, welchen Weg Sie gehen möchten. Zwischen den persönlichen Bedürfnissen und jenen des Partners Prioritäten zu setzen ist ein konstanter Prozess.

Gemeinsam sind Sie stark

Das Wir-Gefühl ist das Fundament, auf dem Ihre Beziehung steht. Je stärker Ihr Wir-Gefühl ist, desto größer ist auch die Widerstandskraft Ihrer Partnerschaft in stürmischen Zeiten.

Egal, ob Sie das Wochenende planen, ein Auto kaufen, die Pille absetzen oder getrennte Schlafzimmer einführen wollen – bedenken Sie, dass Sie Teil eines Zweierteams sind, wenn Sie Entscheidungen treffen. Diskutieren Sie die Möglichkeiten und vor allem auch die Konsequenzen vorher miteinander. Weitere Tipps, wie Sie mit verschiedenen Vorstellungen zurechtkommen, finden Sie im Kapitel „Mit unterschiedlichen Bedürfnissen zurechtkommen" (S. 36).

→ Hinweis

Machen Sie sich immer wieder klar: Ihr Partner ist kein Hellseher! Ebenso wenig, wie Sie die Gedanken Ihres Partners lesen können. Nur wenn Sie ihm Ihre Wünsche mitteilen, kann er darauf auch Rücksicht nehmen.

Raum schaffen für die Pflege der Partnerschaft

Würden Sie einen wichtigen Geschäftstermin absagen, weil Sie gerade müde sind? – Eben! Achten Sie daher auch bei Ihren „Beziehungs-Terminen" darauf, dass sie eingehalten werden.

Das Leben ist hektisch geworden. Der moderne Mensch presst seine Tage bis auf die letzte Minute aus, damit ja kein Moment ungenutzt verstreicht. Karriere, Familienalltag, Freizeitaktivitäten und Termine mit Freunden werden so dicht geplant und aneinander vorbeijongliert, dass man der einzelnen Begegnung kaum genug Bedeutung geben kann und sich das eine Erlebnis kaum noch vom anderen unterscheiden lässt.

Eine komplett durchgeplanter Terminkalender ist ein extrem schlechter Nährboden für eine gesunde Beziehung. Dazu kommt, dass man sich durch diesen zunehmenden Aktivismus immer mehr nach „außen" orientiert: Beruf, Freunde, Hobbys oder Herkunftsfamilie – das alles lockt uns weg von zu Hause, weg von der Beziehung.

Viele Leute unterschätzen die wahren Zeitfresser im Alltag: Es sind überraschend oft nicht die großen Projekte und Probleme, sondern die Summe vieler kleiner Tätigkeiten. Auch die Freizeit ist oft so durchgeplant, dass sie keinen Erholungscharakter mehr hat. Ruhige Paarzeiten sind in den meisten Beziehungen rar wie Oasen in der Wüste. Dabei hätten sie genau die gleiche, wunderbare Rolle: nämlich Erholungsgebiete für Körper und Seele zu sein.

Deshalb braucht Ihre Beziehung Ruhe und Muße

Zeit zu haben ist in einer Beziehung nicht einfach ein schöner Luxus. Es ist eine absolute Notwendigkeit! Denn gewisse Dinge, die eine Partnerschaft gesund und erfüllend erhalten, lassen sich nicht einfach zwischen Tür und Angel, beim Fernsehen oder mit einem schreienden Kind auf dem Arm erledigen.

▸ **Wie wollen Sie erfahren,** wie es Ihrem Partner wirklich geht und was ihn beschäftigt, wenn Sie nach der Arbeit nur schnell die Sporttasche schnappen und das Haus gleich wieder verlassen?

▸ **Wie wollen Sie echte** Unterstützung bekommen oder geben, wenn Sie jeden Tag bis spät in die Nacht arbeiten?

▸ **Und wie wollen Sie eine** erfüllte Sexualität leben, wenn Ihre Tage und Abende so vollgepackt sind, dass Sie total K. O. ins Bett fallen?

SECHS URSACHEN FÜR STRESS

1 Hektik
Aufstehen, Kinder aus dem Bett holen, Frühstücken – und dann auch noch rechtzeitig losfahren.

2 Stau
Verkehrsnadelöhr, kurze Ampelphasen, Baustellen und die Beobachtung, dass jeder Fußgänger schneller vorankommt.

3 Überfüllte Pendlerzüge
Gedränge, Gerüche und jeden Tag aufs neue die Frage, ob man den Anschlusszug noch schafft.

4 Von Termin zu Termin
Ständig neue Themen und das Gefühl, dem eigenen Zeitplan hinterherzurennen.

5 Multitasking
Was Zeit sparen soll, dauert so oft länger als wenn es nacheinander erledigt wird.

6 Freizeitstress
Auch der Weg zum Sportstudio und das Pläneschmieden für ein Wochenende oder einen Ausflug kann eine Belastung darstellen.

Das Leben und die Natur stehen in einem ständigen Wechsel zwischen Anspannung und Entspannung. Das zeigt sich im Rhythmus von Tag und Nacht, aber auch in den Jahreszeiten. Genau wie die Natur im Winter zur Ruhe kommen muss, um sich auf einen sprühenden Frühling vorzubereiten, brauchen auch Beziehungen Phasen der Stille.

Der Beziehung Priorität geben

Fakt ist: Zeit ist ein begrenztes Gut. Wenn Sie mehr davon für Ihre Beziehung reservieren wollen, müssen Sie sich das ganz bewusst einrichten. Und das ist neben Job und anderen Verpflichtungen nicht immer ganz leicht.

Bleiben Sie trotzdem am Ball und lassen Sie Ihre Beziehung neben Arbeit, Freunden, Kindern und Hobbys nicht zum Lückenfüller werden. Machen Sie Ruhestunden mit Ihrem Partner zur Priorität und nicht zur Alternativbeschäftigung, die nur die Zeit abbekommt, die nach allem anderen gerade noch übrig ist.

Planen Sie Paarzeiten bewusst ein

Überlassen Sie Ihre Zeit zu zweit nicht dem Zufall. Machen Sie einen Termin für sich und Ihren Partner und schreiben Sie ihn in Ihren Terminkalender ein, wie Sie es auch mit einem Geschäftstermin machen würden. Noch besser hilft ein gemeinsamer Terminplaner bei der Organisation. Sei es nun in Form eines Kalenders am Kühlschrank oder elektronisch und von überall her ab-

Der Kuchen der Zeit

Zeit ist ein knappes Gut: Vermutlich kennen Sie das Gefühl, zu wenig davon zu haben. Aber wissen Sie auch wirklich, wie Sie Ihre Tage und Wochen verbringen? Diese Übung hilft Ihnen, das herauszufinden.

Erstellen Sie zuerst eine Liste mit allen Aktivitäten, die Sie während einer durchschnittlichen Woche erledigen – vom Beruf über Hobbys und Kinderbetreuung bis hin zur Hausarbeit.

Wenn Sie alle Aktivitäten aufgelistet haben, erstellen Sie zwei „Zeitkuchen". Im Ist-Kuchen zeichnen Sie ein, wie viel Zeit Sie für diese Dinge im Moment tatsächlich investieren. Im Wunsch-Kuchen zeichnen Sie ein, wie viel Zeit Sie im Idealfall dafür aufwenden möchten.

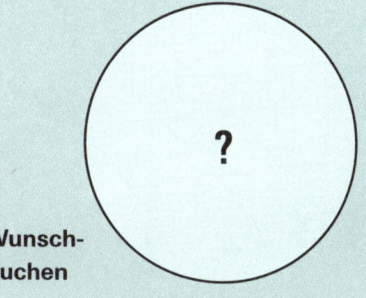

Wunsch-Kuchen

Beantworten Sie sich anschließend folgende Fragen:

- ☐ **Wie sehr** ähneln sich die beiden Kuchen?

- ☐ **Womit** verbringen Sie mehr Zeit, als Ihnen lieb ist?

- ☐ **Was** kommt im Ist-Zeitkuchen zu kurz?

- ☐ **Gibt es** Kuchenstücke, die Sie schmaler machen könnten, um mehr Zeit für andere zu gewinnen?

Ist-Kuchen, Beispiel:

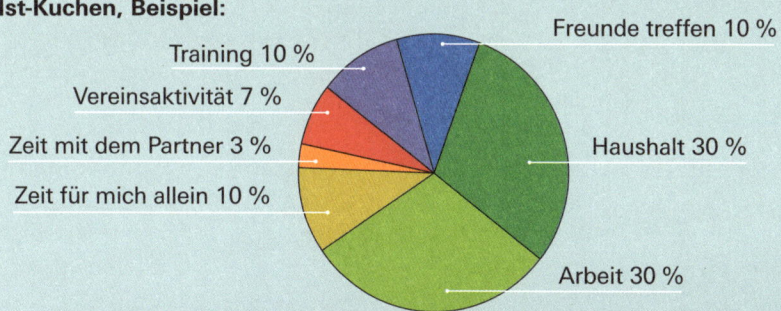

Training 10 %
Vereinsaktivität 7 %
Zeit mit dem Partner 3 %
Zeit für mich allein 10 %
Freunde treffen 10 %
Haushalt 30 %
Arbeit 30 %

Paarabend
Einigen Sie sich auf mindestens einen Tag pro Woche, an dem Sie den Abend nur für sich haben – und achten Sie darauf, dass Sie ihn auch einhalten.

rufbar im Internet. Ist ein Termin einmal abgemacht, kann er nicht so leicht wieder verschoben oder gekippt werden. Viele Paare schätzen es, einen Abend pro Woche als festen Paarabend zu bestimmen. Für Eltern ist es so einfacher, eine regelmäßige Kinderbetreuung zu organisieren. Und vielbeschäftigte Paare können ihre Termine besser abstimmen.

Schaffen Sie einen Rhythmus in der Familie

Wenn Kinder da sind, wird die gemeinsame Zeit am Abend zum knappen Gut. Aber gerade dann ist es schön, die Erlebnisse des Tages teilen zu können. Wenn der Kampf ums Zubettgehen mit den Kindern bis spät in den Abend hinein dauert, bleibt keine Energie mehr für Gespräche – geschweige denn für ein genussvolles Sexualleben.

> 66 **Ein fester Rhythmus und vernünftige Bettzeiten für Kinder helfen, Zeit für die Zweisamkeit zu schaffen.**

Bringen Sie Ihre kleineren Sprösslinge rechtzeitig ins Bett und führen Sie für ältere „Zimmerzeiten" ein mit Malen, Lesen oder Musik. So schaffen Sie für alle Familienmitglieder wohltuende Rückzugszeiten am Ende des Tages.

Verstecken Sie die Fernbedienung

Es ist verlockend, sich nach einem anstrengenden Tag einfach zurückzulehnen und vor dem Fernseher zu entspannen. Gönnen Sie sich das, wenn es Ihnen gefällt. Zusammen durch die Kanäle zu zappen, ist allerdings meistens verlorene Paarzeit, weil sich die wenigsten anschließend über das Gesehene austauschen. Wenn Sie von der Paarzeit profitieren wollen, sollten Sie beide im Mittelpunkt stehen und sich wirklich Zeit füreinander nehmen.

66 Seien Sie ganz einfach füreinander da.

Haben Sie Mut zur Langeweile

Mußestunden zu genießen ist manchmal gar nicht so leicht. Viele Menschen haben es einfach verlernt, Zeit in Ruhe und ohne äußere Stimulation zu verbringen.

Lernen Sie, sich in der Entspannung wieder wohlzufühlen, und füllen Sie Paarzeiten nicht voreilig mit allzu viel Betriebsamkeit.

▸ **Genießen Sie** zusammen eine Tasse Tee oder ein Glas Wein.
▸ **Unternehmen Sie** einen Spaziergang.
▸ **Spielen Sie** gemeinsam eine Partie Karten.

So ermöglichen Sie, dass eine wirkliche Begegnung stattfinden kann: eine kleine liebevolle Berührung, ein persönliches Gespräch, ein guter Abend, ein Moment der Zweisamkeit mit Zärtlichkeiten, Leidenschaft oder dem Gefühl des Vertrauens.

Gemeinsam sind Sie stark

Stellen Sie mit Ihrem Partner eine Liste von gemütlichen Aktivitäten zusammen, die Sie beide genießen. Listen Sie sowohl Dinge auf, die Sie für eine halbe Stunde oder eine Stunde tun können, als auch Dinge, mit denen Sie einen Abend füllen. Damit verhindern Sie, dass Sie zusammensitzen und sich nach kurzer Zeit langweilen, weil Ihnen die Ideen ausgehen. Gerade nach einer längeren Phase ohne Paarzeiten gerät man leicht aus der Übung. Dann muss man die gemeinsame Zeit neu entdecken und füllen. Dabei kann ein wenig Vorbereitung helfen.

Mit unterschiedlichen Bedürfnissen zurechtkommen

Bestätigung, Unterstützung, Sicherheit, Halt, Geborgenheit …
Machen Sie sich klar, was Sie suchen – und finden Sie heraus,
ob Ihr Partner mit derselben Schatzkarte gräbt.

Das Wir-Gefühl ist eine wichtige Basis für eine glückliche Partnerschaft. Wer nicht als Einzelkämpfer, sondern als Team unterwegs ist, erreicht ganz einfach mehr. Und es ist ein sicheres Gefühl, zu wissen, dass man sich auf den anderen verlassen kann und dass man füreinander da ist, um die Anforderungen des Alltags zu bewältigen.

Welcher Beziehungstyp sind Sie?

Die Gestaltung und Stärke des Wir-Gefühls definiert jedes Paar für sich. Beide Partner müssen gemeinsam festlegen, wie viel Nähe und Distanz, wie viel Gemeinsamkeit und Eigenständigkeit sie brauchen, denn die ideale Beziehung sieht für jeden anders aus. Abhängig vom Wir-Gefühl lassen sich jedoch gewisse Beziehungsstile unterscheiden. Die Paarpsychologie kennt im Wesentlichen drei positive Beziehungstypen: wertschätzende, impulsive und vermeidende Partnerschaften (siehe Kasten nebenan).

Da sich meist Partner zusammenfinden, die eine gewisse Ähnlichkeit haben (siehe „Gleich und Gleich oder doch lieber Gegensätze?", S. 21), stellt der Beziehungstyp meist das Zusammenspiel beider Partner dar und bildet damit die jeweilige Partnerschaft ab. Es kann jedoch auch sein, dass die Bedürfnisse nach Nähe und Distanz auseinandergehen und sich ein Paar keinem klaren Typ zuordnen lässt.

Übersicht: Drei Beziehungstypen (nach John Gottman)

▶ **Wertschätzend:** Wertschätzende Typen führen liebevolle, verständnisvolle und mitfühlende Beziehungen. Toleranz und Respekt für die Persönlichkeit des Partners sind wichtig. Anliegen und Erzählungen des Partners werden interessiert aufgenommen. Solidarität, Unterstützung und das Finden von Kompromissen sind diesem Paartyp wichtig. Leidenschaft steht weniger im Zentrum als gegenseitiges Verständnis und Füreinander-da-Sein (starkes Wir-Gefühl).

▶ **Impulsiv:** Impulsive Partnerschaften charakterisieren sich durch eine stabile, liebevolle und vor allem auch leidenschaftliche Beziehung, in der die Fetzen

Immer impulsiv?
Vergleichen Sie Ihre Beziehung nicht mit der anderer Paare. So, wie es verschiedene Charaktere gibt, existiert auch mehr als ein Beziehungstyp. Keiner ist besser als der andere.

fliegen, aber auch viele Momente der Zärtlichkeit, Liebe und Fürsorge Platz haben. Dieser Typus neigt dazu, sich bei Konflikten heftig zu streiten und den Partner in der Hitze des Gefechts schon mal zu beleidigen und abzuwerten. Streitereien enden aber meist wohlwollend und liebevoll. Absurdität und Heftigkeit der gemachten Äußerungen werden erkannt und relativiert. Zärtlichkeiten, Liebesbekundungen und Zuneigung überwiegen gegenüber den negativen Ausbrüchen unterm Strich deutlich. Diese Paare zeichnen sich durch einen dynamischen Beziehungsstil mit starkem Wir-Gefühl und hoher Verbundenheit aus. Durch das Sich-Reiben aneinander in Konflikten bleibt die Beziehung lebendig und langfristig attraktiv.

▶ **Vermeidend:** Bei vermeidenden Paaren „köchelt" die Liebe auf kleiner Flamme. Die Partner streiten wenig, tauschen aber auch kaum Zärtlichkeiten aus. Vermeidende Typen legen viel Wert auf Selbstbestimmung, Freiheit und Distanz und führen häufig Fernbeziehungen oder leben unter einem Dach mit getrennten Bereichen. Beziehungen von vermeidenden Typen weisen ein eher niedriges Wir-Gefühl auf, können aber dennoch lange dauern und einvernehmlich sein.

Beziehungstypen in Beziehungen
Die Beziehungstypen, wie sie im Kasten oben beschrieben werden, sind mehr oder weniger stabil. Ein Paar mit einem impulsiven Stil wird also in seinem Leben stets „feurige", leidenschaftliche Auseinandersetzungen führen wollen und nicht plötzlich Distanz und Ruhe suchen. Der wertschätzende Typ allerdings kann mit der Zeit an Spannung und Attraktivität verlieren und in den vermeidenden Typ übergehen, bei dem beide Partner einander wohlwollend leben las-

sen, jedoch nur noch wenig Berührungspunkte haben.

Übrigens: Lassen Sie sich nicht vorschnell zu einer Bewertung der verschiedenen Typen verleiten. Es gilt: Jedes Paar soll seinen eigenen Stil finden und auf seine Weise selig werden. Den wertschätzenden Beziehungsstil beispielsweise, der in der Paartherapie lange als Modellbild einer glücklichen Beziehung angesehen wurde, betrachtet man heute viel kritischer. Denn hier werden Konflikte zwar einvernehmlich und ruhig gelöst, doch fehlt bisweilen der „Pfeffer" Und die ständig angestrebte Harmonie kann langweilig werden.

Wie passen unterschiedliche Bedürfnisse der Partner zusammen?

Die genannten Beziehungstypen bilden Partnerschaftsmuster ab. Dahinter stehen persönliche Bedürfnisse und Kommunikationsarten jedes Partners, die sich auf der Paarebene in einem Stil beschreiben lassen. Trotz eines gewissen Partnerschaftsstils können Partner sich phasenweise oder im Verlauf der Beziehung weiter auseinanderentwickeln. Dann bewegt sich das Paar entweder in einen neuen Beziehungsstil (z.B.

vom wertschätzenden in einen vermeidenden Stil) oder aber der Beziehungsstil stimmt nicht mehr und erzeugt Unzufriedenheit bei einem oder beiden Partnern.

Konflikte als Chance

Ähnliche Wünsche, Bedürfnisse und Ziele sind günstig für eine langfristig stabile und zufriedenstellende Partnerschaft. Vor lauter Ähnlichkeit könnte da schon mal der Gedanke aufkommen, dass nur eine harmonische, konfliktfreie Beziehung schön und erstrebenswert ist.

→ **Gut zu wissen**

Ähnlichkeit zwischen den Partnern macht das an sich recht komplizierte Unterfangen „Beziehung" sicherlich einfacher. Aber das heißt nicht, dass Sie keine Konflikte haben dürfen. Im Gegenteil: Streiten Sie sich ruhig!

Beziehungen ohne Meinungsverschiedenheiten segeln in gefährlichen Gewässern. Wer nie aneckt, lässt sich – vielleicht ganz glücklich und sorglos – in eine Sackgasse treiben. Denn trotz aller Ähnlichkeit sind zwei Menschen nie gleich, sondern haben

Kein Beziehungstyp ist besser als der andere. Entscheidend ist, dass die Partner sich einig sind, wie ihre Beziehung aussehen soll, und dass sie mit ihrem Beziehungstyp zufrieden sind.

immer mal wieder unterschiedliche Ansichten und Bedürfnisse, die zu Spannungen und Auseinandersetzungen führen. Die sind zwar in der Regel nicht so heftig, wie wenn beide Partner von Natur aus sehr verschieden sind. Und doch gehören diese Differenzen zu einer Partnerschaft dazu – und haben auch durchaus ihre positiven Seiten: Sie sind das Salz einer Beziehung, der Motor für Weiterentwicklung und Wachstum jedes einzelnen Partners und der Beziehung. Durch sie wird nicht nur der eigene Standpunkt bestimmt und dann und wann das System Partnerschaft neu ausgerichtet.

Paarsache

Welchem Partnerschaftstyp würden Sie sich zuordnen?

Hier werden die unterschiedlichen Beziehungstypen noch mal vorgestellt. Mit welchem Typ können Sie sich am meisten identifizieren?

☐ **Unsere Beziehung ist prickelnd,** stimulierend, anregend, dynamisch und lebendig. Getragen von Respekt, Liebe und Achtung, aber auch von klaren Positionen und unserem Bemühen, die dem anderen zu zuzeigen. Konflikte haben Platz und können durchaus auch heftig verlaufen. Doch immer wieder siegt die Nähe und Verbundenheit zwischen uns. (Impulsive Partnerschaft)

☐ **Unsere Beziehung ist eingeschliffen,** vorhersehbar, ruhig und ausgewogen. Es ist ein friedliches, respektvolles Zusammenleben. Ohne viele Konflikte und Auseinandersetzungen, aber auch ohne Leidenschaft. Beide haben ihre Freiheiten und Nischen, und die Beziehung stimmt so für uns.(Vermeidende Partnerschaft)

☐ **Unsere Beziehung ist wertschätzend,** rücksichtsvoll, getragen von gegenseitigem Verständnis und dem Bemühen, Harmonie in der Beziehung zu erhalten. Konflikte sind selten. Und wenn es doch dazu kommt, finden wir schnell Lösungen. Spannungen werden vermieden. Wir sind eng miteinander verbunden. (Wertschätzende Partnerschaft)

Streitigkeiten führen auch dazu, dass man gemeinsam Lösungen aushandelt.

→ **Gut zu wissen**

> Wenn Partner sich aneinander „reiben", bleibt die Spannung in einer Partnerschaft bestehen. Das gibt der Beziehung die Chance, zu wachsen und zu gedeihen.

Betrachten Sie Ihre Beziehung immer wieder neu

Spannungen entstehen nicht nur durch unterschiedliche Bedürfnisse, Ziele und Wünsche. Sondern auch durch eingeschliffene Rollenmuster, die der eine Partner mit der Zeit möglicherweise als störend und unbefriedigend erlebt. Wenn in der Beziehung zum Beispiel immer die gleiche Person am Steuer steht und den Kurs bestimmt, so mag das gut gehen – bis der Partner eines Tages das Beiboot wassert und davon rudert. Da wäre es doch besser gewesen, die beiden hätten sich um die Rolle des Steuermanns gestritten und faire Lösungen gesucht.

Menschen verändern sich im Verlauf der Zeit, und mit ihnen ihre Bedürfnisse, Ansichten, Einstellungen, Ziele und Ansprüche. Auch wenn sich zwei Partner zum Zeitpunkt der Paarbildung sehr ähnlich waren, heißt das nicht, dass sie es auch nach zehn Jahren noch genauso sind. Deshalb bieten Beziehungen ständig Stoff für Auseinandersetzungen und für Gespräche über die neuen Bedürfnisse und Ziele. Nutzen Sie die Reibungsfläche für eine gesunde Entwicklung Ihrer Beziehung und für Ihr persönliches Wachstum und Befinden. Entscheidend ist, dass Sie gemeinsam konstruktive Lösungen finden.

Schauen Sie zu Ihrer Beziehung, aber auch zu sich selbst

Es ist die vielleicht größte Herausforderung für jeden Partner, das Wohl der Beziehung über die eigenen Bedürfnisse zu stellen, ohne sich selber dabei aus den Augen zu verlieren. Dabei muss man bedenken, dass es jedem Einzelnen (Ich) nur so gut gehen kann, wie es der Beziehung (Wir) geht – sofern man sich für die Beziehung auch wirklich einsetzt. Außerdem muss das Ich gesund und zufrieden sein, damit das Wir gedeiht. Deshalb sollten Sie Ihre Bedürfnisse, Wünsche und Ziele nie verschweigen, sondern sie rechtzeitig ansprechen und dann gemeinsam mit Ihrem Partner Lösungen finden. Sie sollen Ihre Hobbys pflegen, Zeit mit Freunden verbringen, sich weiterbilden und eigene Projekte verwirklichen können, wenn das Dinge sind, die Ihnen gut tun. Wägen Sie jedoch immer sorgfältig ab: Welche Sachen tun Sie alleine? Und warum? Denn Aktivitäten ohne den Partner gehen immer auch auf Kosten des Wir-Gefühls.

Eine gesunde Partnerschaft erfordert ein ständiges Ausbalancieren von eigenen Bedürfnissen, Wünschen und Zielen auf der einen Seite. Und von dem, was Ihre Beziehung

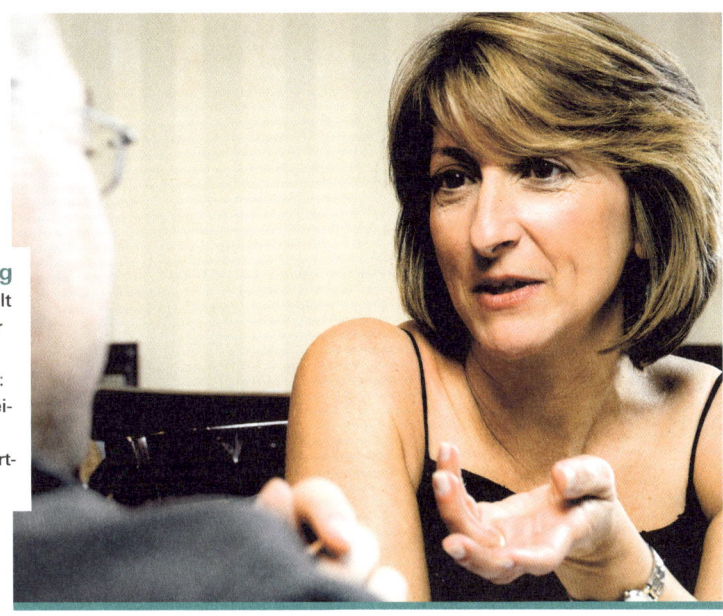

Positive Spannung
Gleich und gleich gesellt sich gern, aber ein paar Gegensätze halten die Beziehung in Schwung: Wenn Sie sich gegenseitig den Horizont eröffnen, vertieft das die Partnerschaft.

braucht, auf der anderen Seite. Betrachten Sie Zugeständnisse an die Beziehung nicht als „verlorenes Territorium". Denn Sie stärken damit die Partnerschaft, die eine sehr wichtige Quelle für Ihr Wohlbefinden und Glück ist.

Die immer gleiche Frage: Wer hat recht?

Selbst wenn beiden Partnern klar ist, dass die Pflege der Beziehung auch zum eigenen Vorteil ist, gibt es doch immer wieder Situationen, in denen die eigenen Bedürfnisse einem wichtiger erscheinen als die des Partners. Vielleicht möchten Sie ein neues Sofa kaufen, Ihr Partner aber möchte das Geld lieber für eine erholsame Ferienwoche ausgeben. Sie kommen mit dem Argument, dass es sinnvoller sei, den Betrag für etwas Bleibendes auszugeben. Ihrem Partner ist es dagegen wichtiger, gemeinsam in ein schönes Erlebnis zu investieren und sich mal wieder etwas zu gönnen. Beide Standpunkte sind nachvollziehbar – und beide Partner möchten vielleicht wissen, wer recht hat Oder beharren darauf, dass ihr Bedürfnis wichtiger ist. Solche Diskussionen führen meist zu nichts, denn „richtig" und „falsch" gibt es in solchen Situationen nicht. Soziale Normen oder Lösungswege anderer Paare

---

ℹ **Eine intakte Partnerschaft** ist die wichtigste Voraussetzung für Ihre Lebenszufriedenheit, Ihr Wohlbefinden und Ihre Leistungsfähigkeit. Eine Investition in die Partnerschaft ist damit indirekt auch immer eine Investition in sich selbst.

können zwar Anhaltspunkte bieten Aber letztlich wird Ihre Beziehung nicht von anderen gelebt, sondern nur von Ihnen beiden. Und deshalb zählen beim Finden von Kompromissen – und die sind vielleicht auch mal ungewöhnlich oder sogar unerhört – nur Sie beide.

→ Gut zu wissen

Es gibt keinen objektiven Maßstab, welches Bedürfnis in einer Situation das wichtigere ist. Die Frage ist einzig und allein, ob Sie eine Lösung finden, die für Sie beide passt.

Vorsicht vor Machtkämpfen

Wenn von uns verlangt wird, Abstriche bei den eigenen Bedürfnissen zu machen, reagieren die meisten von uns ziemlich empfindlich. Sobald wir das Gefühl haben, in unseren Freiheiten eingeschränkt zu werden, verspüren wir den dringenden Wunsch, genau diese Freiheiten abzusichern und zu verteidigen. Wir klammern uns noch stärker daran fest – wie das Kind an dem Spielzeug, das man ihm wegnehmen will. Wir wehren uns und zeigen Widerstand. Der Fachbegriff für diesen Impuls, sich nichts gefallen zu lassen, wenn man dazu gezwungen wird, heißt Reaktanz.

Reaktanz führt dazu, dass sich Menschen in Auseinandersetzungen nicht mehr nüchtern und vernünftig verhalten. In einer Diskussion geht es dann plötzlich nicht mehr nur um das Darlegen der eigenen Position, sondern nur noch darum, dass man „gewinnen" oder recht haben möchte. Man schaltet auf stur und reagiert oft total übertrieben.

Machtkämpfe können dem Wir-Gefühl eines Paares schaden, weil es nicht mehr um eine erfolgreiche Lösung des Problems geht, sondern nur noch darum, wer als „Sieger" aus einer Diskussion hervorgeht. Das bringt Sie nicht weiter, kostet dafür aber viel Energie und richtet nachhaltigen Schaden an. Denn jeder scheinbare Sieg bringt Verletzungen, Demütigungen und Kränkungen mit sich. Eine Beziehung ist kein Boxkampf,

---

✗ Beziehungssünde „Den andern ändern wollen": Viele denken, dass sich ihre Probleme schlagartig lösen, wenn der Partner endlich nachgibt und sich ändert. Aus der Forschung weiß man aber, dass gerade die Beziehungsimpulse Erfolg bringen, die man selber veranlasst – und nicht die, die man vom Partner fordert. Veränderung gelingt dann, wenn man bei sich selber ansetzt oder seinen Partner bittet – nicht zwingt.

Sie stecken in der Diskussion fest, die Stimmung wird gehässig? Ziehen Sie rechtzeitig die Notbremse! Fragen Sie sich ehrlich, ob Sie wirklich noch nach einer Lösung für Ihr Problem suchen oder einfach nur auf Ihrer Meinung beharren, weil Sie recht haben wollen.

in dem einer sich freuen kann, wenn der andere K.O. am Boden liegt. Jeder „Niederschlag" trifft die gesamte gemeinsame Beziehung!

Verbünden Sie sich gegen Schwierigkeiten

Die meisten Paare kommen irgendwann an einen Punkt, an dem sie mit unterschiedlichen Bedürfnissen umgehen müssen. Sei es, was die Führung des Haushalts, die Kindererziehung, die Abgrenzung von der Herkunftsfamilie, die Sexualität, die Karriereplanung oder die Freizeitgestaltung angeht. Das ist normal, und fast immer gibt es eine befriedigende Lösung, wenn sich beide ernsthaft darum bemühen.

→ Sandro und Eveline

Den Sonntag verbringt Sandro am liebsten zu Hause und liest ein Buch oder guckt Fernsehen. Seine Freundin Eveline kann mit der Freizeitgestaltung ihres Liebsten gar nichts anfangen. Sie würde viel lieber gemeinsam mit ihm etwas unternehmen. Eveline wirft ihrem Freund vor, auch

den schönsten Sonntag drinnen zu verplempern. Sandro dagegen sagt, er könne sich vor lauter Aktivitäten ja kaum erholen, und versteht nicht, warum seine Freundin es sich nicht mit ihm auf dem Sofa gemütlich machen will. Beide nervt, dass sie es nicht schaffen, die Sonntage zu genießen.

Wie Sandro und Eveline geht es vielen Paaren: Sie haben verschiedene Bedürfnisse, die zu allem Übel auch noch in in völlig verschiedene Richtungen gehen. Und beide wünschen sich vom anderen, dass er sich ändert und anpasst. Dabei vergessen sie, dass das Problem nicht beim Partner liegt, sondern zwischen ihnen – es ist ein gemeinsames Problem, das durch die unterschiedlichen Bedürfnisse entsteht.

So finden Sie einen guten Kompromiss

Kompromisse haben einen schlechten Ruf: Sie gelten oft als zweitklassige Lösung, an der niemand wirklich Freude haben kann. Es ist höchste Zeit, sich von diesem Vorurteil zu verabschieden! Denn ein guter Kompro-

Konflikte
Zugunsten des Partners Abstriche bei den eigenen Bedürfnissen zu machen ist oft ein Streitgrund. Überlegen Sie gemeinsam, ob Forderung und Reaktion angemessen sind.

miss ist mehr als nur der Verzicht beider Parteien auf einen Teil ihrer Forderungen. Die beste Lösung für ein Problem ist möglicherweise eine ganz neue Idee – oder liegt vielleicht auch einfach nur darin, dass mal das Bedürfnis des einen, mal das des anderen vorangestellt wird.

Die Tabelle „Lösungen finden" (S. 46) zeigt exemplarisch an Sandro und Eveline, wie ein Problem angegangen und ein fairer Kompromiss gefunden werden kann.

Und wenn sich kein Kompromiss finden lässt?

Auch wenn es schmerzlich ist: Es gibt Bereiche, in denen sich nur schwer Kompromisse finden lassen. Einerseits, weil es die Thematik nicht zulässt. Andererseits, weil es persönliche Überzeugungen gibt, von denen man nicht abweichen kann und will.

Zu den Bereichen, über die man nicht verhandeln kann, gehören für die meisten Paare die Themen Kinderwunsch und sexu-

elle Exklusivität. Es ist nun einmal nicht möglich, „nur ein bisschen" Kinder zu haben. Auch bei dem intimen und emotionsgeladenen Thema sexuellen Treue ist das Aushandeln eines Kompromisses äußerst schwierig oder sogar unmöglich. Zwar gibt es Verhandlungsspielraum (z.B dass flirten außerhalb der Beziehung erlaubt ist), aber es bleibt ein schwieriges Thema.

66 Kompromisse sind oft ein Kraft- und Balanceakt.

Es kann schließlich auch vorkommen, dass Paare bei wichtigen Themen und unverzichtbaren Bedürfnissen keine echten Lösungen finden und nur eine Trennung den Weg frei macht für die Erfüllung der eigenen Anliegen. So nötig und wünschenswert echte Kompromisse in einer Partnerschaft auch sind: manchmal gibt es einfach keinen

Mittelweg zwischen zwei Positionen. Oder zumindest keinen, mit dem beide Partner einverstanden sind. Wie belastend das sein kann, zeigt folgendes Beispiel:

→ Anina und Erik

Die beiden wünschen sich sehr Nachwuchs. Mit einer Schwangerschaft klappt es aber einfach nicht. Eine medizinische Untersuchung zeigt, dass Eriks Samenqualität nicht ausreicht, um Kinder zu zeugen. Das Paar ist erschüttert, für beide ist ein Lebenstraum geplatzt. Nach der ersten Phase des Schocks diskutieren die beiden die Alternativen. Ihre Kinderlosigkeit zu akzeptieren, kommt für beide nicht in Frage. Erik ist für eine Adoption. Anina bevorzugt die Variante, sich mit fremdem Sperma künstlich befruchten zu lassen. So müsste zumindest sie nicht auf ein leibliches Kind verzichten. Erik ist gegen diese Möglichkeit, weil er sie als unfair empfindet. Nachdem er schon die eigene Unfruchtbarkeit ertragen muss, will er nicht auch noch das Kind „eines fremden Mannes" aufziehen. Doch Anina stellt ihren Wunsch nach einem leiblichen Kind über die Bedürfnisse ihres Mannes und lässt sich künstlich befruchten. Für die Beziehung und das Wir-Gefühl des Paares ist diese Entscheidung einschneidend.

Gemeinsam sind Sie stark

Nicht die Bedürfnisse der einzelnen Partner sind die Schwierigkeit, sondern die fehlende Übereinstimmung. Verbünden Sie sich gegen diese Schwierigkeit. Finden Sie gemeinsam einen Kompromiss, anstatt an den Vorstellungen und Wünschen des anderen zu rütteln.

Die meisten Paare haben das Ziel, eine glückliche, stabile Partnerschaft zu führen. Und doch wird sich in Situationen, in denen unterschiedliche Bedürfnisse mit großer Heftigkeit aufeinanderprallen, immer wieder die Frage stellen, ob die Beziehung die Auseinandersetzung aushält. Viele Probleme lassen sich lösen, wenn beide Partner dazu bereit sind die nötige Offenheit, Fairness, Toleranz und Anpassungsfähigkeit aufzubringen.

Und schließlich kann es in schwierigen Situationen auch mal hilfreich sein, die Perspektive zu wechseln:

Wie wäre es für mich, wenn mein Partner das tut, was ich für mich beanspruche und durchsetze? Wie würde ich mich dabei fühlen? Ist das fair von mir? Und brauche ich es wirklich? Ist es so wichtig, dass ich dafür bereit bin, unsere Beziehung zu gefährden oder sogar aufzulösen?

Lösungen finden

Bleiben wir bei Sandro und Eveline (S. 43). Nach einem Streit einigen Sie sich, dass Sie etwas ändern müssen und probieren folgenden Lösungsweg:

Lösungsstufe	Aufgabe an beide	Praxis
1. Bedürfnisse klären	Sagen Sie beide konkret, was Ihr Bedürfnis ist und warum Ihnen etwas wichtig ist.	Sandro erklärt, dass er den Sonntag am liebsten zu Hause verbringt, weil er sich dann um nichts kümmern und nichts planen muss. Für ihn ist das echte Erholung , weil er im Job schon sehr viele planen muss und am Wochenende nicht auch noch Verpflichtungen haben, sondern einfach mal die Seele baumeln lassen möchte. Eveline erklärt, dass sie an einem Sonntag keine riesigen Ausflüge machen möchte, aber es genießt, sich hübsch zu machen und das Haus zu verlassen. Wenn sie nur daheim auf dem Sofa rum sitzt, hat sie am Abend das Gefühl, den Tag „verpasst" zu haben.
2. Lösungen vorschlagen	Die Partner machen möglichst viele Vorschläge, wie man beiden Bedürfnissen gerecht werden könnte. Achtung: Hier zählt Quantität vor Qualität.	Sandro und Eveline bringen folgende Vorschläge: 1. Jeder bestimmt abwechselnd, was am Sonntag gemacht wird. 2. Eveline übernimmt die Planung für Ausflüge, damit Sandro nichts organisieren muss. 3. Eveline unternimmt ihre Aktivitäten mit Freunden statt mit Sandro. 4. Beide unternehmen nur etwas „Kleines", dafür zusammen (z. B. einen Kaffee trinken gehen). 5. ...

Lösungsstufe	Aufgabe an beide	Praxis
3. Lösungen bewerten	Beide Partner bewerten die vorgeschlagenen Lösungen und deren kurz- und langfristige Konsequenzen. Aufgrund dieser Bewertungen treffen sie eine Entscheidung, mit der beide einverstanden sein müssen.	Sandro und Eveline einigen sich darauf, es mit der Lösung Nr. 3 zu versuchen: Eveline plant gemeinsame Aktivitäten mit ihren Freunden. So können beide den Sonntag verbringen, wie es ihnen gefällt. Die beiden einigen sich außerdem darauf, die Abende zusammen und meistens zu Hause zu verbringen.
4. Vorgehen planen	Planen Sie die einzelnen Schritte, falls Ihr Kompromiss Vorbereitungen braucht.	Planen Sie die einzelnen Schritte, falls Ihr Kompromiss Vorbereitungen braucht.
5. Durchführen	Probieren Sie Ihre Lösung aus.	Eveline macht am nächsten Wochenende mit ihrer besten Freundin einen Ausflug, Sandro bleibt zu Hause und genießt die Ruhe.
6. Bewerten des Erfolgs	Dieser Punkt wird gerne vergessen. Aber es ist wichtig, zu überprüfen, ob Sie beide mit dem gelebten Kompromiss auch zufrieden sind. Falls nicht, starten Sie den Lösungsprozess erneut.	Sandro und Eveline schätzen es zwar, dass jetzt beide ihre Bedürfnisse ausleben können und dass es wegen der Sonntagsgestaltung keinen Streit mehr gibt. Weil aber beide sonntags gern etwas mehr Zeit miteinander verbringen möchten, entschließen sie sich, zusätzlich den vierten Lösungsvorschlag auszuprobieren und an jedem zweiten Wochenende gemeinsame kleinere Aktivitäten einzuplanen. Damit finden sie einen guten, für beide passenden Rhythmus.

Einander täglich Gutes tun

Können Sie ein Konzert genießen, wenn die Stimmung mies ist? Wahrscheinlich nicht! In Ihrer Beziehung bestimmen zum Glück Sie den Ton. Lesen Sie in diesem Kapitel, weshalb eine positive Grundstimmung so wichtig ist und wie man sie schafft.

Küsschen, Blumen, Schokolade – ohne Anlass und nicht nur, um etwas wiedergutmachen zu müssen: Am Anfang einer Beziehung sind Verliebte extrem spendabel. Wer es schafft, während der ganzen Partnerschaft kleine Aufmerksamkeiten in den Alltag einzustreuen, macht sich und seiner Beziehung das schönste Geschenk überhaupt: eine gute Grundstimmung.

Ob ein Fußballmatch, ein Konzert oder das Familienfest – die Stimmung entscheidet, ob der Anlass ein Erfolg wird oder nicht. Denn wenn die Stimmung gut ist, sieht man auch mal über kleine Patzer hinweg. Und was für Kultur- und Sportveranstaltungen gilt, gilt auch für die Partnerschaft.

Ein Wohlfühlklima stellt sich aber nicht von selbst ein. Sie müssen sich aktiv darum bemühen, dass die Stimmung in Ihrer Beziehung gelöst, vertraut und vor allem liebevoll ist. Für Erfolg sorgen dabei nicht nur die großen Gesten und Aktionen, sondern viele kleine Zärtlichkeiten und Aufmerksamkeiten im Alltag.

Langjährige Beziehungen sind meist kein gemütlicher Spaziergang auf einer rosaroten Wolke. Es fliegen öfter mal die Fetzen, und man sagt vielleicht Dinge, die man später bereut. Machen Sie sich wegen solcher Ausrutscher aber keine Sorgen. Wie der amerikanische Psychologe John Gottman gezeigt hat, ist es viel wichtiger, dass der po-

Bei glücklichen Paaren überwiegen positive Gesten die negativen mindestens im Verhältnis 5:1. Das heißt: Fünf positive Gesten wiegen eine negative auf.

sitive Kontakt – also ein Lächeln, eine liebevolle Berührung oder ein aufmunterndes Wort – überwiegt.

Wir alle mögen angenehme Dinge

Der Mensch tickt eigentlich ganz simpel. Ein Grundsatz ist beispielsweise, dass wir angenehme Dinge mögen. Wir sind sozusagen darauf programmiert, schöne Dinge zu suchen und schöne Aktivitäten zu wiederholen.

Wenn wir etwas tun, das für uns mehr positive als negative Konsequenzen hat, werden wir es wieder tun. Tun wir etwas, das uns schadet oder stört, hören wir früher oder später auf damit – immer vorausgesetzt, dass der Schaden größer ist als der Nutzen. So wird unser Leben zu einem Netzwerk von Erfahrungen, die wir abspeichern und die unsere zukünftigen Handlungen beeinflussen. Wir versehen – teils bewusst, teils unbewusst – alle unsere Handlungen und die Dinge um uns herum mit wertenden „Etiketten". Was eine positive Etikette hat, mögen und suchen wir. Was eine negative Etikette hat, lehnen wir ab und meiden es so gut es geht. Aber wie entstehen solche Bewertungen und Etiketten?

Das Bemerkenswerte an diesen guttuenden Dingen: Sie wirken auf alle Menschen positiv – unabhängig von Geschlecht, Alter oder Kultur. Die wohltuende Wirkung ist quasi angeboren. Zwar können sich die positiven Effekte durch negative Erfahrungen verlieren, so zum Beispiel, wenn man nach dem Konsum von zu viel Süßigkeiten erbrechen muss. Oder wenn jemand beim Sex Schmerzen empfindet oder Gewalt erlebt. Doch von Natur aus erfahren wir diese Dinge als positiv, sie bereiten Freude und Wohlbefinden.

Unsere positive Lerngeschichte

Neben den Dingen, die wir alle allgemein als angenehm empfinden, machen wir auch verschiedene Lernerfahrungen. Dabei verknüpfen wir neutrale Dinge oder Situationen mit Erlebnissen und Gefühlen, die positiv oder negativ sind.

Solche Verknüpfungen entstehen dann, wenn die neutrale Handlung X zeitgleich mit der positiven Situation Y (Lächeln, Süßigkeiten, schöne Musik usw.) passiert oder X und Y direkt aufeinander folgen. Dadurch ruft dann ein Gegenstand, der für uns vorher neutral war oder eine ursprünglich neutrale Situation angenehme Empfindungen hervor.

Außerdem verknüpfen wir auch in Gedanken angenehme Erfahrungen mit Situationen oder Gegenständen. Beide Prozesse führen dazu, dass wir im Verlauf des Lebens Einstellungen und Gefühle gegenüber gewissen Dingen und Situationen haben, die speziell geprägt sind.

→ René

Er hatte einen Großvater, der in seiner Freizeit immer an einem alten Cabriolet bastelte. René durfte ihm bei den Arbeiten am Auto helfen und ihn auch auf den seltenen Ausfahrten begleiten. Noch heute überkommt René, als erwachsener Mann und Jahre nach dem Tod seines Großvaters, ein warmes Gefühl von Freude und Aufregung, wenn er auf der Straße so ein Auto sieht, wie es sein Großvater hatte.

Das Beispiel zeigt, wie an sich neutrale Situationen zu positiven Erinnerungen werden können, wenn angenehme Einschätzungen und Erfahrungen damit verbunden sind. Für die meisten Menschen wäre das Auto, das bei René ein warmes Gefühl hervorruft, einfach nur ein alter Wagen. Aber René teilt mit dieser Art Auto eine Geschichte und verbindet damit viele positive Begegnungen mit einem Menschen, der ihm wichtig ist.

Solche Erfahrungen machen wir ständig im Leben, in jedem Alter. Und was im Guten

FÜNF DINGE
DIE UNS
WOHLTUN

Sicher, jeder hat seine seine eigenen Lichtblicke im Leben. Aber es gibt fünf Dinge, auf die jeder Mensch von Natur aus positiv reagiert:

1 Lächeln
Wer herzlich und ehrlich angelächelt wird, hat automatisch ein gutes Gefühl.

2 Zärtlichkeit
Sanfte und liebevolle Berührungen lösen angenehme Gefühle aus.

3 Sexualität
Sexuelle Aktivitäten werden überwiegend als angenehm und lustvoll empfunden.

4 Süßigkeiten
Ist es verwunderlich? Schon Babys mögen Süßes.

5 Entspannung
Loszulassen und sich entspannen zu können, ist für jeden wohltuend.

funktioniert, kann natürlich auch im Schlechten passieren.

→ Lukas

Am Wochenende geht er mit seinen Freunden ins Restaurant essen. Er bestellt Spaghetti alla carbonara, sein Lieblingsgericht. Nach der Mahlzeit verabschiedet er sich bald aus der Runde, weil ihm übel ist. Den Rest des Abends verbringt er zwischen Bett und Toilette und fühlt sich elend. Noch Wochen später lösen Spaghetti bei ihm unangenehme Gefühle aus Und Lukas vermeidet es seitdem, diese Nudeln zu bestellen.

Damit Ihre Beziehung nicht wie verdorbene Spaghetti wird

Vielleicht fragen Sie sich jetzt, was Ihre Beziehung mit einem alten Auto oder mit verdorbenem Essen zu tun hat. Ganz einfach: Diese Mechanismen machen auch vor unserer Partnerschaft nicht halt.

Wenn wir hier schlechte Erfahrungen machen, wird der Partner oder unsere Beziehung emotional negativ besetzt. Machen wir dagegen positive Erfahrungen, findet eine positive Verknüpfung statt. Wenn Sie in der Beziehung mit Ihrem Partner viel Schönes erleben, bekommen Sie ein warmes Gefühl im Bauch, wenn Sie nur an ihn denken. Gibt es dagegen zu viele negative Erfahrungen, geht es Ihnen vielleicht bald wie Lukas mit seinen Spaghetti – und Sie können Ihren Partner nicht mehr riechen.

→ Gut zu wissen

Je mehr schöne Dinge und Erlebnisse Sie mit Ihrer Beziehung und mit Ihrem Partner in Verbindung bringen, desto positiver und wertvoller wird Ihre Beziehung für Sie.

Diese emotionale Verbindung von Positivem oder Negativem an Situationen, Gegenstände und Menschen mag vielleicht nüchtern und unromantisch klingen. Und so gar nicht zu unserer Vorstellung von uns selbst passen.

Aber so „ticken" wir nun einmal. Das Gute daran ist aber, dass wir diesen Mechanismus ganz bewusst nutzen können, um die positive „Färbung" einer Partnerschaft zu erhalten.

Kleine Aufmerksamkeiten – Balsam für die Liebe

Wenn Paare das Gefühl haben, dass in ihrer Beziehung der Wurm steckt, verbringen sie ihre Zeit immer weniger gern mit dem Partner und suchen Schönes und Spannendes eher außerhalb der Partnerschaft.

Wenn sie es aber umgekehrt schaffen, eine positive Grundstimmung zu erzeugen, wird ihre Beziehung zu dem, was sich wohl die meisten Paare erträumen: der Ort, an dem sie sich am liebsten aufhalten und am geborgensten fühlen.

Je mehr Sie Ihre Beziehung mit positiven Dingen und Erfahrungen in Verbindung bringen, desto schöner wird die Grundstimmung. Und je besser diese Stimmung ist, desto erfüllter wird sich Ihre Beziehung gestalten und Alltagswidrigkeiten standhalten können. Der Schlüssel dafür liegt in Ihrem Verhalten. Hier drei Beispiele, die zeigen, wie kleine Aufmerksamkeiten ohne viel Aufwand zu einer positiven Grundstimmung beitragen (siehe Tabelle).

Finden Sie heraus, was Ihnen gut tut

Denken Sie nicht zu weit, wenn Sie Ihrem Partner und damit auch Ihrer Beziehung etwas Gutes tun wollen. Es sind nicht die Luxus-Ferien in der Karibik oder zeitintensive und teure Aktivitäten, die Ihre Beziehung am meisten bereichern, sondern die kleinen Gesten und Aufmerksamkeiten des Alltags. Die können ganz unterschiedlich aussehen – jeder muss selber herausfinden, welche kleinen Zeichen der Liebe und Zuneigung für ihn selbst und für den Partner richtig und wichtig sind.

So setzen Sie positive Zeichen im Alltag

Zuerst müssen beide Partner wissen, was dem anderen gefällt. Zu diesem Zweck überlegen Sie sich beide (unabhängig voneinander), was Sie tun können, um dem Partner Freude zu bereiten. Gehen Sie folgende Fragen durch:

Paarsache

So schaffen Sie eine gute Grundstimmung

Aufmerksamkeit, Interesse
 – Wahrnehmen, was dem Partner wichtig ist
 – Sich interessiert zuwenden, aktiv zuhören, nachfragen
 – Auf Wünsche und Bedürfnisse eingehen
 – Zugewandte Körperhaltung, nicken
 – Tonfall: interessiert, engagiert, liebevoll

Lob, Komplimente
 – Lob für das, was der Partner gut gemacht hat
 – Wertschätzung des Partners
 – Anerkennung des Engagements und der Leistungen des Partners
 – Komplimente machen, z. B. zu Aussehen, Fähigkeiten, dem Wesen des Partners
 – Tonfall: wohlwollend, engagiert, ehrlich

Zärtlichkeit, Nähe
 – streicheln, küssen, halten, umarmen, massieren, Sex usw.

▶ **Was kann ich** im Alltag tun, damit es meinem Partner gut geht, damit er Freude hat und sich wohlfühlt?

▶ **Welche Geschenke** machen ihm Freude, welche meiner Handlungen, welche Gespräche und Diskussionen mit mir? Wissen Sie noch (oder bereits), welche Bücher der Partner gerne liest, welche Musik-CDs er mag, welchen Wein Sie ihm schenken könnten, welche Blumensorte und -farbe ihm Freude bereiten?

Erstellen Sie nun im ersten Schritt eine Liste von positiven Zeichen, die Sie im Alltag um-

---

Paarsache

Kleine Gesten – Große Wirkung

Hier finden Sie konkrete Dinge, die einen positiven Einfluss auf die Stimmung in Ihrer Partnerschaft haben können. Welche Zeichen der Aufmerksamkeit schätzen Sie besonders? Ergänzen Sie in allen Kategorien einige persönliche Ideen und bitten Sie Ihren Partner, das auch zu tun.

Materielles (Geschenke, Mitbringsel)
– Blumen
– Wein
– Pralinen
– Bücher
– Kleider
– Schmuck
– ....

Soziale Aufmerksamkeit
– Nachfragen, wie es geht
– Blickkontakt
– Lächeln
– Lob
– ....

Austausch im Gespräch
– Gespräche über Philosophie, Religion
– Ideen über Lebensentwürfe austauschen
– in Erinnerungen an gemeinsame Erlebnisse schwelgen
– ....

Aktivitäten, die Spaß machen
– Tanzen
– Massagen
– Sport, Bewegung
– Zärtlichkeiten
– Sexualität
– Zusammen heimwerken, basteln
– ....

> **Liegt über längere Zeit** ein deutliches Missverhältnis vor, dann sollten Sie das besprechen und die Ursachen dafür miteinander ergründen. Eine gute und für beide stimmige Partnerschaft erfordert unterm Strich ein ausgewogenes Geben und Nehmen. Beide Partner sollten sich deshalb bemühen, ihren Beitrag zu einer positiven Stimmung zu leisten.

setzen können. Prüfen Sie anschließend gemeinsam, ob die Liste stimmt und ob die aufgeschriebenen Dinge beim Partner auch wirklich gut ankommen.

Im zweiten Schritt geht es darum, im Alltag zu bemerken, wenn der Partner etwas von seiner Liste tut. Verwöhnt er mich, indem er früher nach Hause kommt und sich Zeit für mich nimmt? Schenkt er mir Aufmerksamkeit und fragt nach, um mir etwas zuliebe zu tun? Fragen Sie sich gleichzeitig: Was tue ich selbst, um meinem Partner Aufmerksamkeit, Zuneigung und Liebe zu zeigen?

Nehmen Sie ein Blatt zur Hand und schreiben Sie während einer Woche auf, was für positive Zeichen Sie von Ihrem Partner empfangen haben. Bitten Sie Ihren Partner, dasselbe zu tun (er notiert, was er Positives von Ihrer Seite bemerkt hat). Machen Sie es sich am Ende der Woche mit Ihren Notizen gemeinsam gemütlich und tauschen Sie sich darüber aus:

▸ **Welche Gesten** haben Sie bemerkt?
▸ **Was hat Ihnen besonders** gut gefallen oder gut getan?
▸ **Hat eine bestimmte** Geste, ein bestimmtes Zeichen Sie zu etwas Neuem inspiriert?

Wenn ein Ungleichgewicht zwischen den positiven Gesten von Ihnen und denen Ihres Partners herrscht:

▸ **Wie ist dieses** Ungleichgewicht entstanden?
▸ **Gibt es positive Zeichen,** die übersehen wurden oder nicht richtig ankamen (Ihr Partner hat Sie zum Beispiel im Geschäft angerufen, um Ihnen etwas Liebes zu sagen. Und Sie haben es als Kontrolle oder Störung empfunden)?

Diskutieren Sie, was Sie sich voneinander wünschen und welche kleinen Aufmerksamkeiten Sie erfreuen würden. Seien Sie großzügig mit dem Geben und vermeiden Sie kleinkariertes Vergleichen, wer wie viel gibt. Rechnen Sie nicht gegeneinander auf, wer öfter Blumen mitgebracht, mit dem Hund rausgegangen ist oder den oder den Müll rausgetragen hat.

Geben Sie von Herzen, dann wird es in den allermeisten Fällen auch von Herzen zurückkommen.

Alles Alltag?
Es braucht kein romantisches Wochenende in Paris, um dem Partner seine Zuneigung zu zeigen.

Wenn diese Gesten so schön sind, warum hören Paare dann damit auf?

Am Anfang einer Beziehung läuft alles ganz von selbst: Der Partner wird mit Aufmerksamkeiten jeglicher Art nur so überhäuft. Und der Austausch von Zärtlichkeiten kann derart intensiv sein, dass er in der Öffentlichkeit, von Familie und Freunden sogar als störend erlebt wird. Egal – den Frischverliebten tut es gut.

Wenn aber diese liebevollen Gesten so wichtig und schön sind – warum hören Paare dann damit auf? Es gibt hauptsächlich drei Gründe dafür, warum die Zeichen der Zuneigung in vielen Partnerschaften mit der Zeit weniger werden: Abnutzung, Entfremdung und soziale Hemmung.

Abnutzung

So banal es klingt: Abnutzung ist ein wichtiger Grund, warum vieles in einer Beziehung nicht mehr von selbst läuft. Nach mehreren Jahren des Zusammenseins ist es normal, beim bloßen Anblick des Partners nicht mehr in einen Zustand der Verzückung zu verfallen. Weil man sich einfach an ihn „gewöhnt" hat. In der Psychologie spricht man von „Verstärkererosion". Und meint damit, dass ein reizvoller Effekt sich mit der Zeit abnutzt und seine verstärkende Eigenschaft verliert. Nehmen Sie zum Beispiel Ihr Lieblingsessen: Wenn Sie es sich jeden Tag kochen, können Sie es am Ende der Woche nicht mehr sehen. Es hat seinen verstärkenden Effekt, seinen speziellen Reiz verloren.

→ Gut zu wissen

Es ist ein Irrtum zu glauben, dass liebevolle Gesten mit zunehmender Beziehungsdauer unnötig oder sogar lächerlich werden. Zuneigung muss man zeigen! Die vielen Zeichen der Zuneigung im Alltag halten die Liebe lebendig.

Dasselbe geschieht in einer Paarbeziehung. Wenn Sie beispielsweise einen attraktiven, schönen Partner haben, sind Sie anfangs von dieser Schönheit und Anmut überwältigt. Das Aussehen Ihres Partners fasziniert und erregt Sie. Nach Jahren des Zusammenseins nehmen Sie die Attraktivität Ihres Partners vielleicht immer noch wahr. Doch sie hat auf Sie nicht mehr die gleiche Wirkung. Vielleicht zieht Sie jetzt eine weniger schöne Person sogar mehr an, weil sie anderes zu bieten hat. So ist es auch in der Sexualität. Wenn man den Partner das erste Mal auszieht und mit ihm schläft, hat das einen anderen Effekt, als wenn Sie mit ihm schon über Jahre Sex haben.

Im Alltag gleiten viele Paare in eine Stimmung ab, die sich in etwa mit „Jetzt hab ich's, jetzt weiß ich's – und wir haben uns doch schon so viel geschenkt" umschreiben lässt. Das ist tückisch! Denn kommt eine Beziehung in die Jahre, braucht sie mehr Beachtung als früher, damit das Feuer der Liebe weiter brennt.

Entfremdung

Beziehungen verlaufen in einer Wellenbewegung mit Phasen größerer Nähe und Phasen größerer Distanz. Es gibt immer wieder Zeiten, in denen sich die Partner voneinander entfernen – weil Belastungen von außen oder innen die Beziehung stören oder sich beide in verschiedenen Projekten engagieren. Ein Schicksalsschlag, ein Jobwechsel, anhaltender beruflicher Stress oder die Geburt eines Babys sind Ereignisse, die Paare (vorübergehend) vom gemeinsamen Kurs abbringen können. Vielleicht bleibt für liebevolle Gesten kaum Zeit. Oder sie werden bewusst zurückgehalten, weil man emotional nicht offen ist. Oder keine Lust hat, den Partner zu verwöhnen, weil es einem selber nicht gut geht oder man sich unverstanden und alleingelassen fühlt. Die Folgen, die diese bewusste oder unbewusste Zurückhaltung für die Beziehung hat, werden oft unterschätzt.

Soziale Hemmung

Viele Leute haben das Gefühl, dass Zärtlichkeiten und liebevolle Gesten nicht mehr zu einer „gereiften" Beziehung passen. Das ist ein grosser Irrtum! Warum sollte etwas, das allen Menschen gut tut, nur für Frischver-

Gemeinsam sind Sie stark

Ort und Zeit für Ihre kleinen liebevollen Gesten bestimmen Sie selber. Suchen Sie sich ein einsames Plätzchen, in der Sie Zuneigung zeigen, wenn Sie zu den Menschen gehören, die das nicht so gerne öffentlich tun möchten: beim Waldspaziergang, im Auto oder zu Hause. Es ist wichtig, dass Sie sich dabei wohlfühlen.

liebte sein? Das ständige Werben um den Partner ist während der ganzen Dauer einer Beziehung ein wichtiger Punkt. Woher soll Ihr Partner denn sonst wissen, wie gern Sie ihn haben, wenn Sie es ihm nicht zeigen oder sagen?

Manche halten es für unangebracht, ihrem Partner in der Öffentlichkeit Zeichen der Zuneigung zu geben. Sie denken, es gehört sich nicht, Händchen haltend durch die Gegend zu laufen, wenn man in die Jahre gekommen ist Oder es könnte den Kindern peinlich sein. Andere wiederum zeigen ihre Liebe gerne in der Öffentlichkeit.

Aber aufgepasst: Das Zeigen von Zuneigung gegenüber Ihrem Partner darf keine Show sein, um Freunde, Verwandte oder Geschäftspartner mit der Qualität Ihrer Beziehung zu beeindrucken. Bleiben Sie authentisch und ehrlich und denken Sie daran: Eine im falschen Moment zurückgezogene Hand kann schmerzlicher sein, als sie gar nicht angeboten bekommen zu haben.

Auch ist es für Ihren Partner kränkend, zu realisieren, dass Sie all diese Zeichen der Zuneigung und Liebe nur inszenieren, weil Sie bei anderen ein positives Image von Ihrer Partnerschaft schaffen wollen. Handlungen, die nur dazu dienen, die „Fassade" zu erhalten, sind hohl, verletzend und für niemanden gut.

Wenn Sie in bestimmten Situationen keine ehrlichen Zeichen der Zuwendung geben können, zwingen Sie sich nicht: verzichten Sie darauf.

Machen Sie den Anfang

In Sachen liebevolle Gesten gilt: Wie man in den Wald ruft, so schallt es heraus! Wer lächelt, wird angelächelt. Und wer miesepetrig guckt, bekommt auch einen griesgrämigen Blick zurück. Vielleicht sind Sie als Paar etwas eingerostet, was das Geben von Zuneigungs-Zeichen angeht. Bringen Sie das System wieder in Schwung und machen Sie den ersten Schritt. Denn wer sich einfach an den Waldrand setzt, stumm ins Astwerk horcht und hofft, dass ein gutes Wort herausklingt, kann unter mitunter lange warten.

66 Setzen Sie liebevolle Gesten nicht als plumpes Druck- oder Belohnungsmittel ein.

Tun Sie Ihrem Partner etwas Gutes, ganz ohne besonderen Anlass und ohne Hintergedanken. Je öfter, desto besser.

Studien liefern vielversprechende Belege dafür, dass es sich auszahlt, die Initiative zu ergreifen:

▶ **Wenn Sie** Ihrem Partner etwas Gutes tun, erhöht sich nachweisbar die Chance, dass er auch Ihnen zuliebe etwas tut.

▶ **In einer Beziehung** werden die Änderungen als besonders effektiv empfunden, die man selber eingeleitet hat. Wer vom Partner den ersten Schritt erwartet, setzt ihn unter Druck und fordert – das bringt selten gute Ergebnisse. Ent-

Valentinstag
Am 14. Februar Blumen schenken – manch einer besteht darauf, manch anderer findet es vielleicht kitschig. Finden Sie heraus, welche Zeichen der Zuneigung Ihr Partner mag.

weder regt sich im Partner Widerstand und er verweigert sich. Oder er gibt vielleicht nach, doch seine positiven Handlungen kommen nicht aus tiefster Seele, sind nicht ehrlich motiviert und von Herzen. Wenn Sie den ersten Schritt machen und sich um die Pflege Ihrer Partnerschaft bemühen, motivieren Sie den Partner in der Regel mehr, sich ebenfalls für das Wohl der Beziehung einzusetzen.

Einmal Schokolade, immer Schokolade?

Die drei roten Rosen in Ehren – aber wer im Laufe der Jahre immer nur auf dieselben Geschenke zurückgreift, kann statt Zuneigung schon mal Langeweile ernten.

Denken Sie daran: Sie verändern sich, Ihr Partner verändert sich – also sollten es auch die liebevollen Gesten tun. Passen Sie diese also ebenfalls den veränderten Bedürfnissen an.

Natürlich ist nichts gegen eine innige Umarmung, ein aufmunterndes Wort oder gegen ein wohlwollendes Lächeln einzuwenden. Diese Dinge verlieren ihre Wirkung nie – eine Beziehung lang. Aber bei Geschenken ist die Sache nicht immer ganz so einfach. Fragen Sie sich, ob Sie mit dem Präsent, das den Partner früher mit Sicherheit gefreut hätte, heute wirklich noch denselben positiven Effekt erzielen können wie damals, als Sie es zum ersten Mal mitgebracht haben. Ein Musik- oder Buchgeschmack kann sich ändern. Und eine Schachtel Pralinen, vielleicht gerade während einer Diät geschenkt, kann dann sogar als unsensible oder feindselige Geste erlebt werden.

Klären Sie diese Fragen, damit Sie mit dem nächsten Geschenk ins Schwarze treffen:

▸ **Ist in der Beziehung** gerade etwas aktuell, das ich thematisieren könnte?

▸ **Hat mein Partner** in letzter Zeit einen Wunsch geäußert?

- ▸ **Macht ihm** ein Hobby oder ein Thema zurzeit besonders Spaß?
- ▸ **Weiß ich,** welcher Regisseur, welche Schauspieler und Filme ihm Freude bereiten?
- ▸ **Kenne ich** seinen aktuellen Musik- und Büchergeschmack?
- ▸ **Weiß ich,** welche Kleidungsstücke meinem Partner Freude machen, wenn ich ihn damit überrasche?

Und wenn ich mich anstrenge – aber es kommt gar nichts zurück?

Wie in allen Bereichen der Partnerschaft ist auch hier Gegenseitigkeit und Ausgeglichenheit wichtig. Wer sich stark bemüht, dem Partner seine Zuneigung zu zeigen, und trotzdem kein Zeichen der Liebe oder nur spärliche Beweise der Zuneigung zurückbekommt, sollte sich wehren und den unbefriedigenden Zustand ansprechen.

Bevor Sie das Gespräch suchen, überdenken Sie kurz noch einmal den Beziehungs-Zustand und fragen Sie sich:

- ▸ **Was könnte ich tun,** um meinem Partner eine Freude zu machen?
- ▸ **Tue ich** das auch?
- ▸ **Wann** habe ich es das letzte Mal getan?
- ▸ **Könnte ich** wieder mal den ersten Schritt machen? Oder sollte der jetzt vom anderen kommen, damit ich mit der Situation klar komme?
  Wichtig sind auch folgende Fragen:
- ▸ **Realisiere ich,** wenn der andere etwas Positives für mich tut? Bin ich offen für

Gemeinsam sind Sie stark

Vielleicht hat Ihr Partner – immer oder situationsbedingt – nicht dieselben Ansprüche und ein geringeres Bedürfnis nach Zeichen der Zuwendung. Sie haben trotzdem ein Anrecht darauf, ihm Ihre eigenen Bedürfnisse mitzuteilen. Versuchen Sie im Gespräch einen Kompromiss zu finden.

seine Zeichen der Zuneigung und nehme ich sie überhaupt wahr? Wenn nicht, warum?

- ▸ **Wann habe ich** das letzte Mal von meinem Partner so ein positives Zeichen wahrgenommen? Wie habe ich darauf reagiert? Und war meine Reaktion so positiv, dass mein Partner dieses Verhalten gerne weiterhin zeigt?

Wenn Sie diese Fragen für sich geklärt haben und das Gefühl bleibt, dass in Ihrer Partnerschaft eine störende Einseitigkeit besteht, dann sollten Sie Ihren Partner auf die Situation ansprechen. Schildern Sie ihm, was Sie stört und was das Missverhältnis bei Ihnen auslöst. Versuchen Sie, Vorwürfe zu vermeiden und nicht fordernd zu wirken. Erklären Sie ruhig, was die Situation bei Ihnen bewirkt.

Wie Sie dabei am besten vorgehen, erfahren Sie im nächsten Kapitel.

Offen und fair kommunizieren

Die Qualität einer Beziehung steht und fällt mit der Qualität ihrer Gespräche. In diesem Kapitel erfahren Sie, warum Kommunizieren weit mehr ist als der bloße Austausch von Fakten.

Eine der wichtigsten Arten, in einer Beziehung zu kommunizieren, ist die sogenannte emotionale Selbstöffnung. Lassen Sie sich vom Namen nicht allzu sehr einschüchtern – Selbstöffnung ist gar nicht so schwierig. Und sehr wichtig für die Zufriedenheit in der Partnerschaft.

In der Selbstöffnung kommen Dinge zur Sprache, die stark mit Emotionen verknüpft sind und die einen beschäftigt haben oder noch immer beschäftigen. Grundsätzlich unterscheidet man zwischen zwei Typen von Selbstöffnung: der positiven und der negativen (siehe Kasten S. 62).

Damit emotionale Selbstöffnung möglich ist, muss in der Partnerschaft ein Klima von Vertrauen und liebevoller Zuneigung herrschen. Wie Sie dieses positive Grundklima fördern können, steht im Kapitel „Einan-der täglich Gutes tun" (S. 49). Ohne diese gute Grundstimmung ist keine Selbstöffnung möglich, denn dabei zeigen die Partner sich und ihr Innenleben ehrlich. Sie stehen zu ihren Schwächen und Bedürfnissen. Gelingt es einem Paar, auf diese Weise zu kommunizieren, schafft es eine sichere Basis für eine positive Beziehung.

Wo liegt das Problem – innen oder außen?

Selbstöffnung unterscheidet sich nicht nur nach positivem und negativem Inhalt, sondern auch nach dem inhaltlichen Schwerpunkt (siehe Kasten S. 63).

Für die Beziehung ist es wichtig, dass sich die Partner auf beiden Inhaltsebenen austauschen und emotional öffnen können. Egal, ob positiv oder negativ, ob intern oder

Unter emotionaler Selbstöffnung versteht man das gefühlsbetonte, intime Mitteilen von Erfahrungen, Eindrücken, Sorgen, Bedürfnissen und Zielen, die einem wichtig sind. Je mehr und je häufiger zwei Partner sich in dieser Form begegnen, desto mehr Intimität und Nähe kann in der Beziehung entstehen.

extern – Selbstöffnung hat einen großen Einfluss darauf, ob in der Beziehung das Gefühl von Nähe, Intimität und Vertrauen wachsen kann.

Die nächsten Abschnitte handeln vor allem von der Selbstöffnung im Bezug auf beziehungsinterne Themen und Ereignisse. Wie Sie mit Belastungen umgehen, deren

Paarsache

Selbstöffnung

Positive Selbstöffnung: Hier werden schöne Erlebnisse mitgeteilt, die durch Gefühle wie Liebe, Zuneigung, Freude, Stolz oder durch andere positive Emotionen geprägt sind.

– „Dein spontaner Anruf heute in der Mittagspause hat mich total aufgebaut."

– „Ich bin stolz auf dich, weil du mit dem Rauchen aufgehört hast."

– „Ich hatte diese wichtige Präsentation vor dem Verwaltungsrat und habe nur positive Reaktionen bekommen. Ich bin so erleichtert."

– „Dass Judith an meinen Geburtstag gedacht hat, bedeutet mir viel. Es hat mich sehr gerührt, da wir seit unserem Streit damals kaum noch Kontakt hatten."

– „Es ist wunderschön, dass wir das nächste Wochenende für uns haben. Ich freue mich schon sehr auf die Zeit mit dir ganz allein!"

Negative Selbstöffnung: Hier werden unangenehme Erlebnisse mitgeteilt, die durch Gefühle wie Wut, Enttäuschung, Ärger, Angst, Trauer oder durch andere negative Emotionen geprägt sind.

– „Es hat mich sehr enttäuscht, dass mein Bruder mir nicht zur Beförderung gratuliert hat."

– „Ich mache mir Sorgen, weil ich nicht weiß, wie ich die viele Arbeit im Geschäft bewältigen soll. Ich befürchte, dass ich das nicht schaffe."

– „Für mich ist es peinlich, wenn du vor Freunden einen Witz auf meine Kosten machst."

– „Es hat mich wütend gemacht, dass du vergessen hast, den Brief einzuwerfen. Er war wichtig und hätte dringend weg gemusst."

Ursachen außerhalb der Beziehung liegen, erfahren Sie im Kapitel „Unterstützung geben und bekommen" (S. 77).

So lösen Sie den Konflikt, um den es wirklich geht

Meinungsverschiedenheiten gehören zu einer Beziehung dazu. Sie bieten Gelegenheit, Dinge zu klären und zusammen Lösungen zu finden. Und manchmal tut es ganz einfach gut, mal Dampf abzulassen und dem Partner seine Meinung zu sagen – solange man dabei fair und respektvoll bleibt.

Frustrierend sind Konflikte dann, wenn das Paar keine Lösung findet. Wenn man einen Streit abbricht, anstatt ihn konstruktiv zu beenden, und enttäuscht und unverstanden auseinandergeht. Oder wenn man das Gefühl hat, nach der Auseinandersetzung kein bisschen weiter zu sein, keine Lösungen gefunden zu haben und sich nur in die Haare geraten zu sein. Im schlimmsten Fall kommen neue Verletzungen und Enttäuschungen hinzu.

Ein vergessenes Jubiläum, Zahnpastaspritzer auf dem Badezimmerspiegel oder eine stehen gelassene Teetasse sind rein objektiv betrachtet kein Weltuntergang. Aber sie können Dramen von beeindruckendem Ausmaß auslösen. Warum eigentlich?

Ganz einfach, weil hinter diesen Dingen oft mehr steckt, als wir auf den ersten Blick vermuten. Das vergessene Jubiläum wird plötzlich zum Sinnbild dafür, dass der Partner zu wenig für die Beziehung tut. Der

Paarsache

Ihr Problemfokus

Problemfokus intern: Die interne Selbstöffnung bezieht sich auf Dinge, die innerhalb der Beziehung passiert sind oder passieren.

– „Es hat mich gerührt und gefreut, dass du dich so gut an unser erstes Treffen erinnern kannst."

– „Ich bin verletzt, dass du meine Bedürfnisse übergangen und ohne Rücksicht auf mich entschieden hast."

Problemfokus extern: Die externe Selbstöffnung bezieht sich auf Dinge, die außerhalb der Beziehung passiert sind.

– „Meine Cousine hat endlich wieder einen Job gefunden. Ich bin deshalb unglaublich erleichtert und habe erst jetzt gemerkt, wie sehr mich das Ganze belastet hat."

– „Mein Chef hat heute einen Vorschlag von mir fast kommentarlos abgewiesen. Das hat mich mitgenommen."

ⓘ **Die emotionale Selbstöffnung hilft,** zum wahren Kern eines Problems vorzustoßen: Am meisten Mühe machen uns in einem Konflikt in der Regel Gefühle – nicht Fakten. Also müssen Sie auch über diese Gefühle sprechen, wenn Sie ein Problem wirksam lösen wollen.

Zahnpastaspritzer und die herumstehende Teetasse werden zu Symbolen dafür, dass der Partner die Anstrengungen (hier: das Aufräumen und Saubermachen) des anderen nicht wahrnimmt und dessen Person nicht wertschätzt. Damit gewinnt das Problem eine neue Dimension. Es handelt sich nicht mehr um belanglose Kleinigkeiten, sondern um grundlegende Dinge, die einem zusetzen.

Erst wenn Sie gefühlsmäßig herausarbeiten, weshalb eine bestimmte Verhaltensweise des Partners Sie so hart trifft, werden Sie das Problem an der Wurzel packen können. Dabei geht es in aller Regel nicht um das Sachproblem (z. B. den Zahnpastaspritzer auf dem Spiegel), sondern um die dahinterliegenden Gefühle. Sie fühlen sich vielleicht verletzt durch die mangelnde Achtsamkeit und Sorgfalt des Partners, durch sein Ignorieren Ihrer täglichen Bemühungen für ihn und die Familie, durch seine Dominanz und Rücksichtslosigkeit.

→ Karin

Für die Zubereitung des Abendessens hat sie sich heute richtig viel Zeit genommen. Sie hat ein neues Rezept herausgesucht, ist zum Delikatessenladen gefahren und hat den Tisch hübsch dekoriert. Ihr Mann Marcel kommt nach Hause und ist aufgedreht, weil er sich auf die Übertragung des Fußballspiels freut. Er isst gutgelaunt, aber schnell und einsilbig. Und er scheint Karins Bemühungen überhaupt nicht zu bemerken, geschweige denn zu loben. Karin schaut zuerst perplex und dann zunehmend wütend zu, wie Marcel das aufwendig und liebevoll zubereitete Gericht verschlingt. Als ihr Mann vom Tisch aufsteht und auch noch eine Chipstüte mit vor den Fernseher nehmen will, eskaliert die Situation. Karin knallt lautstark das Besteck auf den Teller und schnauzt sarkastisch: „Vielen Dank, dass du das Essen so gewürdigt hast. Dir ist sowieso völlig egal, was ich hier zu Hause mache. Aber ja, sich für den Herrn Mühe zu geben, das ist sehr dankbar." Danach verschwindet sie enttäuscht im Nebenzimmer und schlägt die Türe zu.

Marcel fällt aus allen Wolken und bleibt mit schlechtem Gewissen zurück. Er macht frustriert und allein den Abwasch und ist genervt, weil er deshalb den Anpfiff des Spiels verpasst. „Was soll das Theater? Immer diese Überreaktion wegen Kleinigkeiten!", ruft er in den Raum. Doch schließlich ist es ihm wichtiger, das Fußballspiel nicht zu verpassen als mit Karin zu reden und zu klären, weshalb sie denn so reagiert hat.

Karins Ärger und ihre Enttäuschung sind verständlich. Sie hatte sich besondere Mühe gegeben, ein spezielles Abendessen gekocht, den Tisch schön gedeckt. Sie wollte eine gemütliche Atmosphäre schaffen und ihren Mann verwöhnen. Doch dieser beachtet all das überhaupt nicht. Aus dem kurzen Streit gehen beide als Verlierer hervor: Karin fühlt sich unverstanden und übergangen. Marcel hingegen versteht überhaupt nicht, wie er in den Schlamassel geraten ist. Und er ärgert sich, weil jetzt auch noch sein Fußballabend verdorben ist.

Was hätten die beiden anders machen können?

Karin hätte beispielsweise versuchen können, noch während des Essens einzugreifen und das, was sie störte, direkt anzusprechen: „Ich habe viel Zeit und Energie in die Vorbereitung dieses Essens gesteckt. Ich wollte dich verwöhnen, dir einen schönen Abend bereiten. Ich habe extra ein neues Rezept gesucht und speziell dafür eingekauft. Das war alles sehr aufwendig. Doch das war es mir wert, weil ich mal wieder wollte, dass wir zwei einen besonderen Abend haben. Jetzt habe ich das Gefühl, dass du es überhaupt nicht wahrnimmst und schätzt. Du verschlingst das feine Essen hastig und stumm und scheinst nicht zu bemerken, dass ich eine romantische Atmosphäre schaffen wollte. Das macht mich traurig und ich frage mich, wie es mit uns weitergehen soll."

Manchmal ist man allerdings nicht schlagfertig genug, in solch einem Moment richtig und überlegt zu reagieren. Karin hätte den Vorfall deshalb auch in Ruhe nach dem Fußballspiel oder am nächsten Tag zur Sprache bringen können: „Es hat mich verletzt, dass du mir und dem liebevoll zubereiteten Essen gestern keine Beachtung geschenkt hast. Ich sorge mich, wie es mit uns weitergeht, wenn wir uns so aus den Augen verlieren. Wir haben kaum noch Zeit füreinander und merken nicht einmal mehr, wenn wir einander etwas Gutes tun wollen."

Wenn Karin so reagiert, kann Marcel viel einfacher und auch gefühlsmäßig nachvollziehen, was in der Situation schiefgegangen ist. Er kann sich entschuldigen und vielleicht auch erklären, dass er an diesem Abend total auf das wichtige Fußballspiel fixiert war und daher ihre lieben Bemühungen tatsächlich nicht wirklich schätzen konnte.

So gelingt Ihnen die Selbstöffnung

Bestimmt kennen Sie solche Situationen: Sie spüren zwar sehr genau, dass Sie wegen irgendetwas sauer werden. Aber warum das aber passiert, ist Ihnen nicht ganz klar. Die folgenden Tipps sollen Ihnen helfen, in einem Konflikt genau erkennen zu können, was Sie wirklich belastet:

1 **Distanz schaffen:** Atmen Sie tief durch und versuchen Sie, zum Ereignis sowohl in Sachen Gefühl als auch zeitlich etwas Abstand zu gewinnen. Suchen Sie den richtigen Moment, um das Thema mit Ihrem Partner zu besprechen.

2 **Gefühle erkunden:** Horchen Sie in sich hinein und fragen Sie sich, was Sie fühlen. Sind Sie wütend, verärgert, enttäuscht, unsicher, traurig, verzweifelt, einsam, hilflos? Versuchen Sie, möglichst unvoreingenommen auf Ihren Bauch zu hören. Manchmal haben wir schon konkrete Ideen im Kopf, wie wir in einer bestimmten Situation reagieren sollten. Aber es geht nicht darum, dass Sie „eigentlich wütend" oder „ei-

gentlich traurig" sein sollten. Sondern nur darum, was Sie in diesem Moment wirklich fühlen.

3 **Gefühle mitteilen:** Sagen Sie Ihrem Partner, was Sie fühlen. Nur wenn Sie ihre Gefühle äußern, kann Ihr Partner Sie verstehen. Erzählen Sie vor allem auch, warum etwas bei Ihnen eine bestimmte Emotion ausgelöst hat.

Weitere Tipps, wie Sie Ihre Anliegen ausdrücken können, finden Sie im Kapitel „Probleme erfolgreich angehen" (S. 68).

Positive Botschaften zählen

„Schatz, wir müssen reden." – Diese Aufforderung verspricht selten Gutes. Sie klingt nach einer unerfreulichen Diskussion über festgefahrene Standpunkte. Paare, die sich nur noch in solchen Situationen miteinander austauschen, haben es verpasst, das Gespräch in einer Beziehung auch zu etwas Schönem zu machen.

Einen wirklich schlechten Ruf bekommen Gespräche dann, wenn sie regelmäßig eskalieren: Die Stimmen werden laut, der Tonfall sarkastisch, der Partner wird abgewertet, provoziert und heruntergeputzt. Gehen einem die Argumente aus und man diskutiert etwas weniger gewieft, bleibt neben dem Gefühl der Unterlegenheit noch ein bitterer Nachgeschmack.

Das muss nicht sein! Auch wenn es wichtig ist, Konflikte zu lösen: Gespräche sind nicht nur dafür da, um Probleme zu wälzen. Wer sich in einer Partnerschaft nur mit un-

Gute Gespräche
Reden Sie nicht nur miteinander, wenn es knirscht. Wenn Sie sich auch all die guten Dinge erzählen, die Ihnen widerfahren, nimmt das Schlechte viel weniger Raum ein.

angenehmen Dingen beschäftigt, gibt der ganzen Beziehung so bald unbewusst einen negativen Beigeschmack. Darum ist es wichtig, dass Sie auch gute Erfahrungen miteinander austauschen.

66 Gespräche sind nicht nur dafür da, Probleme zu wälzen.

Teilen Sie Ihre positiven Erfahrungen miteinander so oft wie möglich. Erzählen Sie Ihrem Partner, was Sie heute gefreut, berührt und positiv überrascht hat. Das müssen nicht immer ganz wichtige oder spannende Dinge sein. Auch schöne Alltags-Kleinigkeiten sind berichtenswert!

Nur wenn in Paargesprächen wesentlich mehr positive als negative Inhalte ausgetauscht werden, wird auch die Bilanz positiv ausfallen. Die Logik dahinter ist einfach und lässt sich mit einem einfachen Beispiel er-

klären: Die meisten Menschen gehen nicht gerne zum Zahnarzt. Nicht weil Zahnärzte keine netten Menschen sind, sondern weil man bei ihnen Spritzen bekommt, das nervige Geräusch des Bohrers ertragen muss und später auch noch eine geschwollene Backe hat. Doch wer seine Zähne pflegt, wird weniger oft diese unangenehme Erfahrungen machen. Halten Sie es in der Beziehung genauso. Machen Sie Ihre Beziehungsgespräche nicht zum Zahnarztbesuch, der nur ansteht, wenn unangenehme Dinge zu bewältigen sind!

Arbeiten Sie an einem Katalog mit schönen Themen, die Sie gerne besprechen:

▸ **Lassen Sie die** letzten Ferien zusammen Revue passieren.
▸ **Malen Sie sich** das nächste gemeinsame Wochenende ohne Kinder aus.
▸ **Erzählen Sie sich** von schönen Erfahrungen.
▸ **Tauschen Sie sich** über Ihre Wünsche und Ziele aus.

Probleme erfolgreich angehen

Der Ton macht die Musik. Wenn man seine Worte klug wählt, ist man daher auch eher erfolgreich. Hier lesen Sie, wie Sie ans Ziel kommen, ohne Ihrem Partner verbal auf die Füße zu treten.

Nicht jeder ist als kompetenter Redner vom Himmel gefallen. Und Sie müssen auch gar kein großartiger Sprachkünstler sein, um Ihre Botschaft beim Partner anzubringen und auf ihn eingehen zu können. Schon ein paar Regeln für Sprecher und Zuhörer helfen, die (Streit-)Gespräche in einer Beziehung fair und erfolgreich zu gestalten.

Miteinander reden können, in guten wie in schlechten Zeiten, ist eine Grundbedingung für eine funktionierende und erfüllende Partnerschaft. Studien zeigen: Paare mit Beziehungsschwierigkeiten haben fast immer Kommunikationsprobleme. Es lohnt sich also, diesen Bereich einem kleinen Check-up zu unterziehen und zu überprüfen, wie es in Sachen Kommunikation in Ihrer Partnerschaft aussieht.

Bei sich selbst beginnen

Es ist einfach, mit dem Finger auf die Kommunikationsfehler des Partners zu zeigen. Konzentrieren Sie sich stattdessen lieber darauf, sich selbst so zu verhalten, wie Sie auch behandelt werden möchten.

Fangen Sie damit an, indem Sie sich selbst beobachten:
- **Welchen Tonfall** haben Sie, wenn Sie Kritik vorbringen?
- **Wie direkt** oder wie verallgemeinernd bringen Sie Ihre Kritik an?

Sie können lernen, angemessen und konstruktiv zu kommunizieren. Die Voraussetzungen sind einfach zu erfüllen: Erstens müssen es beide Partner wollen. Zweitens müssen sich beide im Alltag um eine gute Gesprächskultur bemühen. Drittens muss man einige Spielregeln befolgen, die in diesem Kapitel vorgestellt werden.

Seien Sie nachsichtig mit sich selbst, wenn Sie in der Hitze des Gefechts mal falsch reagieren. Aber bemerken Sie es, wenn Sie es tun. Das ist der erste Schritt zur Veränderung.

Ungünstiges Verhalten in der Kommunikation

Weil man aus Fehlern manchmal am meisten lernt, werfen Sie zuerst einen Blick auf Kommunikationsfehler in der Partnerschaft, die Sie möglichst vermeiden sollten. Haben Sie sich gerade in einem ungünstigen Kommunikationsverhalten wiedererkannt? Macht nichts! Sie haben es selbst in der Hand, diese unsinnigen Gesprächsmuster zu ändern.

Sprechmuster	Beschreibung	Beispiele
Kritik generell formulierend	- Verallgemeinerungen machen, - Du-Botschaften, - etwas auf die Persönlichkeit des Partners schieben	„Immer lässt du deine Schmutzwäsche am Boden liegen. „Du bist nie für mich da, wenn ich dich dringend brauche." „Du bist einfach völlig überemotional." „So pingelig, wie du bist, kann man es dir sowieso nie recht machen."
Abwehrend kommunizierend	- Uneinsichtige Verteidigung, - Verantwortung an den Partner zurückweisen, - Vorwürfe pauschal abschmettern, - Gegenvorwürfe machen	„Das stimmt doch gar nicht. Dafür kann ich nichts!" „Das mache ich nie, das ist nicht meine Schuld." „Du bist doch derjenige, der immer alles vergisst." „Darf ich nicht auch mal „Nein" sagen?" „Kannst du überhaupt nicht verstehen, dass ich nach meiner anstrengenden Arbeit abends müde bin?"
Verächtlich kommunizierend	- Den anderen abwerten, gemein sein, - Den anderen lächerlich machen, - Den anderen kleinmachen	„Gerade du musst etwas sagen." „Woher willst du überhaupt eine Ahnung von diesem Thema haben?" „Und das sagt der, der seine Lehre abgebrochen hat." „Arbeite du zuerst mal in einer so großen Firma. Dann kannst du vielleicht mitreden." „Aha. ‹Herr Ordentlich› spricht mal wieder."
Provozierend	- Zynische Bemerkungen machen , - Fragen stellen, die man nicht beantworten kann, - Den anderen nicht anschauen, sich abwenden	„Soll ich etwa über jede Minute meines Lebens bei dir einen Bericht einreichen?" „Du bist es ja, die alles weiß, oder?" „Haben wir nur geheiratet, damit du mich täglich mit deiner Nörgelei nervst?"

Streiten mit Regeln
Festgelegte Sprecher- und Zuhörerregeln können und sollen
Streit nicht verhindern. Aber er
läuft fairer ab – und führt idea-
lerweise auch zur Lösung des
Problems.

▶ **Wie verhalten Sie sich,** wenn Sie etwas am Partner oder seinem Verhalten
stört?

▶ **Sind Sie defensiv** (in einer Verteidi-
gungshaltung), abwertend, provokativ,
passiv-aggressiv?

▶ **Wie reagieren Sie** auf Ihren Partner:
Lassen Sie ihn ausreden? Sehen Sie die
Argumente Ihres Partners als gleichwer-
tig zu Ihren eigenen an?

❝ **Wenn Sie sich über Ihr
eigenes Gesprächsverhalten
klar werden, ist der Weg frei
für eine gute, faire Ge-
sprächskultur.**

—

Mit diesen Regeln kommen Sie weiter

Für eine gelungene Kommunikation werden immer zwei Menschen benötigt: einen,
der spricht, und einen, der zuhört. Halten
Sie im ersten Schritt die Sprecherrolle und
die Zuhörerrolle ganz strikt auseinander
und versuchen Sie, sich jeweils für eine gewisse Zeit (zum Beispiel 10 bis 15 Minuten)
nur auf eine Rolle zu konzentrieren. Achten
Sie dabei auf folgende Punkte:

Sprecher-Regeln

▶ **Bleiben Sie konkret!** Sprechen Sie ein
bestimmtes Verhalten des Partners an,
das Sie stört, oder eine bestimmte Situation, die Sie klären möchten.

▶ **Formulieren Sie** Ich-Botschaften. Reden Sie von sich und vermeiden Sie Du-
Botschaften. Sprechen Sie Gefühle an.

Reden Sie davon, was die Situation oder das Verhalten des Partners bei Ihnen ausgelöst hat, wie es Ihnen dabei geht.

Zuhörer-Regeln

▶ **Hören Sie** aktiv und aufmerksam zu. Wenden Sie sich dem Partner mit offener Körperhaltung zu. Nicken Sie, wenn er mit Ihnen spricht, und zeigen Sie Interesse.

▶ **Fassen Sie zwischendurch** kurz zusammen. Wiederholen Sie immer wieder in eigenen Worten, was Sie von den Aussagen des Partners verstanden haben. Interpretieren Sie nichts und legen Sie dem Partner keine Worte in den Mund, die er nicht wirklich gesagt hat.

▶ **Stellen Sie Fragen** (Wie? Was? Warum? usw.), die dem Partner erlauben, und seinen Standpunkt zu schildern – ohne von Ihnen zwischendurch beeinflusst zu werden.

Das gilt für den Sprecher

1 **Sprecher-Regel 1:**
Bleiben Sie konkret
Reden Sie von einer bestimmten Situation, die Sie klären wollen. Oder von einem ganz konkreten Verhalten, das Sie stört. Vermeiden Sie Verallgemeinerungen und das Aufwärmen von „alten Geschichten".
Deshalb ist es wichtig, konkret zu bleiben: Wer allgemein gehaltene Kritik anbringt, macht es dem Partner

schwer, darauf einzugehen, weil generelle Vorwürfe nur schwer fassbar sind. Und wer Charaktereigenschaften bemängelt, zielt genau auf einen Punkt, der sich vermutlich nicht mal eben so ändern lässt. Konkrete, überschaubare und vor allem veränderbare Dinge hingegen lassen sich besser anpacken.

2 **Sprecher-Regel 2:**
Formulieren Sie Ich-Botschaften
Sprechen Sie von sich und Ihrer eigenen Sicht der Dinge. Deshalb sind Ich-Botschaften wichtig: Wer seine persönliche Position schildert, stützt seine Argumentation nicht auf Angriffe, Kritik, Vorwürfe oder sogar auf Abwertungen des Partners. Das macht das Zuhören, Mitfühlen und auch Akzeptieren für das Gegenüber viel einfacher.

3 **Sprecher-Regel 3:**
Sprechen Sie Gefühle an
Sagen Sie Ihrem Partner, wie es Ihnen in einer bestimmten Situation geht. Sprechen Sie von Ihren Gefühlen, Wünschen und Bedürfnissen.
Deshalb ist es wichtig, Gefühle anzusprechen: Durch emotionale Selbstöffnung (siehe Kasten „Selbstöffnung", S. 62) machen Sie das Gespräch für Ihren Partner nicht nur interessanter und bedeutender. Sie geben ihm auch wichtige Informationen über Sie und Einblicke, die er sonst nicht bekommen würde.

Das gilt für den Zuhörer

1 Zuhörer-Regel 1: Hören Sie aktiv und aufmerksam zu

Halten Sie während des Zuhörens Blickkontakt und achten Sie auf eine offene Körperhaltung (Oberkörper etwas in Richtung des Partners beugen, keine verschränkten Arme!). Zeigen Sie zwischendurch kurze Reaktionen wie ein „Ja", „Mhm" oder ein Nicken.

Darum ist aktives Zuhören wichtig: So zeigen Sie Ihrem Gesprächspartner, dass Sie an dem, was er erzählt, interessiert sind. Das erleichtert ihm das Reden und ermöglicht ihm, sich zu öffnen. Ein Gespräch, an dem beide aktiv teilnehmen, ist persönlicher und intensiver.

2 Zuhörer-Regel 2: Fassen Sie zwischendurch kurz zusammen

Fassen Sie Dinge, die Ihnen besonders wichtig oder emotional scheinen, kurz zusammen. Flechten Sie in diese „Zwischenmeldungen" aber keine Kommentare, Interpretationen oder Wertungen ein. Bleiben Sie in der Zuhörer-Rolle und werden Sie nicht zum Sprecher, indem Sie sich verteidigen, rechtfertigen oder anfangen, Ihre Sicht der Dinge zu schildern. Zurzeit ist der Partner Sprecher! Und Sie sind Zuhörer, der versucht ihn zu verstehen. Danach kommt dann Ihre Zeit als Sprecher.

Deshalb ist das Zusammenfassen wichtig: So signalisieren Sie Ihrem Partner, dass das Gesagte bei Ihnen angekommen ist und dass Sie es verstanden haben. Und Sie verhindern, dass Missverständnisse das Gespräch kompliziert machen. Gleichzeitig bringen Sie etwas Ruhe in die Unterhaltung.

3 Zuhörer-Regel 3: Stellen Sie offene Fragen

Wenn Sie während des Gesprächs etwas nicht verstehen, versuchen Sie, mit offenen Fragen Klarheit zu schaffen. Offen sind Fragen, die sich nicht einfach mit „Ja" oder „Nein" beantworten lassen. Leiten Sie diese Fragen am besten mit den sogenannten W-Wörtern (Wie lange? Warum? Wieso? etc.) ein.

Deshalb sind offene Fragen wichtig: Fragen bieten Ihnen nicht nur die Möglichkeit, Dinge zu klären und zu erfahren. Vielleicht hat Ihr Partner auch Schwierigkeiten damit, sein Anliegen zu erzählen, weil es beispielsweise peinlich, kompliziert oder sehr emotional ist. Mit offenen Fragen unterstützen Sie Ihren Partner beim Erzählen und Sie halten das Gespräch in Gang.

Verletzende Gespräche stoppen

Natürlich sollen Sie nun nicht sämtliche Gespräche mit Ihrem Partner nur noch nach diesen Regeln führen. Hauptzweck dieses „Unterhaltungs-Fahrplans" ist, dass Sie mit ihm brisante oder verletzende Streitgespräche entschärfen können. Gehen Sie dabei so vor:

Vorsicht, Gesprächsfalle!

Bemerkungen, Forderungen, Beschwerden und sogar Vorwürfe: Nicht nur der Inhalt ist wichtig, sondern auch wie man es sagt. Neben der negativen Formulierung in orange sind in der weißen Sprechblase mögliche konstruktive Formulierungen abgebildet.

verallgemeinernd, Du-Botschaft

Du bist IMMER müde. NIE hast du Zeit für mich.

verächtlich, abwertend

Oh, du brauchst Schonung. Dass sich der Herr ja nicht überanstrengt.

spezifisch, Ich-Botschaft

Ich fühle mich alleinge- lassen und würde gerne mehr gemeinsam mit dir unternehmen.

wertschätzend, neutral

Ich glaube dir, dass du erschöpft bist. Wenn du dich etwas erholt hast, würde ich mich über deine Hilfe freuen.

defensiv, rechtfertigend

Ja, natürlich hätte ich anrufen können. Unter Stress vergisst man das halt. Kann jedem passieren, oder?

provokativ, zynisch

Müssen wir JEDE Minute unseres Lebens Händchen halten? Ist es das, was du verlangst?

einsichtig, gesprächsbereit

Es tut mir Leid. Ich war völlig im Stress. Entschuldige, dass Du warten musstest und ich nicht angerufen habe. Das nächste Mal denke ich dran.

diskussionsbereit

Wir haben offenbar eine andere Vorstellung von körperlicher Nähe. Was hältst du davon, wenn wir es mal so, mal so machen?

1 **Wenn Sie** realisieren, dass ein Gespräch in die falsche Richtung driftet, stoppen Sie: „Hören wir auf. Es bringt nichts, wir machen uns nur gegenseitig fertig und finden keine Lösung".

2 **Legen Sie** eine Pause ein, in der Sie beide versuchen, sich zu beruhigen und die hochgekochten Emotionen wieder abzukühlen (z. B. in getrennte Räume gehen, etwas Ruhiges machen).

Sprecherregeln

Probieren Sie die Regeln aus! Wenn es funktioniert, können Sie sie öfter anwenden.

So nicht	Besser
Beispiele für Sprecherregel 1: Konkret bleiben	
„Nie hast du Zeit für mich. An jedem Wochenende hängst du mit Freunden ab."	„Ich finde es schade, dass wir an den letzten drei Wochenenden kaum Zeit miteinander verbracht haben. Ich wünsche mir, dass wir wieder mehr Zeit füreinander einplanen, damit unsere Part-nerschaft lebendig bleibt und unsere Liebe Raum hat. Ich habe dich sehr lieb und möchte, dass wir uns um unsere Beziehung kümmern."
„Du bist völlig überemotional! Das hält ja kein Mensch aus."	„Ich fand es schwierig, dass du gestern in unserer Diskussion zur Fe-rienplanung so übertrieben reagiert hast. Ich wusste gar nicht mehr, was ich sagen sollte, fühlte mich unterlegen, unwichtig und klein."
Beispiel für Sprecherregel 2: Ich-Botschaften formulieren	
„Das war ja ein schrecklicher Besuch bei deinen Eltern."	„Ich habe mich heute bei deinen Eltern überhaupt nicht wohlgefühlt."
Beispiel für Sprecherregel 3: Gefühle ansprechen	
„Ist es denn so schwer, pünktlich zu sein?"	„Es hat mich enttäuscht, dass wir es gestern nicht geschafft haben, pünktlich ins Kino zu kommen. Ich habe mich auf den Film gefreut, wollte wieder mal einen schönen Abend mit dir erleben. Es ist mir sehr unangenehm, wenn wir zu spät in den Kinosaal kommen und die Leute stören. Ich hasse das und schäme mich, vor aller Augen meinen Platz suchen zu müssen."

Zuhörerregeln

Beispiel für Zuhörerregel 2: Zwischendurch zusammenfassen
Der Sprecher sagt: „Es hat mich sehr gekränkt, dass du gestern beim Museumsbesuch offen gezeigt hast, wie langweilig du die Ausstellung fandest. Ich habe dir zuliebe die meiste Zeit dieser Ferien am Strand verbracht. Da hätte ich er-wartet, dass du dich nicht so anstellst, wenn wir einmal in ein Museum gehen. Ich habe vor dem Urlaub ja oft er-wähnt, dass mich diese Gegend vor allem faszi-niert, weil hier so viele berühmte Künstler gelebt haben."

So nicht	Besser
„Du machst mir also einen Vorwurf, weil ich mich nicht für Kunst interessiere?"	„Du warst also enttäuscht, dass ich nicht mit mehr Begeisterung durch das Museum gelaufen bin, obwohl du ja auch nur mir zuliebe einige Tage am Strand verbracht hast?"

Beispiel für Zuhörerregel 3: Offene Fragen stellen
Die Sprecherin sagt: „Ich fühle mich heute einfach nicht in der Lage, das Abendprogramm durchzuzie-hen, das wir gestern angedacht haben. Heute Morgen hatte ich ein schwieriges Gespräch mit meiner Freundin, das ich noch nicht verdaut habe. Ich möchte deshalb lieber einen gemütlichen Abend zu Hau-se verbringen, vielleicht ein Glas Wein trinken und lesen."

So nicht	Besser
„Du willst also unseren gemeinsamen Theaterbe-such und das geplante Essen einfach ausfallen lassen?"	„Worum ging es denn in dem Gespräch mit deiner Freundin, was hat dich so aufgewühlt?"

❸ **Suchen Sie** danach noch einmal das Gespräch oder vereinbaren Sie einen Termin, an dem die Unterhaltung zu Ende geführt werden soll. Setzen Sie sich einander gegenüber, bedenken Sie die Regeln (oder nehmen Sie sie zur Hand). Legen Sie fest, wer zuerst Spre-cher und wer Zuhörer sein soll.

❹ **Bestimmen Sie** einen festen Zeit-raum (10 bis 15 Minuten), während des-sen Sie sich beide streng an die Regeln halten. Tauschen Sie danach die Rollen. Mit diesem Vorgehen gelingt es den meis-ten Paaren, auch „heiße Eisen" erfolgreich zu besprechen und eine Lösung zu finden, mit der beide gut leben können.

Unterstützung geben und bekommen

Als Zweier-Team durch dick und dünn: Es ist ein gutes Gefühl, sich jederzeit auf den Partner verlassen zu können. Wer die Widrigkeiten des Alltags gemeinsam meistert, bleibt einander über die Jahre auch in Sachen Gefühl ganz nah.

Beziehungskiller Alltag: Das Traumpaar, das plötzlich und ohne jede Vorwarnung auseinandergeht, gibt es nicht. Denn so überraschend und unvermittelt, wie Trennungen oft dargestellt werden, sind sie nie. Oft werden Probleme in der Beziehung einfach nur viel zu spät wahrgenommen. Von außen glänzt die Karosserie der Partnerschaft noch wunderbar. Klar knirscht es ab und zu im Getriebe. Aber wie schlimm kann der Schaden schon sein? Schließlich sind Sie schon ganz schön lange zusammen.

Doch irgendwann schaut man genauer hin. Vielleicht, weil man umgezogen ist, jemanden kennengelernt oder den Job gewechselt hat. Oder einfach, weil sich vieles verändert hat und sich eine allgemeine Unzufriedenheit breitmacht. Man zieht nüchtern Bilanz. Denkt auf einmal darüber nach, welche Erwartungen man ursprünglich mal hatte. Man merkt, welche Frustrationen und Enttäuschungen man bisher hingenommen hat – und erkennt vielleicht auch, dass man dazu nun nicht mehr bereit ist. Und schließlich wägt man ab, was für und was gegen eine Trennung spricht. Dann sieht man plötzlich, was unter dem schönen Lack schon alles kaputt ist. Und das ist vielleicht mehr, als man reparieren kann und will.

Es gibt Signale, die auf darauf hinweisen, dass die Beziehung schlechter wird. Die laut

FÜNF WARNENDE SIGNALE

Achten Sie auf Signale wie diese. Sie deuten an, dass in Ihrer Beziehung der Stress des Alltags mehr und mehr Raum einnimmt.

1 „Schlechte" Gespräche
Kommunikation löst sehr oft Kämpfe, Streit und Frust aus

2 Häufiges Nörgeln
Über Dinge, die eigentlich Kleinigkeiten sind

3 Kaum Zweisamkeit
Wenig gemeinsame Aktivitäten sowie wenig zusammen als Paar verbrachte Zeit

4 Unverständnis
Das Gefühl, Ihr Partner verstehe Sie nicht – oder umgekehrt

5 Gleichgültigkeit
Gegenüber den Sorgen und Problemen, aber auch gegenüber den Erfolgen des Partners

neuesten Forschungsergebnissen wichtigsten sehen Sie in der Grafik „Fünf warnende Signale" (links). Achten Sie auf diese Signale! Nehmen Sie sie ernst und sprechen sie darüber.

Feind der Liebe: die alltäglichen Belastungen

Auf dem Weg zur Arbeit macht uns eine Baustelle das Leben schwer. Im Büro wächst der Druck durch den Chef. Zu Hause geht die Jüngste gerade durch eine schwierige Phase. Und langsam wird uns klar, dass es doch keine gute Idee war, gerade jetzt in den Vereinsvorstand einzutreten...

Unser Alltag ist gespickt mit kleinen und großen Herausforderungen. Sie sind anstrengend, na klar. Jedoch bestimmt keine Gefahr für die Liebe, oder? Schwere Schicksalsschläge können Beziehungen ins Wanken bringen. Aber das bisschen Alltagsstress? Wir wissen zwar, dass sich Dauer-Stress negativ auf die Gesundheit auswirkt. Doch die meisten Menschen glauben, dass solche Alltags-Situationen ja nun nichts mit den Schwierigkeiten in der Partnerschaft zu tun haben.

Das ist leider falsch! Denn es sind genau diese kleinen Nadelstiche und Nervenkrisen, die uns dünnhäutiger machen. Wir löschen, wo es gerade brennt. Und packen da ein Pflaster drauf, wo es gerade blutet. Nach so einem anstrengenden Tag auch noch Stress zu Hause haben? Bloß nicht! Dort will man schließlich ausruhen, neue

Kräfte sammeln, Mitgefühl bekommen, getröstet werden – und nicht auch noch Verständnis für die Sorgen und Ängste des Partners aufbringen müssen. Doch statt Verständnis füreinander gibt's immer öfter Streit. Und überhaupt: Plötzlich scheint der Wurm in der Beziehung zu stecken.

Was kann der Apfel für den Wurm?

Hing der Haussegen schief, ging man früher davon aus, dass mit der Beziehung oder einem der beiden Partner etwas nicht in Ordnung sei. Man glaubte, der Grund dafür sei einfach eine falsche Partnerwahl. Beide seien zu verschieden. Oder es läge an anderen Dingen wie dem häufigen Alkoholkonsum des Ehemannes oder der Untreue der Ehefrau. Die jüngsten Forschungsergebnisse zeigen allerdings eine andere Erklärung: Die Ursache für Partnerschaftsprobleme ist überraschend oft der Alltagsstress, der von außen in die Beziehung „eindringt". Oder anders ausgedrückt: Es ist nicht grundsätzlich etwas falsch an Ihnen, Ihrem Partner oder an der Tatsache, dass gerade Sie beide zusammen sein möchten. Denn was kann schließlich der Apfel dafür, dass sich ein Wurm in ihm eingenistet hat?

Vielleicht geht es Ihnen wie vielen Paaren – und allein diese Erkenntnis allein bringt schon eine erste Entlastung. Es tut gut, zu hören, dass man nicht an allen Problemen selber schuld ist. Dass man seinen Partner nicht völlig falsch gewählt hat und es nicht schlechter macht als andere Paare. Bevor Sie sich jetzt aber zurücklehnen und es Ihrem Schicksal überlassen, ob der Wurm Ihren Beziehungsapfel durchlöchert oder nicht, müssen Sie wissen: Gegen das Einnisten des unliebsamen Gast-Wurms kann (und soll!) man etwas tun. Denn Sie können Ihr Schicksal selber in die Hand nehmen und dafür sorgen, dass der Wurm – nämlich der Alltags-Stress – sich nicht mehr in Ihren Beziehungs-Apfel fressen kann.

Wie sich Stress auf die Partnerschaft auswirkt

Alltagsstress ist, wenn er uns ständig plagt, für unserer Beziehung gleich auf mehreren Ebenen schädlich. Denn Dauer-Stress bedeutet:

- ▶ **weniger Zeit** füreinander
- ▶ **schlechtere** Kommunikation
- ▶ **Belastungen** für die körperliche und seelische Gesundheit
- ▶ **unerwünschte** Persönlichkeitsmerkmale (z. B. Launenhaftigkeit) zeigen sich häufiger

Alle diese negativen Folgen sorgen dafür, dass das kostbare Wir-Gefühl in der Partnerschaft verloren geht.

Doch genau dieses Bewusstsein, dass Sie nicht allein als „Ich", sondern zu zweit als „Wir" durchs Leben gehen, bildet ja eine ganz wichtige Grundlage für Ihre Beziehung. Ein starkes Wir-Gefühl stärkt und verbindet. Nur wenn es in der Beziehung ein

"Wir" gibt, kann ein Paar Zweisamkeit und Geborgenheit erleben.

Die Alltagsverpflichtungen lassen oft wenig Zeit für die Beziehungspflege. Besonders unter Druck sind Paare mittleren Alters mit der Doppelbelastung von Familie und Beruf, Doppelverdiener, die den Spagat zwischen Karriere und Partnerschaft bewältigen müssen, Paare mit niedrigem Einkommen, die unter schlecht bezahlter Arbeit und mangelnder Freizeit leiden oder Paare, bei denen der eine Partner einen besonders stressigen Beruf ausübt. Unter diesem chronischen Stress nimmt die Qualität der Beziehung ab. Oft ziehen sich die Partner dann zurück, wollen einfach ihre Ruhe haben. Und wenn man noch miteinander redet, ist der Ton gereizt bis gehässig.

Lesen Sie den Kasten „Stress und Partnerschaft" (S. 81). Haben Sie einmal drei oder mehr Punkte vergeben? Überlegen Sie, warum und seit wann die Situation so ist. Es ist normal, ab und zu wenig Zeit zu haben oder schlecht drauf zu sein. Dauern solche Dinge aber an, gefährden sie evtl. Ihre Beziehung.

Dieses negative Beziehungsklima ist ein Nährboden für weiterer Stress, für Frustrationen und Enttäuschungen. Außerdem schädigt permanenter Alltagsstress das Immunsystem und macht anfällig für Krankheiten. Diese wiederum schwächen das Paarsystem zusätzlich: Der Betroffene leidet unter seinen Beschwerden. Und auch der Partner ist dadurch belastet, weil er Rücksicht nehmen, vielleicht pflegen muss und sich Sorgen um den anderen macht. Es entsteht ein Ungleichgewicht zwischen den Partnern. Und schöne gemeinsame und positive Aktivitäten fallen immer mehr weg.

Warum uns Stress unausstehlich macht

Stress setzt uns noch auf ganz andere Weise zu: Unter Druck kommen nämlich unsere unangenehmen Seiten zum Vorschein. Wir sind gereizt, dominant, unflexibel, rücksichtslos und haben einen Tunnelblick, mit dem wir nur noch unsere eigenen Sorgen sehen. Vielleicht nehmen wir den Partner

Es ist jedem Paar selbst überlassen, wie stark es sich als ein „Wir" oder als zwei „Ichs" definiert. Wünscht sich ein Paar viel Nähe, Intimität und Geborgenheit (starkes Wir-Gefühl), dann leidet es stärker durch Alltags-Stress, weil weniger gemeinsame Zeit zur Verfügung steht (siehe „Gemeinsam verbrachte Zeit stärkt das Wir-Gefühl", S. 24).

 **Stress und Partnerschaft:** Hat sich der Stress in Ihre Beziehung gefressen? Machen Sie den Test: Verteilen Sie Punkte, wie Sie die vier Kategorien bewerten, von 1 (trifft voll zu) bis 5 (trifft gar nicht zu). Bewertung:

▶ Wir haben ausreichend Zeit füreinander.

▶ Wir können Dinge offen, ehrlich und auch liebevoll miteinander bereden.

▶ Wir fühlen uns gesund, fit und ausgeglichen.

▶ Mein Partner zeigt mir seine „schwierigen" Seiten nicht häufiger als früher.

dann sogar als einen „Störfaktor" wahr, der uns zusätzlich belastet und Energie raubt. Tatsache ist: Unter Stress sind wir nicht gerade in Bestform – und sicher nicht jemand, in den man sich Tag für Tag neu verliebt.

Die positiven Seiten

Warum aber verwandeln wir uns unter Druck in kleine Egoisten? Ganz einfach: Stress frisst unsere Kräfte auf und konzentriert die letzten Kraft-Reserven auf die Stresssituation. Die Umwelt tritt dabei völlig in den Hintergrund. Unser körperliches „Stress-System" läuft auf Hochtouren und liefert dadurch die Energie für notwendige Handlungen.

Allerdings: Auch wenn es Ihnen auf den ersten Blick vielleicht schwerfällt, das zu glauben – die beschriebenen Veränderungen haben auch ihr Gutes. Denn sie helfen uns, in Stresssituationen produktiv und erfolgreich zu sein.

→ Melanie

Sie ist Mutter von drei Kindern. Die Familie ist spät dran, der Bus fährt in wenigen Minuten. Die Kinder rennen noch ohne Schuhe und Jacke in der Wohnung herum. Die Katze ist auf den Frühstückstisch gesprungen und leckt die Cornflakes-Schüssel aus. Es klingelt an der Tür. Während Melanie öffnet, befiehlt sie ihren Kindern laut und barsch, Schuhe und Jacke anzuziehen. Sie entreißt dem Briefträger an der Tür wortlos das Einschreiben, scheucht mit dem Umschlag in der Hand die Katze vom Tisch und die Kinder aus der Wohnung, bevor sie schließlich selber, vorbei am verdutzten Postboten, hinterher stürmt. Die vier erreichen knapp, aber noch rechtzeitig die Bushaltestelle.

Vermutlich stellen sich die meisten Leute eine liebevolle Mutter und freundliche Zeitge-

Ausspannen
Ob Wandern oder lesen:
Bewusste, entspannen-
de Aktivitäten geben
Ihnen mehr Kraft für den
Alltag – und sorgen so
auch für eine harmoni-
schere Beziehung.

nossin anders vor (Melanie selbst wohl auch). Aber in dieser Situation haben die dominante Art und die knappen Anweisungen der jungen Mutter geholfen, die Situation zu bewältigen.

Die Veränderungen unserer Persönlichkeit unter Stress sind dann ein Problem, wenn daraus ein Dauerzustand wird. Würde Melanie dem Postboten jedes Mal den Brief entreißen, hätte er bestimmt bald das Gefühl, dass die junge Frau nicht so handelt, weil sie unter Druck ist, sondern weil sie "einfach so unhöflich, dominant und barsch ist".

Das Gleiche passiert in einer Beziehung: Wenn Sie jeden Abend schlecht gelaunt nach Hause kommen, sind Sie irgendwann einfach ein Griesgram für Ihren Partner. Er wird nicht mehr sehen können, dass es die Umstände sind, die Sie zu dieser "unausstehlichen Person" machen. Stattdessen wird er das Gefühl haben, dass Sie ganz einfach so sind und einen unschönen Charakterzug haben, den er vorher so noch nicht wahrge-

nommen hat (siehe „Kleine Systematik der Ursachenzuschreibung", S. 155).

Du nervst! Persönlichkeitsmerkmale als Trennungsgrund

Wie einschneidend sich solche Veränderungen in der Persönlichkeit auf die Beziehung auswirken, zeigt sich, wenn man Paare nach den Beweggründen für ihre Trennung fragt. Die Persönlichkeit des Partners ist einer der Gründe, die am häufigsten genannt werden. Und das ist kaum verwunderlich.

Denn den Menschen, den Sie lieben, plötzlich als intolerant, nörglerisch, rechthaberisch, engstirnig und/oder knauserig zu erleben, kann einem schwer zu schaffen machen. Da steht auf einmal eine ganz fremde Person vor Ihnen. Nicht mehr der fürsorgliche, liebevolle Mensch, in den Sie mal so unglaublich verliebt waren und in den Sie sich immer wieder neu verlieben möchten. Sondern ein Mensch mit Ecken und Kanten, Schwächen und Macken, die störend, mühsam und belastend sind. Auf die Dauer erschöpft sich das Verständnis für diese unschönen Seiten des Partners. Die Folge: Unzufriedenheit und Trennungsgedanken stellen sich ein.

Mit Belastungen richtig umgehen

Meistens wird Stress im Alltag außerhalb der Partnerschaft erlebt – im Beruf, beim Einkaufen, auf Reisen, bei Auseinandersetzungen mit anderen Personen.

Kommen Sie mit der Situation nicht klar, bringen Sie Ihren Stress mit nach Hause und tragen ihn in Ihre Partnerschaft hinein. So ist der Stress nicht mehr nur Ihre persönliche Belastung, sondern auch eine für die Partnerschaft.

Versuchen Sie statt dessen, Ihren Stress zuerst alleine zu bewältigen, bevor Sie ihn in Ihre Beziehung tragen.

Bauen Sie Ihre Stress-Abwehrkräfte auf

Besser, als auf Stress zu reagieren, ist natürlich, es gar nicht erst so weit kommen zu lassen. Vor allem gegen eine chronisch hohe Belastung kann man sich schützen. Wer regelmäßig „Erholungs-Inseln" und Freude in seinen Alltag einbaut, verhindert, im Stress-Sumpf stecken zu bleiben oder sogar zu versinken.

Achten Sie darauf, dass auf Ihren Freizeitaktivitäten kein Leistungs- oder Zeitdruck lastet. Sie wollen sich erholen und keine neuen Belastungen schaffen.

SECHS ANTI-STRESS PUFFER

Diese Aktivitäten können als Puffer gegen Stress wirken. Ergänzen Sie die Liste mit eigenen Ideen.

1 Soziale Aktivitäten
Mit Freunden treffen, Spieleabende, gemeinsam Kochen, die Eltern besuchen, …

2 Kulturelle Aktivitäten
Lesen, Musik hören, Theater, Kino, Museumsbesuche, Führungen, Reisen, …

3 Körperliche Aktivitäten
Sport, Spaziergänge, Wanderungen, Wohnung umgestalten, …

4 Kreative Aktivitäten
Malen, Musizieren, Schreiben, Basteln, Tanzen, …

5 Regelmäßige Entspannung
Ein Bad nehmen, Meditieren, Massagen, Yoga, eine Wohlfühlatmosphäre zu Hause schaffen …

6 Bequeme Aktivitäten
Fernsehen, Sauna, Nickerchen machen, ein Buch lesen, …

Günstige und ungünstige Verhaltensweisen bei Stress

Stress hat jeder Mensch. Die Frage ist wie man damit umgeht – und wie besser nicht.

Hilfreiches Verhalten	
Tief durchatmen	Ist alles wirklich so schlimm, wie es aussieht? Holen Sie tief Luft und betrachten Sie das Problem noch mal mit etwas Abstand. Das entlastet die Situation oft schon ein wenig.
Das Gute daran sehen	Auch wenn es manchmal schwerfällt, das zu glauben: Krisen und Probleme tragen oft auch etwas Gutes in sich. Versuchen Sie, das zu erkennen und dem Negativen entgegenzusetzen. So kann zum Beispiel ein Jobverlust traumatisch sein – manchmal aber auch das nötige „Erdbeben", das hilft, endlich den lang gehegten Wunsch in die Tat umzusetzen, sich beruflich neu zu orientieren.
Positiv denken	Zuversicht, dass sich die Situation zum Positiven wendet und der Blick zurück auf bereits errungene Erfolge helfen beim Bewältigen. Erinnern Sie sich daran, wie Sie frühere Krisen gemeistert haben. Gibt es etwas, das Ihnen damals geholfen hat und das auch jetzt wieder hilfreich sein könnte? Stellen Sie sich bildlich vor, wie Sie das aktuelle Problem meistern.
Aktiv werden	Wer handelt, kann Dinge positiv beeinflussen und bekommt wieder das Gefühl, die Situation kontrollieren zu können . Verharren Sie nicht in Untätigkeit! Machen Sie eine Liste mit Dingen, die Sie unternehmen können. Bauen Sie auch ganz kleine, kurzfristige Sachen ein. Vielleicht gewinnen Sie neue Energie bei einem Spaziergang an der frischen Luft ? Was Ihnen gut tut, hilft. Auch wenn es vielleicht gar nichts direkt mit Ihrem Problem zu tun hat.

Hilfreiches Verhalten	
Sich schlau machen	Je mehr Informationen Sie zum Problem und zu möglichen Lösungen haben, desto besser. Kennen Sie jemanden, der auch schon ein ähnliches Problem hatte? Diese Person kann Ihnen bestimmt Tipps geben. Vielleicht finden Sie auch hilfreiche Informationen in Ratgebern oder im Internet.
Humor	Versuchen Sie, über die Situation und sich selber zu lachen – das sorgt für Entspannung.

Verhaltensweisen, die noch mehr Schaden anrichten	
Vorwürfe	Kritik und Beschuldigungen an sich selber, den Partner, anderen Personen, die Umstände usw. machen alles nur noch schlimmer.
Grübeln	Sich mit einem Thema und Lösungsvorschlägen auseinanderzusetzen, ist gut. Wenn Sie aber gedanklich immer wieder erfolglos um das Problem kreisen, raubt das nur unnötig Ihre Energie.
Verdrängen	Sich abzuschotten oder Informationen zu ignorieren, schadet. Wer zum Beispiel chronische Bauchschmerzen nicht wahrhaben will und deshalb nicht rechtzeitig zum Arzt geht, muss dann vielleicht mit Komplikationen leben, die zu vermeiden gewesen wären, wenn er die Warnsignale beachtet hätte.
Vermeiden	Jede Belastung und jede Herausforderung zu vermeiden, macht auf die Dauer unglücklich. Der Weg des geringsten Widerstands führt selten an das Ziel, das man ursprünglich vor Augen hatte. Der Mensch wächst an bewältigten Aufgaben und Problemen. Wer jeder Herausforderung aus dem Weg geht, kann auch keine Triumphe feiern und keinen Stolz erleben.

Warum uns Kleinigkeiten manchmal nicht mehr loslassen

Ja, es ist eine Kleinigkeit, und ja, es ist schlimm! Hinter belastenden Ereignissen steckt oft eine lange Geschichte, auch wenn der Auslöser noch so banal zu sein scheint.

Stress und Druck gehören zum Leben. Ärger zählt sogar zu den Gefühlen, die wir am häufigsten erleben. Normalerweise "verrauchen" Stress und seine Symptome relativ schnell. Man kriegt vom Chef eins auf den Deckel? Das nächste Lob kommt bestimmt. Der Geschäftspartner lässt einen warten? Er wird seine Gründe haben. Unter der Windschutzscheibe klemmt ein Strafzettel? Zum Glück nur 10 Euro – alles halb so wild.

Die meisten von uns beruhigen sich körperlich und psychisch schnell wieder, auch wenn der erste Ärger vielleicht groß war. Bis wir einige Stunden später zu Hause angekommen sind, ist das ungute Gefühl verflogen und das Ereignis ist kaum noch mehr als eine kleiner Teil unseres Tages, über das wir sachlich berichten – wenn überhaupt.

Wenn der Stress bleibt

Es gibt aber auch Erlebnisse, die wir nicht so leicht zur Seite schieben können. Sie erscheinen Außenstehenden vielleicht völlig unwichtig und alltäglich. Aber uns haben sie aufgewühlt. Irgendwie hat der Vorfall einen wunden Punkt getroffen, auch wenn wir gar nicht genau sagen können, weshalb. Wir kriegen auch noch Tage später beim bloßen Gedanken an das Ereignis einen Kloß im Hals, spüren wieder diese Beklemmung und die Unsicherheit. Wieder dieses mulmige unangenehme Gefühl, diesen schalen Nachgeschmack bis hin zu Niedergeschlagenheit und Scham.

Erzählen wir jemandem davon, ernten wir oft nur Unverständnis. Die häufigsten Ratschläge in solchen Situationen sind, es "nicht so tragisch" zu nehmen, weil die ganze Sache doch "gar nicht so schlimm" sei. Ja, richtig: Objektiv betrachtet ist es gar nicht so schlimm, das sehen wir auch ein. Doch warum wurmt es uns dann immer noch? Warum können wir nicht einfach „Schwamm darüber" sagen und das Kapitel abschließen? Lassen Sie sich nicht vorschreiben, ob etwas schlimm für Sie ist oder nicht.

Wenn Sie etwas für längere Zeit wütend oder traurig macht, ist das für Sie sehr real und aufwühlend. Und hat seine guten Gründe.

→ Thomas

Am frühen Nachmittag hat er eine wichtige Sitzung. Er hat sich darauf gut vorbereitet, hat alle Unterlagen studiert und fühlt sich gut gerüstet. Der Vorgesetzte aber scheint schlecht gelaunt und sehr gereizt zu sein. Er führt fahrig durch die Sitzung und kanzelt Thomas ab. Ohne Begründung lehnt er dessen Vorschläge als untauglich ab und beschuldigt ihn schließlich auch noch, er habe die Unterlagen in der falschen Reihenfolge vorbereitet. Thomas fühlt sich ungerecht behandelt. Er schluckt seinen Ärger aber herunter und verlässt am Schluss die Sitzung, ohne sich gegen die unfairen Anschuldigungen zur Wehr gesetzt zu haben. Noch tagelang denkt er darüber nach, wieso er sich in Situationen, in denen ihm eine Ungerechtigkeit widerfährt, einfach nicht richtig wehren kann.

Versuchen Sie immer wieder, auch die Situation Ihres Partners zu sehen: Für einen Außenstehenden – und wenn es um Ihr Innerstes geht, sind nun mal alle anderen Außenstehende – ist es vielleicht wirklich sehr schwer nachzuvollziehen, warum Ihnen zehn Minuten Verspätung, ein Bußgeld von 10 Euro oder die schlechte Laune des Chefs so zusetzen. Und möglicherweise wissen Sie ja selber nicht einmal so genau, was dahintersteckt.

Die folgenden Abschnitte zeigen, warum alle Menschen wunde Punkte haben und wie man sie selber entdecken kann.

So entstehen unsere wunden Punkte

Jeder Mensch macht in seinem Leben seit frühester Kindheit Erfahrungen im Umgang mit anderen Menschen. Erfahrungen, die schön und stärkend sind Aber auch solche, die einschüchtern und kränken. Zusammen bilden sowohl die aufbauenden als auch die schwächenden und schädigenden Erfahrungen unsere „Sozialisationsgeschichte". In dieser Sozialisationsgeschichte bilden sich sogenannte Schemas aus. Schemas sind die Ergebnisse unserer Lerngeschichte. Diese Ergebnisse haben einen Einfluss auf unsere Gegenwart, auf unsere Wahrnehmung, unser Denken, unser Fühlen und unser Verhalten. Wie eine getönte Brille beeinflussen sie die Art und Weise, wie wir die Welt sehen und wie wir uns darin bewegen.

→ Tim

Als Kind hörte Tim von seinem Vater immer wieder, dass er ein Nichtsnutz sei, der nur stört und dass seine Geschwister alles viel besser machen würden. Wenn Tim eine gute Schulnote nach Hause brachte, war der einzige Kommentar des Vaters: „Ha, das war wohl eine einfache Prüfung!"

Oder: „Hast wieder mal Glück gehabt, auch ein blindes Huhn findet mal ein Körnchen." Tim lernte so, dass er es nie richtig machen konnte und sich Erfolge nicht selber zuschreiben durfte – das wird zu einem Schema. Später, im Erwachsenenleben, wird dieses Schema im Beruf immer wieder aktiviert. Wenn ihm Aufgaben anvertraut werden, traut sich Tim diese erstmal nicht zu. Sobald jemand etwas an seinen Arbeiten kritisiert, wehrt er sich nicht – selbst wenn die Kritik völlig ungerechtfertigt ist. Tim wird traurig und frustriert.

Auch wenn wir alle solche Schemas haben, wissen die wenigsten von uns über sie Bescheid. Deshalb kann es sein, dass wir in bestimmten Situationen heftig oder einfach seltsam reagieren, ohne dass uns klar ist, warum.

Wenn ein Vorfall unser Innerstes trifft

Erlebt der Mensch Stress oder ein belastendes Ereignis, kann ihn das auf mehreren Ebenen berühren. Sachlich und oberflächlich – oder aber auch tiefer, wenn ein wunder Punkt getroffen wird (eben ein Schema aktiviert wird). Unser gesamtes Erleben lässt sich wie eine Art Trichter darstellen:

Auf der obersten Ebene dieses Erlebnistrichters liegt die sachliche, ausführliche Beschreibung von dem, was geschehen ist. Also das, was nüchtern betrachtet passiert ist und uns gestresst hat. Hören wir in uns hinein, nehmen wir erste oberflächliche Gefühle wahr. Unter Druck sind das oft Nervosität, Anspannung, Gereiztheit oder Ärger. Schauen wir noch genauer hin, stoßen wir auf die tiefer liegenden Gefühle. Sehr oft sind das Gefühle von Scham, Einsamkeit, Trauer, Hilflosigkeit oder vielleicht auch von Verzweiflung und Resignation. Wenn wir der Sache nun auf den Grund gehen, finden wir ganz unten im Trichter wahrscheinlich ein Schema, das während unserer bisherigen Biografie entstanden ist.

Typische wunde Punkte

Grundsätzlich gibt es viele verschiedene Schemas. Es gibt jedoch Themen, die häufig auftreten (siehe „Verbreite Schemas", S. 90).

Sie haben die Tabelle durchgesehen und sich gerade beim einen oder anderen Punkt angesprochen gefühlt? Keine Angst, das ist normal. Es ist natürlich, vor einem Vortrag aufgeregt zu sein und auf die Rückmeldungen aus dem Publikum sensibel zu reagieren. Von einem schlechten Prüfungsergebnis enttäuscht zu sein. Oder sich Vorwürfe zu machen, weil man den Bus verpasst hat.

Denn diese Situationen stellen ein Hindernis auf dem Weg zu einem Ziel dar. Diese Barriere frustriert und demotiviert – das geht allen Menschen so.

Erlebnistrichter

Jeder Mensch verarbeitet Erlebnisse anders.
Erfahrungen und erlernte Reaktionsmuster
formen einen „Erlebnistrichter", durch den
ein Ereignis hindurch sickert. Wird dabei ein
Schema aktiviert, kann den einen wie ein
Blitz treffen, was für den Partner nichts
weiter als ein kleines Missgeschick ist.

Sachliche Beschreibung:
Die Vase, die ich vorhin auf die
Fensterbank gestellt habe, ist
herunter gefallen.

Oberflächliche Gefühle:
Schreck, Anspannung

Tieferliegende Gefühle:
Scham, Trauer, Versagens-
angst, Minderwertigkeit

Schema:
Wenn ich Fehler
mache, liebt
man mich
nicht mehr.

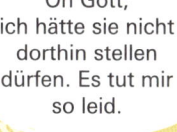

Oh,
die schöne
Vase ...

Schade,
ich hatte so
Freude an ihr.

Oh Gott,
ich hätte sie nicht
dorthin stellen
dürfen. Es tut mir
so leid.

 Ohne ein aktiviertes Schema
folgt auf den gerechtfertigten
Ärger über die zerbrochene
Vase rasch eine Relativierung.

 Als Auslöser für ein erlerntes
Schema kann die gleiche
Situation zu starken Gefühlen
und sogar Krisen führen.

Wenn es an die Substanz geht

Doch wenn das Ereignis objektiv keine große Bedeutung hat (man kann ja einfach den nächsten Bus nehmen), sollte der Stress relativ schnell wieder verrauchen. Die körperliche Anspannung (physiologische Reaktion) nimmt meist wieder ab, der Puls normalisiert sich. Das sind Zeichen dafür, dass die Situation für Sie im Grunde genommen unbedeutend war und kein persönliches Schema aktiviert wurde.

Sobald ein persönliches Schema aktiviert wird, hält der Stress an: Der Vorfall beschäftigt Sie noch lange, etwas wurmt Sie, die Gedanken drehen sich immer wieder um das Ereignis und es lässt Sie einfach nicht richtig los. Vermutlich geht Ihnen eine Reihe von Warum-Fragen durch den Kopf:

- **Warum habe ich** so und nicht anders reagiert?
- **Warum hatte ich** nicht den Mut, die Dinge richtigzustellen, als mich der Vorgesetzte zu Unrecht kritisierte?
- **Warum habe ich** mich auf die Prüfung nicht besser vorbereitet?
- **Warum** passiert mir das immer wieder?
- **Warum ist** mir die Meinung der anderen so wichtig?
- **Warum kann** ich das nicht einfach stehen lassen?

Verbreitete Schemas

Hier sind einige der am häufigsten zu findenden Schemas aufgeschlüsselt.

Schema	Inhalt	Auslöser	Tiefere Gefühle
Soziales Bindungs-schema	Bin ich wichtig?	**Jemand kommt zu spät:** Sie glauben, dass Sie dieser Person nicht wichtig genug sind.	Gefühle, nicht geliebt zu werden, unnütz zu sein, andere zu stören, eine Last zu sein; Unsicherheit, Trauer, Verzweiflung, Einsamkeit
	Bin ich liebens-wert?	**Eine wichtige Person kritisiert Sie:** Sie befürchten, dass sie Sie nicht mehr schätzt und Ihre Beziehung darunter leiden wird.	
		Ihr Partner will ein gemeinsames Vorhaben, das Ihnen viel bedeutet, nicht durchführen: Sie nehmen dies als Zeichen für seine mangelnde Wertschätzung und Liebe.	

Schema	Inhalt	Auslöser	Tiefere Gefühle
Soziales Bewertungs-schema	Genüge ich? Was denken die anderen von mir?	**Sie halten einen Vortrag und ernten nur verhaltenes Lob:** Sie fürchten, dass Ihre Leistung vielleicht als ungenügend empfunden wurde und dass die Zuhörer Sie nicht kompetent finden. **Sie wollen sich in einer Gruppe zu Wortmelden und werden nicht berücksichtigt:** Sie deuten das so, dass die anderen an Ihrer Meinung kein Interesse haben. **Sie erscheinen in unpassen der Kleidung zu einem Anlass:** Es scheint Ihnen, als würden alle auf Sie schauen und Sie schrecklich „daneben" finden.	Gefühle der Minderwertigkeit, Scham, Kränkung, des Ausgeliefertseins; Angst, bewertet zu werden; Traurigkeit, Resignation
Leistungs-schema	Ich bin nur etwas wert, wenn ich etwas leiste. Ich muss perfekt sein. Andere bewerten meine Person nur nach meiner Leistung.	**Schule oder berufliches Umfeld:** Sie stehen unter ständigem Druck, sich profilieren zu müssen, und hoffen, durch Ihre Leistungen Anerkennung, Status und Zuneigung zu erlangen. **Prüfungs-Misserfolg:** Sie vergleichen sich mit anderen, die besser waren, und schämen sich für Ihre schlechte Leistung. **Mittelmäßige Qualifikation durch Ihren Vorgesetzten:** Sie sind enttäuscht, weil Sie sich höhere Ziele gesteckt haben, und hadern mit sich.	Unruhe, Enttäuschung, Versagensangst, Traurigkeit, Scham, Minderwertigkeit, Schmerz
Kontroll-schema	Ich muss in meinem Leben alles kontrollieren können und alles im Griff haben.	**Bus verpasst:** Sie fragen sich, wie Ihnen das passieren konnte. Hätten Sie den Fahrplan besser im Kopf gehabt, wäre das nicht geschehen.	Enttäuschung, Frustration, Kontrollangst, Gefühl des Ausgeliefertseins und der Hilflosigkeit, Trotz, Verweigerung, Unzufriedenheit

→ Gut zu wissen

Dauert die Anspannung an, hallt das Ereignis innerlich nach, bleibt die Verstimmung und ein mulmiges Gefühl im Magen , dann können Sie davon ausgehen, dass es sich für Sie nicht einfach um eine triviale Situation handelte, sondern dass diese bei Ihnen ein Schema aktiviert hat. Wenn Situationen so lange nachwirken ist das ein sicheres Zeichen dafür, dass ein Schema bei Ihnen aktiviert wurde. Und dann ist es normal und erlaubt, dass die Situation Sie stärker als erwartet beschäftigt, dass Sie Ihren Stress in die Partnerschaft hineintragen und über längere Zeit an der Situation zu knabbern haben.

Wird ein wunder Punkt getroffen, beschäftigt einen dieser Vorfall über Stunden, Tage, Wochen oder sogar Monate. Die emotionale Reaktion muss dabei nicht unbedingt heftig und intensiv sein, sondern kann auch leise und auf den ersten Blick unspektakulär erfolgen. Sie kann leise im Magen rumoren, einen schlapp und bedrückt machen, einem die Freude und Energie rauben.

Schemas und die eigene Beziehung

Dass solche Stresserfahrungen zur Beziehungsprobe werden können, hängt mit der beschriebenen Ich-Bezogenheit unter Stress, der schlechten Laune, Gereiztheit oder allgemeinen Negativität zusammen – und vor allem damit, dass einen der Partner nicht versteht.

Oder er einen gar nicht verstehen kann – es sei denn, man würde ihm mitteilen, weshalb man sich so fühlt Doch gerade das weiß man ja häufig selber nicht.

→ Susanne und Eric

Beide sind beruflich sehr eingespannt. Wenn die beiden endlich einmal einen gemeinsamen freien Abend haben, erledigt Susanne zunächst die Hausarbeit. Ihr Freund fühlt sich zurückgestoßen, da das Saugen, Aufräumen und Putzen auf Kosten der wertvollen knappen Paarzeit geht. Und er hat das Gefühl, dass seine Partnerin den Abend eigentlich gar nicht mit ihm verbringen will. Eric ist frustriert und zieht sich mürrisch in den Bastelkeller zurück. Susanne wie-

Ärger, der bald verfliegt, muss nicht zu Tode diskutiert werden. Wenn Sie aber etwas Negatives erleben, das Sie kaum noch loslässt, sollten Sie das klären.

Muster erkennen
Hinter Streit steckt meist ein allgemeineres Problem. Wenn etwas immer wieder zu Unstimmigkeiten führt, ist es wichtig, den eigentliche Kern der Sache auszumachen und zu lösen.

derum leidet darunter, dass er sie zurückweist und keine Lust mehr hat, mit ihr etwas zu unternehmen, sobald sie mit der Hausarbeit fertig ist. So streiten die beiden an ihren freien Abenden immer öfter.

Vermutlich würden viele Männer in dieser Situation so reagieren wie Eric und sich zurückgestoßen fühlen, sich schmollend zurückziehen und schließlich ihrem Frust freien Lauf lassen. Denn Susannes Verhalten wirkt tatsächlich wie eine Zurückweisung.

Sie wiederum ist enttäuscht und niedergeschlagen, wenn ihr Freund sich zurückzieht und sie beschimpft. Ein Blick in die Biografie von Susanne zeigt die Hintergründe ihres Verhaltens: Sie wuchs in ärmlichen Verhältnissen auf und musste nach dem frühen Tod der Eltern in ihrer Kindheit mehrmals ihre engsten Bezugspersonen wechseln. Das Mädchen wohnte mal bei den Großeltern, bei Verwandten, in Heimen. Susanne wurde hin- und hergeschoben. Sie fand kein stabiles Zuhause, in dem sie emotionale Nähe, Liebe und Geborgenheit hätte erfahren können. Susanne erlebte nie, dass sie bedingungslos geliebt wurde, sondern bekam immer nur dann Zuneigung, wenn sie sich nützlich gemacht hatte.

Sie lernte: "Wenn ich arbeite und helfe, dann bekomme ich wenigstens ein bisschen Zuwendung." Diese Erkenntnis wurde ihr Schema. Sobald sie nun als Erwachsene Zeit für Zweisamkeit mit ihrem Partner hätte – die sie sich auch selbst wünscht – schaltet sich automatisch dieses Schema ein. Susanne kann sich die gemeinsame Zeit erst gönnen, nachdem sie sich die Zuneigung ihres Partners mit Arbeit im Haushalt „verdient" hat. Doch statt mit Zuneigung reagiert Eric mit Rückzug und Vorwürfen. Mit der Folge, dass sich nun wiederum Susanne zurückgewiesen und unverstanden fühlt. Beide werden ärgerlich – und streiten um etwas, um das es im Grunde gar nicht ging.

Für Susanne und ihren Partner Eric wäre es wichtig, das Muster hinter den wiederkehrenden Streitereien zu erkennen und die Geschichte, die dahintersteckt, gemeinsam zu erarbeiten. Denn wie oben beschrieben, ist die äußere Konfliktsituation häufig nicht das wirkliche Problem, sondern nur Ausdruck eines „erweckten" Schemas.

Schemas überwinden

Was bedeutet das aber nun für den Alltag? Wie lässt sich ein anderer Umgang mit solchen Situationen finden? Erstmal vorweg: Anstatt gleich Unfähigkeit, Boshaftigkeit oder einen schlechten Charakter beim Partner zu vermuten, hilft es nachzufragen: "Was ist mit dir los?", „Warum reagierst du so?"

Gemeinsam sind Sie stark

Stellen Sie sich vor, Sie sitzen Rücken an Rücken mit Ihrem Partner auf einem Hügel und betrachten durch eine nach ihrem persönlichen Schema getönten Brille die Landschaft. Man meint, beide haben genau die gleiche Aussicht. Doch Sie sagen: „Die Welt ist rot." Ihr Partner sagt: „Oh nein. Die Welt ist blau." Recht haben beide. Aber sie verstehen sich erst, wenn Sie realisieren, dass Sie beide getönte Brillen tragen – und wenn Sie sich davon auch erzählen.

→ Gut zu wissen

Durch Nachfragen kann man sich sinnvoll mit der Stresssituation auseinandersetzen. Denn dadurch kann man das Problem auch tatsächlich als Problem erkennen und seine Wirkung auf den Partner zumindest erahnen. Der vom Stress betroffene Partner kann sich mitteilen. Und sein Gegenüber kann die Situation und die Reaktion des Partners besser zu verstehen.

Kommt Ihr Partner zum Beispiel gereizt oder verschlossen nach Hause, fragen Sie nach, warum er schlecht drauf ist. Beziehen Sie seine schlechte Laune nicht gleich auf sich selbst. Denken Sie nicht sofort, dass er Sie nicht mehr liebt und nicht mehr gern nach Hause kommt. Fragen Sie nach, interessieren Sie sich: So werden Sie besser verstehen, was geschehen ist und warum es ihm schlecht geht.

Darüber reden: Fragen stellen – und zuhören

Fragen Sie beide regelmäßig und – was ganz wichtig ist – gegenseitig nach. Dann lernen Sie sich mit der Zeit immer besser kennen. Und lernen auch, die Stärken und Schwächen des Partners zu akzeptieren und zu tolerieren. Nur durch solche Gespräche, in denen Sie sich mit echtem Interesse begegnen, löst sich vieles auf – und damit erledigt sich ganz häufig das Problem. Wenn das allerdings zu belastend ist und beide Partner erkennen, dass die Lösung ihre gemeinsamen Kräfte übersteigt, dann sollten sie professionelle Hilfe (Psychotherapie oder Paartherapie) in Anspruch nehmen.

Wissen, was den Partner wirklich bewegt

Nur wenn Sie Ihrem Partner klar mitteilen, was genau Sie an einer Sache wirklich stört, verletzt oder aufwühlt, hat er eine Chance, Sie zu verstehen und Ihnen dabei zu helfen, das Problem zu bewältigen. Tauchen Sie im „Trichter des Erlebens" nach unten, vorbei an den sachlichen Details, unwichtigen Rahmenbedingungen und den oberflächlichen Emotionen. Stoßen Sie dabei über die tiefer liegenden Emotionen zu Ihrem Schema vor. Sie werden viel darüber erfahren, wie Sie die Welt sehen.

❝❝ Es hilft, wenn der Partner nachfragt und versucht, den anderen und dessen Problem zu verstehen.

Um Ihr persönliches Schema zu entdecken, brauchen Sie Zeit und die Bereitschaft, die typischen Situationen, die Sie immer wieder mitnehmen, kritisch zu betrachten. Das belastende Erlebnis noch einmal sorgfältig durchzugehen und zu ergründen, warum genau es so schlimm war, fällt mit der Unterstützung des Partners oft leichter.

Gegenseitiger Austausch

Dabei ist wichtig, dass dieser Austausch auf Gegenseitigkeit beruht: Einmal erzählt der eine Partner von seinem Stress-Erlebnis und sucht Beistand. Dann wieder hat der andere etwas Belastendes erlebt und braucht ein offenes Ohr. Beide Partner sollten füreinander da sein Vermeiden Sie Einseitigkeit in Sachen Unterstützung (siehe „Das Kräftegleichgewicht – eine Gefühlsfrage", S. 126).

Wie Sie bei einem solchen Gespräch am besten vorgehen, erfahren Sie im nächsten Kapitel.

Sich emotional öffnen

Legen Sie Ihre Maske ab und erzählen Sie Ihrem Partner, was Sie wirklich beschäftigt. So bleiben Sie einander emotional nah und bekommen die Unterstützung, die Ihnen weiterhilft.

Jedes Problem, das mehr ist als ein reines Kinkerlitzchen, hat zwei Seiten: eine emotionale und eine sachliche. Weil es einfacher ist und vor allem dringender scheint, versuchen die meisten Menschen, zuerst den sachlichen Aspekt zu bewältigen Und hoffen dann, dass sich dadurch der emotionale Druck ganz von alleine in Luft auflöst.

Dasselbe passiert auch in Beziehungen. Dabei sollte partnerschaftliche Unterstützung immer von der emotionalen Seite aus starten, weil man nur so zum wahren Kern eines Problems vorstoßen kann. Meistens zeigt sich nämlich, dass der alles andere als rein sachbezogen ist, sondern ganz viel mit uns, unseren Erfahrungen und Gefühlen – eben unserer individuellen Lerngeschichte – zu tun hat.

Von „Killerphrasen" und falschem Trost

„Das ist doch gar nicht so schlimm!" Diese Reaktion in einer Stresssituation ist zwar meist gut und tröstend gemeint. Aber sie richtet häufig mehr Schaden an, als dass sie hilft. Denn sie signalisiert dcm Hilfesuchenden, dass sein Problem eigentlich gar keines ist und dass es nicht nachzuvollziehen ist, warum man wegen „so einer Kleinigkeit" überhaupt in Stress gerät oder Unterstützung und Verständnis sucht. Und dadurch werden eigentlich gut gemeinte Worte in solch einer belasteten Situation zu einer zweiten Ohrfeige.

> **Zuhören und Verständnis zeigen sind die beste Unterstützung für den Partner.**

Ein Ereignis mit Abstand zu betrachten, kann zwar helfen. Auch emotionale Distanz zu gewinnen, ist an sich nicht falsch. Aber: Diese Art der Bewältigung gehört nicht an den Anfang einer „Krisensitzung". Zuerst stehen emotionale Aspekte im Vordergrund. Und die sind für den, der Hilfe sucht, sehr real und vielleicht sogar dramatisch. Wenn nämlich – wie ab Seite 90 beschrieben – dabei ein persönliches Schema aktiviert wurde, hat die betroffene Person allen Grund, starken Stress zu erleben. Niemand hat dann das Recht, diese Gefühle als falsch und die Situation als „nicht so schlimm" zu bezeichnen. Es mag zwar sein, dass der Vorfall selber vielleicht banal war. Doch wird durch ihn ja erst das entscheidende Schema ausgelöst – und das ist meistens schmerzhaft.

Paarsache

Erste Hilfe leisten

Das hilft:

- ☐ **Zuhören** und Interesse signalisieren
- ☐ **Offene** Fragen stellen: Was ist passiert? Wie ging es dir dabei?
- ☐ **Verständnis** zeigen
- ☐ **In den Arm** nehmen, halten, Zuwendung geben

Das sollten Sie unterlassen:

- ☐ **Das Problem** ignorieren
- ☐ **Das Problem** kleinreden, herunterspielen und nicht ernst nehmen
- ☐ **Sofort sachliche** Hilfe und Ratschläge geben
- ☐ **Den Partner** bzw. seinen Stress lächerlich machen und abwerten

Wenn uns die Reaktion des Partners ein Rätsel ist

Verständnis haben und mitfühlen – das sagt sich so leicht. Doch manchmal ist es gar nicht so offensichtlich und leicht nachvollziehbar, was den Partner wirklich bewegt. Das folgende Beispiel zeigt, weshalb.

→ Hannes

Als Oberarzt arbeitet er in einem Krankenhaus. Als er eines Morgens mit dem Fahrrad zur Arbeit fährt, nimmt ihm ein schnittiger Sportwagen die Vorfahrt. Es kommt zum Zusammenstoß, Hannes stürzt.

Er erleidet Schürfungen und Prellungen, blutet aus dem Mund – ist aber sonst glücklicherweise nicht schwer verletzt. Der Autofahrer steigt aus seinem Wagen und beschimpft Hannes, weil er vermutet, dass sein Auto nun Kratzer und Beulen hat. Er geht weder auf Hannes ein, noch entschuldigt er sich – ja, er kümmert sich nicht einmal um die Verletzungen des gestürzten Mannes, sondern hat nur seinen Wagen im Sinn. Hannes, ein gestandener Mann und erfolgreicher Arzt, bleibt am Boden sitzen, den Tränen nahe. Er ist so perplex, dass er sich überhaupt nicht wehrt und die Schimpfereien des Autofahrers einfach über sich ergehen lässt.

98

Am Abend fällt es ihm schwer, zu Hause von dem Vorfall zu erzählen. Seine Frau Lisa erkundigt sich zuerst nach seinen Verletzungen. Sie ärgert sich über Unverschämtheit des Unfallverursachers, aber ist auch irritiert über die Niedergeschlagenheit ihres Mannes. Sie möchte ihn aufbauen und sagt: „Warum bist du überhaupt traurig? Es ist doch eine Frechheit, was passiert ist. Du solltest richtig wütend sein!" Hannes fühlt sich von seiner Frau unverstanden und allein gelassen. Noch Wochen später belastet ihn der Vorfall, bei dem er ungerecht behandelt worden ist. Er hatte sich wie ein kleiner Schuljunge gefühlt und dabei, seiner Meinung nach, das Gesicht verloren. Seiner Frau erzählt er nichts davon.

Der Vorfall und der Austausch darüber bleiben unbefriedigend Und zwar nicht nur für Hannes, sondern auch für seine Frau Lisa. Für ihn, weil er nicht die Unterstützung gefunden hat, die er von seiner engsten Vertrauten erwartet und benötigt hätte. Für Lisa, weil sie ganz genau merkt, dass sie ihrem Mann nicht wirklich helfen konnte. Sie spürt, dass sie ihn nicht verstanden hat und ihm dadurch in dieser schwierigen Situation auch nicht nah sein konnte.

Was ist schiefgegangen?

Hannes und Lisa haben es bei der Bewältigung dieser Situation verpasst, sich im „Erlebnistrichter" (siehe S. 89) auf die unteren Ebenen vorzuwagen und auf die wahren Gründe für den Stress von Hannes einzugehen.

Statt über die tiefer liegenden Gefühle zu sprechen, die durch das Erlebnis ausgelöst wurden, haben beide die oberste Ebene der sachlichen Beschreibung kaum verlassen. Hannes und Lisa haben quasi nur ein wenig an der Oberfläche gekratzt. Das Paar bleibt beim Unfallhergang und dem Verhalten des Unfallverursachers haften. Es gelingt ihm nicht, darauf einzugehen, was diese Situation für Hannes ganz persönlich bedeutet hat und weshalb sie für ihn so schlimm war.

→ Gut zu wissen

Wirklich zu schaffen machen uns meist die Gefühle, die durch ein belastendes Ereignis ausgelöst werden. Wird ein wunder Punkt (siehe „Verbreitete Schemas", S. 90) getroffen, dann geht es um mehr als nur die meist unbedeutende Situation. Ein ungeschriebenes Gesetz ist: Wer von Problemen und Sorgen rein sachlich erzählt, bekommt sachliche Hilfe.

Wer von seinen Gefühlen berichtet, erfährt Verständnis und bekommt emotionale Unterstützung.

Hannes hat es verpasst, zu äußern, was ihn am Verhalten des Unfallverursachers gestört hatte und was ihn daran so nachhaltig beschäftigte und quälte: nämlich die Tatsache, dass er wie ein kleiner Schuljunge behandelt und nicht ernst genommen wurde. Dass er während der ganzen Situation, obwohl er ja eigentlich im Recht gewesen ist, nicht als gleichwertig angesehen wurde. Dass der Unfallverursacher nicht einmal den Anstand hatte, ihn nach seinen Verletzungen zu fragen, sondern sich nur um sein Auto gekümmert hatte. Hannes war zutiefst gekränkt und traurig darüber, wie mit ihm umgegangen worden war. Er fühlte sich klein und machtlos. Außerdem schämte er sich, weil er nicht den Mut gehabt hatte, sich zu wehren und für seine Rechte einzustehen. Von all diesen Gedanken und Gefühlen erfuhr seine Frau Lisa nichts. Hannes teilte ihr nicht mit, was ihn an dem Vorfall am meisten beschäftigte und wo er ihre Unterstützung am meisten gebraucht hätte. Das Gespräch blieb an der Oberfläche – und damit hatte Lisa gar keine Chance, Hannes bei der Bewältigung des Unfalls wirklich zu helfen.

Was können die beiden besser machen?

Scham, Verletzlichkeit, Minderwertigkeit und Einsamkeit sind Gefühle, über die kaum jemand gerne redet. Einerseits, weil die meisten Menschen Angst haben, ihr Gesicht zu verlieren – sogar vor dem eigenen Partner. Andererseits, weil wir diese tiefer

Gemeinsam sind Sie stark

Emotionale Unterstützung des Partners muss man „einfordern". Ihr Partner ist kein Hellseher, der immer genau weiß, was in Ihnen vorgeht und was Sie belastet. Denn Sie können nur dann angemessene Hilfe bekommen, wenn Sie dem Partner auch erzählen, was Sie belastet.

liegenden, komplexen Emotionen nicht so leicht zulassen und schon gar nicht locker darüber sprechen können. Hannes hat zwar seine Traurigkeit wahrgenommen. Vielleicht war er aber darüber selber so verwundert, dass er sie gar nicht richtig zur Sprache bringen konnte. Er wusste vielleicht im ersten Moment selber nicht, weshalb ihn die Situation überhaupt so traurig machte und was da genau in ihm ablief.

Damit der Partner, der Hilfe sucht und der, der unterstützt im „Trichter des Erlebens" gemeinsam auf die Ebene kommen, auf der das wahre Problem liegt, gelten für das Gespräch folgende Regeln:

Für den Partner, der Hilfe sucht:

▶ **Konkret sein:** Sprechen Sie über eine ganz bestimmte Situation. Bleiben Sie bei diesem einen Erlebnis und lassen Sie zu, dass die Gefühle, die Sie in der Situation erlebt haben, wieder hochkommen.

▶ **Das persönliche Erleben:** Gehen Sie auf Ihre Gedanken, Einschätzungen und vor allem auf Ihre Gefühle ein. Dieses Erleben ist persönlich und individuell, es sind Ihre ureigenen Gefühle – da gibt es kein Richtig oder Falsch. Ihr Partner kann Sie aber nur verstehen, wenn Sie sich ihm mitteilen.

▶ **Die Bedeutung:** Versuchen Sie herauszuarbeiten, was genau Sie an der Situation so belastet. Was hat es für Sie so schlimm gemacht?

Paarsache

In Situationen, in denen Sie gestresst sind, können Sie sich auch selbst W-Fragen stellen:

☐ **Was genau** ist passiert?

☐ **Was war** besonders schlimm für mich?

☐ **Warum war** es so schlimm für mich?

☐ **Wie habe** ich mich dabei gefühlt?

☐ **Welches war** das stärkste, das wichtigste Gefühl?

☐ **Warum war** gerade dieses Gefühl so stark?

Für den Partner, der unterstützt:

▶ **Aktives Zuhören:** Hören Sie Ihrem Partner aufmerksam und interessiert zu. Lassen Sie ihm viel Raum, sich auszusprechen und zu ergründen, weshalb etwas für ihn belastend war.

▶ **Zusammenfassen:** Klären Sie im Verlauf des Gesprächs immer wieder, ob Sie Ihren Partner verstanden haben und ob Sie das Wichtigste aus seinen Schilderungen mitnehmen. Geben Sie Ihrem Partner Rückmeldung darüber, was Sie verstanden haben. Damit zeigen Sie, dass Sie ihm zuhören und helfen gleichzeitig bei der Klärung seiner Gefühle.

▶ **Offene Fragen, sogenannte W-Fragen, stellen:** Sie helfen dem Partner dabei, die Gründe dafür zu finden, weshalb etwas so belastend ist. Beispiele: „Was hat das für dich bedeutet?", „Was hat dich so traurig gemacht?", „Wie ist es dir dabei ergangen? Wie hast du dich gefühlt?", „Warum setzt dir das so zu?" Durch solche Fragen kann dem Partner bewusst werden, welche wahren Gründe hinter seinem Empfinden stecken. Und sie erlauben ihm, seine Gefühle zuzulassen. Und von ihnen zu erzählen.

▶ **Achtsam sein:** Machen Sie sich bewusst, dass es immer um das Empfinden Ihres Partners geht – und nicht um Ihr eigenes. Interpretieren Sie nichts in seine Erzählungen hinein, drängen Sie den Partner nicht in eine Richtung und ziehen Sie ihm nicht die Würmer aus der Nase. Schaffen Sie einfach nur gute Bedingungen dafür, dass er seinem Empfinden auf den Grund gehen und diese Erfahrung mit Ihnen in einem geschützten und verständnisvollen Rahmen teilen kann.

Die Logik der Gefühle

Die Frau von Hannes hat versucht, ihren Mann nach bestem Wissen und Gewissen zu unterstützen. Trotzdem hat es nicht richtig funktioniert. Weshalb?

Lisas gefühlsmäßige Reaktion entsprach nicht Hannes' Reaktion. Sie empfand anders als ihr Mann. Nämlich Wut – und nicht Trauer. Und sie beurteilte ihr Gefühl automatisch als das richtige. Damit folgte sie einer Logik der Gefühle, die wir alle in uns abgespeichert haben. Diese Logik hilft uns, Situationen und deren emotionale Hintergründe zu verstehen. Sie funktioniert so (siehe auch Grafik oben):

Wir wissen, ohne darüber nachdenken zu müssen, dass jemand, der bedroht wird, Angst hat. Uns ist klar, dass jemand ärgerlich wird, wenn er provoziert wird. Und dass man traurig wird, wenn man einen Verlust erleidet. Hier ein paar Beispiele zur Veranschaulichung:

▶ **Peter bekommt** die Aufgabe, eine Umfrage zur Mitarbeiterzufriedenheit durchzuführen. Er findet den Auftrag schwierig, da er so etwas noch nie gemacht hat. Doch er fühlt sich der Sache gewachsen und packt sie voller Elan an.
Interpretation: Herausforderung
Gefühl: Aktivierung

▶ **Richard soll** in der nächsten Vereinssitzung das Programm des Jubiläumsjahrs vorstellen. Er fühlt sich überfordert und denkt, dass er das nicht kann, weil er kein guter Redner ist. Er hat Angst davor sich zu blamieren.
Interpretation: Bedrohung
Gefühl: Angst

▶ **Sabine kehrt** vom Kino zu ihrem parkenden Auto zurück. Während sie weg war, hat jemand mit einem Schlüssel den Lack zerkratzt. Sabine ist total verärgert.
Interpretation: Schädigung
Gefühl: Ärger

▶ **Anita kehrt** von einer kurzen Reise zurück. Zu Hause merkt sie, dass sie unterwegs den Anhänger verloren hat, den sie von ihrem verstorbenen Vater geschenkt bekommen hatte. Sie ist traurig über diesen Verlust.
Interpretation: Verlust
Gefühl: Traurigkeit

Die Frau von Hannes folgt mit ihrer Reaktion auf die Geschichte ihres Mannes ganz einfach dieser Logik: Sie kommt zu dem Schluss, dass er ungerecht behandelt und verletzt wurde. Sie denkt vor allem an die Schädigung. Die logische emotionale Reaktion darauf ist Ärger. Es ist daher logisch, dass sie ihrem Mann rät, doch lieber ärgerlich zu sein.

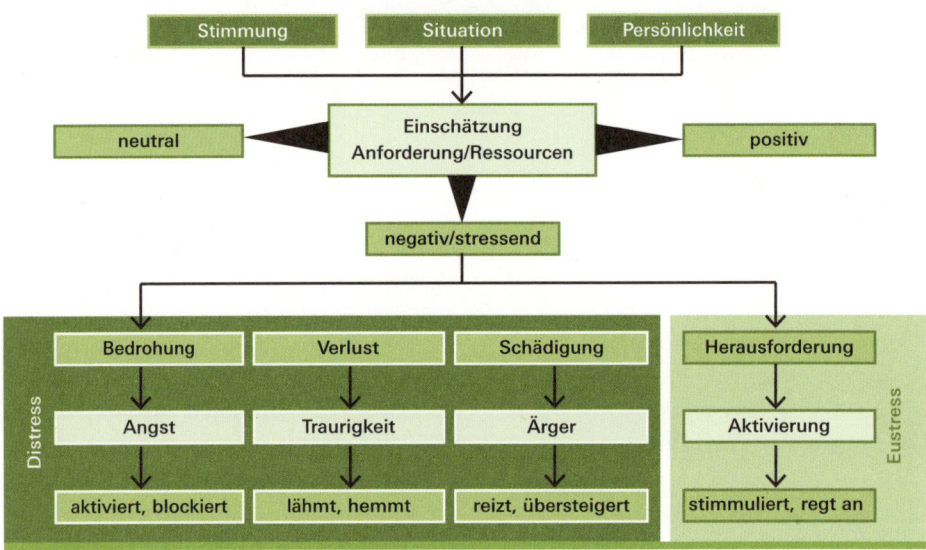

→ Gut zu wissen

Vielleicht befürchten Sie, dass Sie Ihren Partner trotz aller Bemühungen nicht wirklich verstehen können. Doch das ist in den wenigsten Situationen der Fall. Lassen Sie einfach seine Schilderungen auf sich wirken und Sie werden merken, wie die Emotionen des Partners auf Sie überschwappen. So können Sie nachempfinden, wie er sich fühlt. Voraussetzung dafür ist allerdings, dass Sie beide dazu bereit sind, in Ihre Gefühle einzutauchen. Das mag auf den ersten Blick schwieriger erscheinen, als einfach auf der rein sachlichen Ebene zu bleiben. Doch es lohnt sich! Denn nur durch echte emotionale Begegnungen entstehen Nähe, Intimität und Verbundenheit.

Hätte ihr Mann Hannes davon erzählt, dass er sich erniedrigt gefühlt und gedacht hatte,

ihm sei jegliche Gleichwertigkeit genommen worden, dann hätte seine Frau auch besser verstehen können, warum er sich traurig fühlte. Denn in seiner Wahrnehmung hatte Hannes nicht nur eine Schädigung, sondern einen Verlust erfahren – die logische emotionale Antwort darauf ist Traurigkeit, nicht Ärger.

Diese Überlegungen zeigen, dass wir zwar alle derselben Logik der Gefühle folgen, aber die Einschätzung einer Situation wiederum für jeden anders ist. Somit löst die gleiche Situation bei unterschiedlichen Menschen unterschiedliche Gefühle aus Wir können einander nur verstehen, wenn uns der Partner seine Gefühlswelt zu einem Erlebnis mitteilt. Erst so ein Gespräch verrät uns, wie er sich wirklich fühlt.

Warum Erzählen und Verständnis so gut tun

Die meisten Leute unterschätzen, wie gut es tut, wenn man einfach mal berichten und erzählen kann. Das hilft, Erlebnisse aus einer neuen Perspektive zu sehen und zu verarbeiten.

Die beste Unterstützung ist ein offenes Ohr und der Versuch zu verstehen, was der andere meint und erlebt hat. Der Rest ist, so erstaunlich das auch klingt, ziemlich oft unwichtig. Vielleicht weiß der Partner ja selber gar nicht so recht, warum ihn etwas derart aus der Bahn geworfen hat.

Zusammen den Kern eines Problems zu erforschen, hilft ihm und Ihnen am besten. Und es stärkt das Wir-Gefühl (siehe „Investieren in das Projekt Wir", S. 21).

Gemeinsam sind Sie stark

Nutzen Sie die Chance, in einer für Sie belastenden Situation das Wir-Gefühl zu stärken, indem Sie sich dem Partner mitteilen und mit ihm ergründen, weshalb eine Begebenheit für Sie so schlimm war. So bekommen Sie nicht nur Unterstützung, sondern schreiben gleichzeitig an Ihrer gemeinsamen Paar-Biografie. Dasselbe gilt natürlich, wenn Ihr Partner Stress hat und um Ihre Unterstützung bittet. Je größer der „Wir"-Anteil in Ihrem Paarleben ist, desto mehr Gemeinsames ist auch da, auf das Sie aufbauen können.

„Streiten wir gerade tatsächlich über eine Verspätung von fünf Minuten?"

Der Auslöser einer belastenden Situation ist längst nicht immer so dramatisch wie ein Autounfall. Eine Teetasse am falschen Ort, eine schnippische Bemerkung oder ein verpasster Bus – die Gründe können völlig banal sein. Treffen sie bei uns einen Nerv (siehe „Verbreitete Schemas", S. 90), reagieren wir heftig und knabbern lange daran. Wie aber erkennt man, dass etwas wirklich diskussionswürdig ist – und nicht einfach eine nervige Kleinigkeit?

Wenn Sie etwas tief betroffen gemacht hat und Sie es nicht einfach „abhaken" können, sollten Sie das zur Sprache zu bringen. Ihr Partner kann nicht in Ihren Kopf oder Ihr Herz hinein sehen. Wenn eine stehen gelassene Teetasse für Sie bedeutet, dass Ihr Partner Sie und Ihren Beitrag zur Beziehung nicht schätzt, dann müssen Sie ihm das sagen. Es wäre utopisch zu denken, dass er das einfach so wissen kann. Für ihn ist es einfach nur eine Tasse, eine unwichtige Angelegenheit, ohne Bedeutung für Sie und die Beziehung.

Vielleicht kommt es Ihnen lächerlich vor, wegen einer stehen gelassenen Teetasse, einer Verspätung von fünf Minuten oder einem verpassten Bus Ihr Innerstes nach außen zu kehren. Die Geschichten hinter diesen Dingen sind aber überhaupt nicht lächerlich – und um die sollte es ja in Ihrem Austausch gehen. Einige Beispiele für solche möglichen Hintergründe finden Sie in der Randspalte (S. 105).

Nur wenn man den Hintergrund eines Ereignisses geklärt hat, reden beide Partner von derselben Sache und versuchen auch, dasselbe Problem zu lösen. Ohne dieses persönliche Zusatzwissen redet der eine über fünf Minuten Verspätung und der andere über das beklemmende Gefühl, sich nicht auf den Partner verlassen zu können. Und das sind zwei sehr unterschiedliche Dinge. Beide reden dann aneinander vorbei und es findet keine wirkliche Begegnung statt.

Zum wunden Punkt vordringen

So machen Sie Ihrem Partner klar, was wirklich hinter einem Ereignis steckt, das Sie belastet:

▶ **Warten Sie** auf eine ruhige Minute. Sie können sich nicht zwischen Tür und Angel emotional öffnen und darüber reden, was Ihnen zu schaffen macht.

▶ **Erzählen Sie** anhand eines konkreten, möglichst aktuellen Beispiels, was Sie beschäftigt.

▶ **Schildern Sie** Ihre Gedanken und tieferen Gefühle zum Erlebnis.

▶ **Arbeiten Sie** heraus, weshalb die Situation für Sie so belastend war.

Für den Zuhörer gilt:

▶ **Hören Sie** aufmerksam zu.

▶ **Stellen Sie** offene Fragen.

▶ **Lassen Sie** Ihren Partner ausreden Geben Sie ihm Raum, sich mitzuteilen.

▶ **Fassen Sie** zwischendurch zusammen, was Sie gehört haben.

Viel Konfliktpotenzial verpufft, wenn erst mal klar ist, was eine bestimmte Situation für den anderen bedeutet und was hinter einem Ereignis steht. Denn wer will schon, dass sich der Partner alleine fühlt? Oder er denkt, man schätze seine Arbeit nicht? Oder er einem nicht mehr wichtig ist? Sobald Sie wissen, was die wunden Punkte Ihres Partners sind, können Sie die bedenken und dadurch besser darauf Rücksicht nehmen.

Starten Sie nicht wegen jeder Kleinigkeit eine Grundsatzdiskussion! Das emotionale

Bringen Sie zur Sprache, was Sie belastet. Wählen Sie dafür einen Moment, in dem Sie beide Zeit und Muße haben. Versuchen Sie zu spüren, ob auch Ihr Partner offen für ein Gespräch ist. Bleiben Sie beim Erzählen nicht nur bei den Tatsachen, sondern teilen Sie Ihrem Partner auch mit, was für Gedanken, Einschätzungen und vor allem Gefühle bei Ihnen ausgelöst wurden.

Öffnen und Erzählen soll Ihnen bei wirklichen Schwierigkeiten helfen. Es soll nicht bei belanglosem Stress zur Regel werden. Fragen Sie sich also zunächst ehrlich selbst, ob ein Ereignis Sie dauerhaft belastet – oder ob Sie einfach nur im Moment mit einer Situation Mühe haben, die Sie aber selber bewältigen können.

Das richtige Timing fürs Gespräch

Emotionales Erzählen benötigt Raum, Zeit und Ruhe (siehe auch S. 23). Und diese Dinge sind in einer Beziehung kostbares Gut. Ganz besonders, wenn Kinder da sind. Es ist eine Illusion zu glauben, dass man gleich nach dem Überqueren der Türschwelle die nötige Muße hat, seinem Partner das Herz auszuschütten. Werfen Sie trotzdem einen „Anker" aus: Sagen Sie Ihrem Partner, dass heute nicht Ihr Tag war und dass Sie das bei Gelegenheit gerne mit ihm besprechen möchte: beim Essen, wenn Sie allein sind, wenn die Kinder im Bett sind oder halt erst beim nächsten ausgedehnten Spaziergang.

Aufgeschoben ist nicht aufgehoben

Kehren Sie ein Ereignis, dass sie belastet, jedoch keinesfalls einfach unter den Teppich, weil Sie glauben, den richtigen Moment zum Reden verpasst zu haben. Bringen Sie die Sache bei der nächsten günstigen Gelegenheit zur Sprache. Es ist nie dafür zu spät.

KLEINIGKEITEN UND WIE SIE WIRKEN

1 Flirt mit dem Ex
„Es verletzt mich, dass du mit deinem Ex so lange und intensiv gesprochen hast. Ich gönne dir doch, auf einer Party Spaß zu haben. Doch es tut mir weh, wenn ich dann nicht mehr spüre, wie du zu mir stehst. Ich fühlte mich ausgeschlossen und völlig fehl am Platz."

2 stehen gelassene Teetassen
„Ich habe das Gefühl, mir viel Mühe zu geben, im Haushalt alles sauber zu halten. Und wenn du deine Tassen stehen lässt, glaube ich, du denkst: Sie wird das schon wegräumen. Ich denke dann, dass ich dir gleichgültig bin. Ich fühle mich von dir nicht wertgeschätzt."

3 Minuten Verspätung
„Wenn du immer wieder zu spät kommst, habe ich das Gefühl, dass es dir egal ist, ob ich auf dich warten muss oder nicht. Ich frage mich, ob ich dir gleichgültig bin und dir unsere Beziehung überhaupt wichtig ist? Und ich zweifele daran, ob ich mich überhaupt auf dich verlassen kann."

Helfen hilft
„Glück ist das einzige, das sich verdoppelt, wenn man es teilt." Seinen Partner in einer schwierigen Lage zu unterstützen, führt auch zu schönen gemeinsamen Momenten und Erfahrungen.

Selbstöffnung ist eine Möglichkeit – keine Pflicht

Vielleicht kennen Sie die Situation: Sie spüren – oder glauben zu spüren – dass Ihren Partner etwas belastet. Aber der will sich dazu einfach nicht äußern. Vielleicht fühlen Sie sich dadurch zurückgewiesen oder Sie sind enttäuscht darüber, dass der Partner seine Gefühle nicht mit Ihnen teilen möchte. Als oberste Regel gilt jedoch: Sich vor dem Partner zu öffnen, ist eine Möglichkeit – keine Verpflichtung. Zudem muss man dafür den richtigen Zeitpunkt abwarten.

Der Partner ist keine Zitrone, die man nach Belieben auspressen kann, nur weil man denkt, dass Saures drin steckt. Im Gegenteil: Es ist wichtig, seine Grenzen zu respektieren und seinen Wunsch nach Rückzug und Ruhe zuzulassen. Machen Sie später wieder ein Angebot, zuzuhören. Signalisieren Sie: „Ich bin da, sobald du bereit bist und mich brauchst." Den Zeitpunkt der Selbstöffnung muss Ihr Partner selber wählen.

Doch wenn er spürt, dass Sie für ihn da sind, wird dieser Zeitpunkt kommen. Drängen Sie nicht, seien Sie einfach da, offen und interessiert.

Zieht der Partner sich dauerhaft zurück, dann fragen Sie behutsam nach, warum es ihm schwerfällt, sich Ihnen mitzuteilen. Machen Sie ein Gesprächs-Angebot. Nicht, um Ihre Neugier zu befriedigen oder Ihren Wunsch zu helfen ausleben zu können. Sondern um Ihrem Partner den ersten Schritt zu erleichtern. Damit schaffen Sie die besten Voraussetzungen für ein Gespräch.

Was ist, wenn beide gleichzeitig Unterstützung brauchen?

Es wird in einer Beziehung immer wieder Tage geben, an denen beide Partner gleichzeitig Trost und Aufmunterung suchen und auf Unterstützung hoffen.
Was aber tut man in so einer Situation? Zunächst sollte man sich selbst entspannen, erst dann sollten Sie den Partner aufsuchen.

Sich erst mal Zeit geben

Wenn beide gestresst und verunsichert aufeinandertreffen, lohnt es sich oft, sich erst einmal zurückzuziehen. Wer zuerst für sich Kraft tankt oder sich abreagiert, hat nicht nur ein offeneres Ohr für die Probleme des anderen. Er kann auch seine eigene belastende Situation klarer schildern.

> 66 **Bringen Sie Stress möglichst erst dann in die Beziehung ein, wenn Sie damit alleine nicht mehr zurechtkommen.**

Schaffen Sie sich einen „Werkzeugkasten" mit Ihren persönlichen „Instrumenten", die Sie in Stresszeiten hervorholen können und die Ihnen Entspannung und positive Gefühle verschaffen. Zum Beispiel:

▸ **Hören Sie** Ihre Lieblings-CD
▸ **Nehmen Sie** ein warmes Bad mit Duftölen und Kerzen
▸ **Gehen Sie** spazieren, joggen oder drehen Sie eine Runde auf dem Rad

Eine Liste mit weiteren Vorschlägen (auf der natürlich auch Platz für persönliche Ergänzungen ist) finden Sie im Kapitel „Unterstützung geben und bekommen" (S. 77).

Bedenken Sie, dass Sie zuerst einmal selbst dafür verantwortlich sind, Ihren Stress zu bewältigen.

Wer hilft zuerst? So setzen Sie Prioritäten

Die Situation ist verzwickt: Beiden geht es schlecht, beide werden mit ihrem Problem allein nicht fertig, und beide wünschen sich Unterstützung. Was nun? In solchen Situationen kommt man nicht darum herum, abwechselnd die Erzähler- beziehungsweise Zuhörerrolle einzunehmen (siehe S. 70). So kann man sich gegenseitig aus dem Stress „herausschaukeln".

Vorrang hat in solchen Fällen das dringlichere, größere Problem. Nur – welches ist das? Schließlich gibt es keinen objektiven, allgemein gültigen Maßstab, mit dem sich die Größe des persönlichen Problems einschätzen lässt. Werten Sie das Problem Ihres Partners nicht vorschnell als Lappalie ab, nur weil Sie selber gerade mit etwas anderem hadern. Vermutlich können Sie abwägen, wer dringender Unterstützung und Rat braucht. Wenn nicht, dann verschwenden Sie keine Energie mit diesem „Wettkampf". Es ist nämlich eigentlich unwichtig, wer sich zuerst äußern darf, solange beide Partner gleich viel Zeit und Aufmerksamkeit bekommen.

Vielleicht müssen Sie sowieso warten, bis Sie dazu kommen, in Ruhe von Ihrem Erlebnis zu erzählen, weil beispielsweise die Kinder noch nicht im Bett sind. Erzählen Sie der Reihe nach, worum es geht, sobald Sie die nötige Muße dazu haben. Auch wenn es dadurch etwas später wird als sonst, bis Sie ins Bett kommen – es ist gut genutzte Zeit.

Helfen hilft auch dem Helfer

Wer in seinen eigenen Schwierigkeiten gefangen ist, vergisst oft, dass Unterstützung zu geben auch eine Kraftquelle ist. Unterschätzen Sie nicht, wie wohltuend und ganz einfach schön es ist, wenn man seinem Partner bei einem Problem helfen oder mit ihm einen Weg aus einer schwierigen Situation finden kann. Das ist sogar auch so, wenn es Ihnen selber gerade nicht glänzend geht.

Sich emotional zu öffnen ist nicht einfach

Emotionale Selbstöffnung ist schon nicht leicht, wenn es dabei um Stress geht, der nichts mit der Partnerschaft zu tun hat (z. B. Kritik eines Vorgesetzten, Tuscheln der Nachbarn, Ausgrenzung des Kindes usw.). Noch schwieriger aber ist es, sich dem Partner emotional mitzuteilen, wenn sich der Konflikt innerhalb der Paarbeziehung abspielt.

Nach einem lauten Streit zum Beispiel schüttelt wohl kaum jemand mal eben aus dem Ärmel, dass er sich während der gesamten Auseinandersetzung sehr einsam gefühlt hat. Auch eine komplexe Emotion wie Trauer oder Scham wahrzunehmen, kann dann schwierig sein. Vielleicht haben Sie selber überhaupt nicht mit solchen Gefühlen gerechnet oder finden sie unangemessen oder unpassend.

Diese Emotionen dann auch noch in Worte zu fassen, fällt den meisten Menschen schwer.

Stolperstein Geschlechterrolle

Manchmal ist die Geschlechterrolle ein zusätzliches Hindernis. Als Mann einzugestehen, dass man sich schwach und herabgesetzt gefühlt hat, scheint in unserer Gesellschaft noch immer wenig akzeptiert zu sein. Entsprechend groß ist die Hemmschwelle. Und umso wichtiger ist es, dass Sie versuchen (und das gilt für beide Geschlechter), die eigenen Emotionen wahrzunehmen und klar auszudrücken. Sowie auf der Zuhörer-Seite die Gefühle des Partners nachzuempfinden und Verständnis dafür zu äußern.

Alles nur Frauenkram?

Viele Menschen haben das Klischee verinnerlicht, dass Gefühle Frauensache sind und dass ein richtiger Mann nicht über sein Innenleben spricht – schon gar nicht, wenn es um Traurigkeit, Angst oder Scham geht. Falls Sie bei sich ein bisschen was von dieser Haltung entdecken: Verabschieden Sie sich schnell von diesen veralteten „Typisch Mann, typisch Frau"-Vorstellungen! Studien zeigen ganz klar, dass Männer genauso fühlen wie Frauen. Und ebenso wie Frauen dazu fähig sind, Mitgefühl zu haben. Es kommt zwar vor, dass Männer durch ihre Erziehung und diverse Lebenserfahrungen nicht so gut gelernt haben, zu ihren Gefühlen zu stehen und über sie zu sprechen. Aber gerade dann bietet die Partnerschaft eine gute Möglichkeit, das zu tun (und zu üben). Und auch wenn Frauen im allgemeinen als emotiona-

ler gelten – offen über die eigenen Gefühle zu sprechen fällt generell beiden Geschlechtern gleich schwer.

Darum lohnt es sich, die Maske zu lüften

Sie scheuen davor zurück, Gefühle wie Traurigkeit, Einsamkeit, Hilflosigkeit oder Scham vor Ihrem Partner zu äußern? Das ist verständlich – und doch gibt es viel, das Sie dadurch gewinnen können:

▸ **Emotionales Erzählen** bedeutet, ganz man selbst zu sein.
▸ **Emotionales Erzählen** schafft Intimität.
▸ **Emotionales Erzählen** macht uns menschlich.
▸ **Menschlich zu sein** und Schwächen zu haben macht uns sympathisch.

Die meisten Menschen tragen im Alltag eine Maske: Sie haben eine Rolle, übernehmen Funktionen und können nur selten ganz sie selbst sein. Die Maske verleiht einen gewissen Schutz. Doch sie zu tragen, ist auch anstrengend. Unsere Partnerschaft ist einer der ganz wenigen Orte – vielleicht der einzige – wo wir sie lüften dürfen (siehe „Sich anvertrauen heißt, ...", S. 132).

Emotionales Erzählen bedeutet, dass man von seinen Fehlern und Schwächen berichtet. Es ist nicht schön, jemandem zu sagen, dass wir uns in einem Streit klein und machtlos gefühlt haben. Doch es macht uns sympathisch und verschafft uns Erleichterung. Und wenn der Partner passend darauf eingeht, schafft der Austausch Nähe und Intimität – das verbindet.

→ Gut zu wissen

Männer und Frauen wollen keinen Übermenschen als Begleiter. Sie wollen einen Weggefährten mit Ecken und Kanten, Stärken und Schwächen. Kurz und gut: jemanden, der ihnen auf Augenhöhe begegnet.

Entwicklung und permanenter Austausch

Sie sind sich sicher: Ihren Partner kennen Sie nach all den Jahren in- und auswendig. Wirklich? Es könnte sein, dass nicht nur Ihr Computer mal wieder ein „Update" braucht.

Das Leben besteht zum Glück nicht nur aus Schwierigkeiten und Krisen. Das emotionale Erzählen und Sich-Öffnen, wie es weiter vorne beschrieben wurde, ist zwar in erster Linie für solche Zeiten gedacht. Doch schließlich gibt es neben dem Not- auch den Normalfall. Nutzen Sie diese ruhigen Phasen für den gegenseitigen Austausch nach genau dem gleichen Muster. Teilen Sie sich gegenseitig mit, was für Ziele, Wünsche, Bedürfnisse und Träume Sie haben. Lassen Sie Ihren Partner daran teilhaben, machen Sie ihn zum Begleiter Ihrer Entwicklung. Denn genau wie Ihr Computer braucht auch Ihre Beziehung immer wieder mal ein „Update": eine ruhige Stunde, in der Sie und Ihr Partner sich erzählen, wo Sie im Leben gerade stehen und wo Sie hin möchten.

Die Wahrscheinlichkeit ist nämlich groß, dass Sie weniger Ahnung voneinander haben, als Ihnen bewusst und lieb ist.

Von der Lieblingsfarbe über den größten Traum bis hin zum geheimsten Wunsch – frisch Verliebte wollen alles voneinander wissen. Sie löchern einander mit Fragen zu den kleinen und größeren Dingen im Leben. Und was machen Paare in langjährigen Beziehungen? Die fragen höchstens noch, ob der andere eine oder zwei Kugeln Eis zu den heißen Himbeeren will. „Wieso noch fragen?", scheint die Devise zu sein. „Ich kenne den anderen nach so vielen Jahren Beziehung doch sowieso in- und auswendig." Diese Annahme ist jedoch ein großer Fehler.

Beziehungsrisiko Entfremdung

Entfremdung gehört neben Langeweile und Eintönigkeit zu den größten Gefahren in langjährigen Beziehungen.

Vielleicht sitzen wir eines Morgens wie immer gemeinsam am Frühstückstisch und stellen fest, dass wir die Person, die sich gerade heftig über einen bestimmten Zeitungsartikel aufregt, überhaupt nicht mehr kennen. Sie erscheint uns plötzlich total fremd und ist im schlimmsten Fall jemand, den wir heute gar nicht mehr heiraten würden. Diese Erkenntnis lastet dann bleischwer auf uns, führt zu grundsätzlichen Zweifeln und vielleicht sogar zur später beschriebenen Kosten-Nutzen-Analyse der Be-

Nichts zu sagen?
Entfremdung ist immer ein Prozess und tritt nicht über Nacht auf. Wir alle verändern uns – und das ist gut. Wichtig ist, dass der Partner bei der Entwicklung mitgenommen wird.

ziehung (siehe S. 194). Und danach möglicherweise zur Trennung oder Scheidung.

Aber auch hier gilt: Entfremdung tritt nicht plötzlich auf. Wir alle verändern uns. Aber nur in den seltensten Fällen von heute auf morgen. Viel wahrscheinlicher ist, dass der Kontakt zueinander langsam und schleichend bröckelt, weil wir uns zu wenig intim mitteilen und uns so aus den Augen verlieren.

→ **Gut zu wissen**

Unterschiedliche Entwicklung, eine gewisse Routine und die „versiegende" Kommunikation sind die drei wichtigsten subjektiven Trennungs- und Scheidungsgründe. Doch glücklicherweise sind das alles Dinge, gegen die Sie als Paar etwas unternehmen können. Sie stehen Ihnen nicht machtlos gegenüber und müssen tatenlos abwarten, bis es zu spät ist.

Niemand ist sich „plötzlich" fremd

Sich unbemerkt auseinanderzuleben, gehört zu den größten Ängsten vieler Paare. Tatsache ist: Wir alle verändern – oder besser: entwickeln – uns. Was lebt und wächst, kann nicht einfach bleiben, wie es ist. Sich zu verändern ist gesund und wichtig. Und ja, es ist durchaus möglich, dass sich zwei Partner in verschiedene Richtungen entwickeln!

Es soll nicht ihr Ziel sein, dass Ihre Lebenswege genau gleich verlaufen. Viel wichtiger ist: Bleiben Sie einander nahe und tauschen Sie sich aus. So können Sie Unterschiede als erfrischende Brise für Ihre Partnerschaft nutzen. Stellen wir uns eine klassische Rollenverteilung vor: Der Mann geht arbeiten und verfolgt seine Karriere, während die Frau sich der Kindererziehung und dem Haushalt widmet. Das sind ganz verschiedene Aufgaben mit ganz unterschiedlichen Herausforderungen. Die beiden wachsen jeweils in ihren Aufgaben und machen dabei

Freiraum für zwei
Wer sich gegenseitig auf dem laufenden hält, was die eigenen Sorgen, Wünsche und Ziele angeht, ist sich auch nicht plötzlich fremd. Nehmen Sie sich bewusst Zeit für dieses „Update".

ihre eigene Entwicklung durch. Und trotzdem sind vielleicht beide überrascht, wenn der andere nach einiger Zeit „nicht mehr der Gleiche" ist und ihm das Verständnis für die Sicht des anderen fehlt.

Paare in lange dauernden, glücklichen Beziehungen tauschen sich regelmäßig über ihre Träume, Sorgen und Wünsche aus. Sie fragen sich nicht nur ab und zu, wo sie im Leben stehen und was sie sich erhoffen, sondern teilen die Ergebnisse dieser Überlegungen ihrem Partner auch mit.

So klappt das „Update"!

Schaffen Sie sich bewusst Freiräume, um sich gegenseitig auf den neuesten Stand zu bringen – zum Beispiel bei einem Spaziergang oder einem gemeinsamen Essen. Das ist besonders wichtig, wenn Sie Kinder haben und Zeit füreinander keine Selbstverständlichkeit mehr ist. Machen Sie sich Gedanken zu folgenden Fragen und erzählen Sie die Antworten Ihrem Partner:

▶ **Wo stehe ich** gerade im Leben?
▶ **Was ist mir** gerade das Wichtigste?
▶ **Wofür verwende** ich am meisten Zeit?
▶ **Was möchte ich** gern ändern?
▶ **Was wünsche** ich mir?
▶ **Worauf freue** ich mich?

Keine Angst vor Unterschieden

Das Ziel Ihrer Gespräche sollte nicht sein, möglichst viele Gemeinsamkeiten zu finden. Unterschiede haben durchaus ihr Gutes: Sie geben einer Beziehung Spannung – bestenfalls findet der andere auch Interesse an dem neuen Hobby des Partners. Eine gemeinsame Basis sollte allerdings vorhanden sein. Genießen Sie die Unterschiedlichkeiten als „Pfeffer" in Ihrer Beziehung, als Mittel gegen Langeweile und Eintönigkeit.

So ein „Update" kann und soll die eigene Entwicklung nicht aufhalten. Wenn Sie sich regelmäßig darüber austauschen, was bei Ihnen ansteht, werden Sie sich trotz eigenständiger Entwicklungen nahe bleiben.

→ Martha und Hans

Die beiden sind seit über dreißig Jahren verheiratet, nachdem sie sich in der kaufmännischen Lehre kennengelernt hatten. Hans arbeitete sich über die Jahre bis zu einer Führungsposition in einer Firma für Milchprodukte hoch. Martha kümmerte sich um die drei Kinder und übernahm manchmal Aushilfsjobs. Ihr Leben verlief in den üblichen Bahnen einer ganz normalen Familie, unspektakulär und ruhig. Hans fuhr viel ins Ausland, engagierte sich im Gemeinderat, spielte in der Freizeit Fußball und bildete sich weiter. Martha traf Freundinnen, las viel und kümmerte sich um die Familie. Trotz ganz unterschiedlicher Lebensbereiche blieben sich Hans und Martha emotional nahe.

Hans rief auf Auslandreisen jeden Abend kurz an, brachte Geschenke heim und reservierte sich regelmäßig Zeit für die Familie. Oft gingen alle gemeinsam am nahen Fluss spazieren, unternahmen Ausflüge und verbrachten zweimal pro Jahr Urlaub miteinander. Martha und Hans hörten nie auf, sich für das Leben des anderen zu interessieren: Sie erzählten einander von ihren Erlebnissen, sprachen über ihre Sorgen, Wünsche und Ziele und schmiedeten Zukunftspläne. Gemeinsam engagierten sie sich auch für das Wohl der Kinder. So sind sie sich als Paar nah geblieben. Auch noch nach dreißig Jahren Ehe gehen sie Hand in Hand im Wald spazieren – ganz für sich, ins Gespräch versunken.

Toleranz und Fairness

Sie sind eine begnadete Unterhalterin, Ihr Partner am Herd so gut wie ein Sternekoch? Geben und Nehmen sind in einer Partnerschaft auf verschiedensten Ebenen möglich – nur ausgewogen sollte die Sache sein. In diesem Kapitel steht, warum das wichtig ist.

Wenn zwei Menschen mit unterschiedlichen Bedürfnissen in einer Beziehung leben, erfordert das Nachsicht und Flexibilität auf beiden Seiten. In diesem Kapitel erfahren Sie, wie Sie tolerant sein können, ohne selbst zu kurz zu kommen.

Die Wäsche am Boden, ein Schuhberg vor der Haustür und ein ständiges Schniefen der Triefnase während der Lieblingssendung – ist doch alles kein Problem! Schließlich sieht man mit ein bisschen Großzügigkeit über solche Dinge ganz einfach hinweg. Immerhin ist Toleranz doch das Zauberwort für ein gut funktionierendes Zusammenleben. Dann kann es in einer Beziehung doch nicht anders sein. Oder?

Leider ist die Sache nicht so einfach. Denn sogar Kleinigkeiten können manchmal ganz schön nerven. Wie aber findet man heraus, wann Toleranz angesagt ist – und wann man besser „Stopp" sagen soll und darf?

Was es bedeutet, tolerant zu sein

Toleranz und tolerant sein werden oft missverstanden: Für viele bedeutet das, nachzugeben – egal, um welchen Preis. Hauptsache, der Friede bleibt gewahrt. Aber Toleranz bedeutet nicht einfach nur, großzügig von seiner Idealvorstellung der Beziehung abzuweichen. Und schon gar nicht, einfach so nachzugeben. Oder sich wie ein Märtyrer

Miese Stimmung
Was für den einen nicht beachtenswerte Kleinigkeiten sind, löst beim anderen Stress aus. So gelangt die vermeintliche Kleinigkeit letztlich doch in die Beziehung.

seinem ungewollten Schicksal zu ergeben. Denn Konflikte einfach zu vermeiden hat mit Toleranz nicht das Geringste zu tun. Tolerant zu sein heißt vielmehr, bei verschiedenen Ansichten und unterschiedlichen Bedürfnissen kompromissbereit und konstruktiv nach einer Lösung zu suchen.

❝ **Toleranz ist die bewusste Entscheidung, einzulenken, Kompromisse zu finden oder eine Sache zu akzeptieren, nachdem man ihren Hintergrund verstanden hat.**

———

Tolerant zu sein wird im allgemeinen als erstrebenswerte Eigenschaft angesehen – die meisten von uns möchten als tolerante und großzügige Menschen gelten. Das kann schon mal dazu führen, dass man viel zu oft

klein beigibt – oder dass man seine eigenen Bedürfnisse den Ansprüchen des Partners unterordnet, obwohl das gar nicht angemessen ist. Toleranz in einer Partnerschaft sollte nämlich keine einseitige Angelegenheit sein. Im Gegenteil: Es geht darum, gegenseitig und fair aufeinander einzugehen. Und die eigenen Bedürfnisse mit denen des Partners abzugleichen. Im Falle von unterschiedlichen Anliegen sollte man Lösungen finden, die für beide akzeptabel sind. Ein tolerantes, kompromissbereites Partnerschafts-Klima ist eine wichtige Grundlage für eine glückliche und lebendige Beziehung.

Eine Herzensangelegenheit

Echte Toleranz kommt von Herzen – auch wenn man häufig meint, der Kopf müsste da kräftig mitmischen. So möchten wir zum Beispiel in einer bestimmten Situation gerne verstehen, weshalb denn der Vorschlag des Partners nun besser sein soll als unserer. Oder warum seine Bedürfnisse wichtiger sein sollen als unsere eigenen. Doch darum geht es gar nicht! Denn rein mit dem Verstand werden wir nie wirklich entscheiden können, wessen Bedürfnisse richtiger oder wichtiger sind.

Beide Partner haben ihre Ansichten, ihre Wünsche und Ziele. Und es gibt keinen Schiedsrichter, der darüber urteilen könnte, wer recht hat. Recht haben grundsätzlich beide. Daher können wahre Kompromisse nur über die Gefühls-Ebene gefunden werden.

Während wir uns auf der Verstandes-Ebene häufig in Diskussionen und Machtkämpfe verstricken, haben wir „aus dem Herzen" heraus meist eine großzügigere Haltung. Wenn wir gefühlsmäßig verstehen, weshalb dem Partner etwas wichtig ist, dann werden wir auch eher zu einem Kompromiss bereit sein.

Dies bedeutet, dass Sie nicht versuchen müssen, Ihren Partner mit vielen Worten von Ihrer Ansicht zu überzeugen. Sondern dass Sie ihm lieber mitteilen, weshalb Sie etwas emotional ganz dringend brauchen.

Keine große Sache? Und es stört mich doch

Es ist doch nur eine Kleinigkeit ... Das Eselsohr im Buch, das man dem Partner ausgeliehen hat. Die liegen gelassene Pfand-Flasche im Auto. Die „falsch" ausgedrückte Senftube. Die Spritzer auf dem Spiegel nach dem Zähneputzen. Und trotzdem können diese banalen Dinge miese Stimmung oder sogar große Streitereien auslösen. Doch warum genau nerven einen Dinge, die an und für sich total unwichtig sind? Schauen Sie hinter die Fassade, wenn eine Kleinigkeit immer wieder Streit auslöst. Denn wenn etwas anhaltend stört, steckt meist mehr dahinter.

Zugegeben: Es hat etwas Kleinliches, wenn man nicht darüber hinwegsehen kann, dass der Partner die Senftube von der Mitte und nicht vom Ende her ausdrückt. Die meisten Leute würden wohl an die Toleranz des dadurch „Geärgerten" appellieren. Tatsächlich wird es aber nur in den wenigsten Fällen wirklich um die oberflächlichen Dinge gehen. Denn gestritten wird letztlich nicht über die Senftube, den Zahnpasta-

Wenn es um unterschiedliche Bedürfnisse geht, ist jede Partnerschaft eine Gratwanderung zwischen dem „Ich" und dem „Wir". Es geht weder darum, immer nur die Bedürfnisse des Partners zu befriedigen Noch darum, stets die eigenen Wünsche erfüllt zu bekommen. Toleranz macht es möglich, den Blick für beide zu wahren und unnötige Reibereien zu minimieren.

Den Kern finden
Werden Sie sich über den wahren Grund klar: Geht es wirklich um den dreckigen Spiegel nach dem Zähneputzen? Oder wird vielmehr das Bedürfnis nach Sauberkeit missachtet.

spritzer oder das stehen gelassene Glas. Sondern darüber, wofür diese Dinge symbolisch stehen: zum Beispiel dafür, dass dadurch ein Grundbedürfnis des Partners missachtet wird.

Deshalb gilt: Viele Dinge sind unbedeutend, man arrangiert sich einfach mit ihnen. Doch all den Dingen, die uns dauerhaft stören, sollten wir auf jeden Fall auf den Grund gehen – so unbedeutend sie auf den ersten Blick auch wirken.

Noch einmal in sich gehen

Gehen Sie einen Moment in sich, bevor Sie Ihren Partner mit einer seiner Marotten konfrontieren.

Fragen Sie sich:
- **Was stört mich** wirklich an seinem Verhalten?
- **Geht es tatsächlich** nur darum – oder steckt mehr dahinter?
- **Könnte ich mich** da nicht großzügig zeigen? Warum tue ich es nicht?

- **Nur wenn Sie** formulieren können, was wirklich das Problem ist, kann Ihr Partner Sie verstehen und auf Ihre Bedürfnisse eingehen.
- **Verzichten Sie** auf sachliche Argumente („Die Senftube sieht so einfach nicht schön aus"). Gehen Sie stattdessen auf die Suche nach den Gründen, warum Sie etwas wirklich persönlich so stark stört.

Weiter vorn in diesem Ratgeber finden Sie eine genaue Anleitung, wie Sie zum Kern eines scheinbar unbedeutenden Problems vordringen können (siehe „Warum uns Kleinigkeiten manchmal nicht mehr loslassen", S. 86).

Diese „Hintergrundrecherche" mag auf den ersten Blick aufwendig erscheinen. Sie lohnt sich jedoch! Denn durch diese schaffen Sie eine Grundlage für ein fruchtbares Gespräch mit Ihrem Partner und ermöglichen es ihm gleichzeitig, sich tolerant zu zeigen.

Welches Bedürfnis ist denn wichtiger?

Ganz einfach: Halten Sie sich nicht mit Diskussionen darüber auf, welches Bedürfnis wichtiger ist. Verabschieden Sie sich von der Idee, dass Sie bei Streitigkeiten niet- und nagelfest festlegen können, wer recht hat und wer nicht. Oder wessen Bedürfnis wichtiger ist. Es gibt dafür ganz einfach kein objektives Maß. Die Ordnungsliebe des einen bedeutet beispielsweise automatisch eine Einschränkung für den anderen, der vielleicht lieber im organisierten Chaos wohnen würde. Es gibt bei solchen Konflikten kein richtig oder falsch. Beide Bedürfnisse sind gleichwertig. Konzentrieren Sie sich lieber auf die Suche nach einer Lösung, die für beide funktioniert. Das ist das Einzige, was zählt.

Partner, die sich ähnlich sind, haben meist weniger Reibereien, da sie in wichtigen Anliegen und Werten gleich „ticken". Trotzdem: Auch solche Paare erleben Situationen, in denen sie unterschiedliche Ansichten oder Wünsche haben. Zudem verändern sich Bedürfnisse im Laufe der Zeit, sie können sich auseinanderentwickeln. Deshalb ist Toleranz in allen Phasen einer Beziehung eine wichtige Sache.

Was ist, wenn wir uns nicht einig werden?

Viele Leute machen den Fehler, dass sie den Partner und seine Bedürfnisse ändern wollen. Versuchen Sie das gar nicht erst. Denn:

Es funktioniert nicht, es wäre vergebliche Liebesmüh! Außerdem steckt dahinter auch ein fundamentaler Denkfehler. Denn nicht der Partner oder seine Wünsche sind das Problem, sondern es ist die Unvereinbarkeit von zwei verschiedenen Bedürfnissen.

Machen Sie sich Ihren Partner nicht zum Feind. Sondern verbünden Sie sich miteinander – und erklären Sie stattdessen Ihre Meinungsverschiedenheit zum Feind. Kämpfen Sie gemeinsam gegen ihn an.

→ Melanie und Marc

Die beiden haben immer wieder Streit. Sie möchte mehr Nähe und Gemeinsamkeiten, er möchte mehr Freiheiten und Eigenständigkeit. Marc nervt es, wenn er ständig mit Melanie und ihren FreundInnen ausgehen muss. Lieber würde er – wie vor der Beziehung mit Melanie – ab und zu alleine oder mit seinen Kollegen losziehen. „Das ist anders", sagt er dann, „du verstehst das nicht. Aber ich habe manchmal einfach Lust, wie früher wieder ungebunden zu sein und mit meinen Kumpels abzuhängen." Melanie fehlt dafür das Verständnis. Sie findet, dass man gemeinsam ausgeht, wenn man in einer Partnerschaft ist. Diese unterschiedlichen Bedürfnisse führen bei Melanie und Marc immer wieder zu Konflikten. Beide möchten den anderen davon überzeugen, dass ihre Sicht der Dinge richtig sei. Eines Abends weint Melanie im Zimmer, als Marc von einem Abend mit seinen Freunden zurückkommt. Betreten fragt er, was denn los sei. Sie führen zusammen ein langes, gutes Gespräch. Melanie kann Marc erklären, warum für sie das Gemeinsame so wichtig ist und warum sie in diesem Punkt nicht großzügiger sein kann. Sie erzählt, was sie belastet und weshalb sie seine Nähe so sehr braucht. Von der Scheidung ihrer Eltern, als sie noch ein kleines Mädchen war. Und davon, wie sehr sie sich immer gewünscht hat, einem Menschen wirklich nah sein zu können. Marc spürt zum ersten Mal, was das Bedürfnis nach Nähe und Geborgenheit für Melanie bedeutet. Er realisiert, dass es ihr überhaupt nicht darum geht, ihn einzuengen oder ihm etwas wegzunehmen. Dadurch fällt es ihm nun viel leichter, sein Verhalten zu ändern – und das wiederum führt dazu, dass auch Melanie ihm mehr Freiheiten gewähren kann.

Wenn es darum geht, bei unterschiedlichen Bedürfnissen tolerant zu sein, sind der Reihe nach folgende Fragen wichtig: Können wir das Problem ändern? Wenn das nicht klappt: Finden wir eine Lösung? Wenn wir das nicht schaffen: Was passiert dann?

1 Können wir das Problem ändern?

Der eine liebt das lockere Chaos, der andere die klare Ordnung. Lässt sich die Unstimmigkeit beheben, indem sich der eine dem anderen anpasst und ordentlicher oder eben lockerer wird? Das wäre oberflächlich betrachtet zwar die einfachste Lösung – sie ist aber leider sehr unwahrscheinlich. Denn wenn sich die Partner so leicht anpassen könnten, wären sie vermutlich gar nicht in diese Auseinandersetzung geraten.

2 Wenn wir das Problem nicht ändern können: Finden wir dennoch eine Lösung?

Lassen Sie Ihre Fantasie spielen. Vielleicht finden Sie ja eine neue, kreative Lösung? Eine genaue Anleitung für den Weg dazu finden Sie im Kapitel „Mit unterschiedlichen Bedürfnissen zurechtkommen" (S. 36). Benennen Sie beide zuerst Ihre Bedürfnisse und hören Sie einander zu, ohne zu werten. Argumentieren Sie nicht, sondern lassen Sie die Bedürfnisse des anderen einfach so stehen. Je besser Sie herausarbeiten können, weshalb etwas für Sie emotional so wichtig ist, desto eher können Sie auf das Verständnis des Partners zählen. Wenn Sie erkennen, dass der Partner sein Bedürfnis nicht dazu missbraucht, um Sie zu kontrollieren oder in der Beziehung den Ton anzugeben, dann werden Sie häufig

Fordern? Erklären!
Wenn man will, dass der Partner
die eigenen Bedürfnisse versteht,
sollte man ihm den Hintergrund erklären, statt einfach die Einhaltung
zu fordern. Das fördert das Verständnis auf der Gegenseite.

von selber dazu bereit sein, einzulenken. Gegenseitige Toleranz schlägt hier
Brücken.

**❸ Was, wenn wir keine Lösung
finden?**

Sie haben sich ernsthaft bemüht – und
doch keine Lösung gefunden, die für
Sie beide passt? Es kommt vor, dass ein
Problem unlösbar ist und sich trotz Toleranz auf beiden Seiten kein Kompromiss findet. Nämlich dann, wenn es um
besonders grundlegende Bedürfnisse
geht, die nicht zu verändern sind. Das
kann zum Beispiel im Bereich sexuelle
Treue, gegenseitige Achtung und Vertrauen oder bei religiösen oder moralischen Überzeugungen der Fall sein.
Dann ist es wichtig, dass man dem
Partner seine Bedürfnisse und Beweggründe sehr genau erklärt. Denn nur so
hat er die Chance, die Hintergründe eines Verhaltens oder Wunsches zu verstehen – und vielleicht zu akzeptieren,

dass es keine Lösung gibt und kein Ent-
gegenkommen möglich ist. Die Konse-
quenz daraus ist meist das Ende der
Partnerschaft. So weit kommt es aber
nur selten, da meistens einer der beiden Partner seine Bedürfnisse anpassen kann.

Lösungen finden – ein Beispiel

▸ **Die Vorgeschichte:** Alena ist vor kurzem in die Wohnung ihres Freundes
Mirko gezogen. Sie ärgert sich immer
öfter darüber, dass Mirko gebrauchtes
Geschirr in der Wohnung herumliegen
lässt, und bittet ihn, die Gläser und Teller doch gleich in den Geschirrspüler zu
legen. Trotz der Ermahnungen findet
sie fast täglich in irgendeinem Zimmer
schmutziges Geschirr. Alena fühlt sich
von ihrem Freund mehr und mehr schi-
kaniert. Schließlich hat sie ihn oft gebe-
ten hat, das Geschirr wegzuräumen – es
sei ja „keine große Sache". Inzwischen

wird sie bereits beim Anblick der ersten Tasse wütend.

Mirko sieht nicht ein, was daran so tragisch sein soll, wenn mal ein Glas herumsteht. Alenas Vorwürfen begegnet er damit, dass sie schließlich auch öfter Dinge liegen lasse.

▶ **Die Aussprache:** Alena und Mirko überlegen in einem ersten Schritt, was wirklich hinter ihren Bedürfnissen und dem Verhalten des anderen steckt. Nachdem beide in sich gegangen sind, formulieren sie ihre Anliegen: Alena erzählt, dass sie sich ausgenutzt und nicht genug geschätzt fühlt. Sie hat das Gefühl, es sei für Mirko selbstverständlich, dass ein stehen gelassenes Glas von ihr weggeräumt wird. Mirko hingegen berichtet, dass er sich in der Wohnung, in der er vorher alleine gewohnt hat, eingeschränkt fühlt. Ihn selber stört das Geschirr nicht und er erwartet auch nicht, dass Alena es wegräumt. Aber er fühlt sich zunehmend kontrolliert, ob er im Haushalt auch ja alles richtig macht.

▶ **Die Lösung:** Beiden ist klar, dass sie an ihren unterschiedlichen Bedürfnissen in Sachen Ordnung nicht viel ändern können. Dank der Aussprache hat Alena aber erkannt, dass Mirkos unachtsam zurück-gelassenes Geschirr nichts mit ihr oder einer Geringschätzung ihrer Bemühungen zu tun hat. Sie kann leichter akzeptieren, wenn mal etwas liegen

bleibt. Mirko seinerseits ist achtsamer mit dem Geschirr, seit er realisiert hat, was für ein Signal er damit an Alena aussendet.

→ Janine und Oliver

Seit vier Jahren sind die beiden ein Paar. Die beiden haben sich immer stark angezogen und eine heftige Leidenschaft füreinander gespürt. Zu Beginn hatten sie viel Sex, an manchen Tagen mehrmals. Beide hatten einen starken Sexualtrieb und genossen die gemeinsame Körperlichkeit.

Als vor einem halben Jahr ihre Mutter gestorben ist, hat Janine das sehr zugesetzt. Seitdem weint sie häufig abends im Bett, ist niedergeschlagen und energielos. Sie will für sich sein. Und vor allem hat sie keine Lust auf Sex. Oliver zeigt zwar vordergründig Verständnis Doch er sieht nicht wirklich ein, weshalb sie nicht mehr miteinander schlafen. Er braucht mehr Sex, bedrängt Janine und wird gereizt, wenn sie sich ihm entzieht oder ihn zurückweist. Eines Tages bemerkt Janine, dass Oliver mit einer Freundin schläft. Sie spricht ihn darauf an, es kommt zum Streit. Oliver bleibt dabei, dass er einfach mehr Sex brauche. Es gebe für ihn kein Leben ohne Sex – auch nicht vorübergehend.

Nein! Doch!
Artet ein Streit zur simplen Rechthaberei aus, geht es nicht mehr um die Sache selbst, sondern um Macht.

Janine merkt, dass sie damit schwer zu kämpfen hat und ihr alles sehr weh tut. Trotzdem gibt sie sich ihm wieder hin in der Hoffnung, dass er bei ihr bleibt. Die Situation zerreißt sie. Nach einem Monat sucht sie noch einmal das Gespräch mit Oliver und erklärt ihm, dass die Beziehung für sie so nicht stimmt. Weil sie etwas macht, was ihr nicht gut tut.

Oliver versteht das nicht. Da die beiden keine Lösung sehen, trennen sie sich.

Vorsicht vor Machtkämpfen

Machtkämpfe sind Gift für jede Beziehung – sie kosten Kraft, ohne nützlich zu sein. Anzeichen dafür ist eine Kommunikation, die sich verschlechtert (siehe „Mit diesen …", S. 70). Oder die Tatsache, dass ein Partner sein Verhalten, dass dem anderen missfällt, erst recht beibehält oder sogar verstärkt .

Unterstellen Sie Ihrem Partner in einer Auseinandersetzung schlechte Absichten? Oder befürchten Sie, von ihm über den Tisch gezogen zu werden? Dann ist die Chance groß, dass Sie in einem Machtkampf stecken. Bei einem Machtkampf geht es immer darum, zu siegen: den anderen zu beherrschen, die eigenen Bedürfnisse, Wünsche und Ziele denen des anderen überzuordnen. Sowie einzufordern, dass sie auch erfüllt werden. Eine solche Haltung führt nie zu einer guten Lösung. Doch wenn man in früheren Beziehungen schlechte Erfahrungen gemacht hat oder zu Hause bei den Eltern diesen Umgang miteinander beobachten konnte, kann er sich auch in der eigenen Partnerschaft einschleichen.

Haben Sie ein wachsames Auge auf sich selbst. Ertappen Sie sich dabei, dass Sie dem Partner mit einer Handlung oder einer Bemerkung eins auswischen wollen? Dann ziehen Sie die Notbremse! Und fragen Sie sich, weshalb Sie sich so benehmen. Denn solche

Paarsache

Was mich sehr stört

Jeder schreibt für sich maximal 6 Dinge auf, die ihn im Zusammenleben mit dem Partner stören.

☐ **Markieren Sie** jeweils maximal drei Dinge als „mir sehr wichtig" – die sollte Ihr Partner unbedingt beachten bzw. etwas daran ändern, damit Sie sich in der Beziehung weiterhin wohlfühlen. Kennzeichnen Sie drei weitere Punkte als „wünschenswert" – also für Sie wichtig, aber dem Partner zuliebe könnten Sie es auch tolerieren.

☐ **Aus Gründen** der Fairness ist es wichtig, dass Sie sich bei dieser Übung auf Dinge beschränken, die Ihnen wirklich am Herzen liegen. Verzichten Sie auf Sachen die für Sie nicht so wichtig sind.

☐ **Besprechen Sie** die Punkte, die Sie aufgeschrieben haben.

☐ **Warum sind** für Sie die ersten drei Punkte so bedeutend? Versuchen Sie, das im Gespräch mit Ihrem Partner herauszufinden und sich ihm mitzuteilen.

„Jetzt zeig ich es dir"-Spiele schaden enorm und bringen weder Ihnen noch Ihrer Partnerschaft einen Nutzen.

Einschränkungen? Nicht mit mir!
Größe zu zeigen und im richtigen Moment und in der richtigen Sache tolerant zu sein hat auch Vorteile. Denn wenn Sie fünfe auch mal gerade sein lassen, kann das sogar manchmal – ganz unerwartet – dazu führen, dass ein Problem auf Dauer gelöst wird.

66 **Es ist wissenschaftlich erwiesen, dass Menschen mit Gegendruck und Aggression reagieren, wenn man sie zu etwas drängt.**

———

Um auf das Beispiel von Alena und Mirko zurückzukommen (S. 121): Je mehr Alena Mirko zu zwingen versucht, sein Geschirr wegzuräumen, desto mehr wird er es liegen lassen. Vielleicht aus Trotz und Widerstand. Vielleicht einfach, um nicht gegen sie zu verlieren. Damit sind wir erneut beim Thema Machtkampf. Beide kämpfen darum, mit ihrem Anliegen zu gewinnen. Es geht nicht mehr um die Sache selber. Sondern nur noch darum, wer gewinnt.

Die Folge sind Frust und Verletzungen auf beiden Seiten – am Schluss gehen beide als Verlierer aus dem Streit heraus. Wenn es dagegen beiden gelingt, dem anderen wirklich mitzuteilen, worum es ihm geht, dann können Machtkämpfe vermieden werden. Dann kann man einlenken, weil man nicht dazu gezwungen wird. Man kann aus eigener Großzügigkeit sein Verhalten ändern – und das fühlt sich ganz anders an.

→ Gut zu wissen

Viele Änderungen werden gemacht, wenn der Druck wegfällt, sie machen zu müssen. Denn erst dann hat der Handelnde genug „Luft", um sich freiwillig dafür zu entscheiden.

Vielleicht braucht man manchmal mehrere Gespräche, um ein Problem zu lösen. Wie ab Seite 31 gezeigt wird, benötigen tiefere Begegnungen zwischen den Partnern Zeit und Raum. Nur dann ist es möglich, sich emotional zu öffnen und dem anderen mitzuteilen, weshalb etwas störend, schmerzhaft oder inakzeptabel ist. Und erst, wenn man die Gefühle des Partners versteht, kann sich etwas bewegen.

Die Balance zwischen Geben und Nachgeben finden

Verstricken Sie sich gelegentlich in Machtkämpfe? Wenn das Gleichgewicht in Sachen Toleranz in Schieflage gerät, unterstützt Sie die Übung im Kasten dabei, wieder zu einer konstruktiven Haltung zu finden.

1 **Jeder Partner soll** seine Liste unabhängig vom anderen machen. Arbeiten Sie ganz in Ruhe für sich heraus, was Sie in der Beziehung stört. Welche Punkte im Verhalten des anderen sind Ihnen unangenehm? Oder sogar verletzend? Nehmen Sie sich Zeit zum Nachdenken und hören Sie in sich hinein.

2 **Wenn beide Partner** ihre Listen erstellt haben, setzen Sie sich gemütlich und ungestört zusammen und besprechen Sie die Punkte der Reihe nach. Einer fängt an – der andere hört nur zu. Beginnen Sie mit den drei Aspekten, die Sie als „wünschenswert" bezeichnet haben. Erst danach wenden Sie sich den drei Punkten zu, die Sie grundlegend stören, weil Sie es auch mit viel Anstrengung nicht schaffen, darüberzustehen.

3 **Befassen Sie sich** immer nur mit einem Punkt auf einmal. Wechseln Sie ab: ein Punkt von Ihrer Liste, einer von der des Partners. Halten Sie sich an die Sprecher- und Zuhörerregeln (S. 70) und gehen Sie ein Thema in aller Ruhe durch. Lassen Sie sich auf Ihre Gefühle ein, finden Sie heraus, weshalb ein bestimmter Punkt für Sie so wichtig ist. Suchen Sie nach Lösungen und Kompromissen, seien Sie offen für die Anliegen des anderen.

4 **Unterteilen Sie die Gespräche,** bevor sich Ermüdungserscheinungen zeigen: Nehmen Sie sich dann lieber noch an anderen Tagen Zeit, um die übrig gebliebenen Punkte der Liste gemeinsam zu diskutieren.

Das Kräftegleichgewicht – eine Gefühlsfrage

Eine Beziehung mit ungleichem Kräftegleichgewicht zu führen ist unglaublich anstrengend. Viel einfacher geht es, wenn beide Partner gleich viel in die Beziehung einbringen.

Keine Angst: Sie müssen nicht anfangen, Erbsen zu zählen und penibel die Beiträge zu analysieren, die jeder von Ihnen leistet. Trotzdem ist es wichtig, dass in einer Beziehung ein gesundes Gleichgewicht zwischen Geben und Nehmen herrscht. Denn wenn diese Balance gestört ist, werden die Partner unzufrieden – unabhängig davon, ob sie ständig „draufzahlen" oder dauernd mehr bekommen, als sie selber geben können.

Geben und nehmen – beides ist wichtig

Es ist heutzutage aus vielen Studien bekannt, dass der Mensch in Bezug auf Beziehungen Gerechtigkeit erfahren möchte. Zum einen heißt dies, dass wir nicht mehr geben möchten als der Partner. Zum anderen aber auch, dass wir uns auf Dauer unwohl fühlen, wenn wir mehr bekommen, als wir gefühlsmäßig verdienen. Denn dann fühlt man sich in der Schuld des anderen oder denkt, dass der andere einem aus Mitleid mehr gibt – beides sind eher unangenehme Gefühle.

Nur wenn sich Aufwand und Ertrag die Waage halten, fühlt sich das für den Menschen stimmig an. Das gilt für die Arbeit, die Beziehung – für das ganze Leben.

Wer ein Ungleichgewicht in Sachen Geben und Nehmen erlebt, fängt automatisch und vielleicht auch unbewusst an, dieses Gleichgewicht wieder herzustellen. Dafür gibt es viele Wege: Wer in Sachen Gefühl zu wenig bekommt, lässt zum Beispiel in seinen eigenen Anstrengungen nach oder holt sich ganz einfach mehr „Lohn". Wer mehr profitiert, als er gefühlsmäßig verdient, strengt sich vielleicht mehr an, um diese Belohnung auch zu verdienen. Oder aber er fängt an, die Vorteile gedanklich abzuwerten und als etwas Selbstverständliches zu sehen, was ihm sowieso zusteht.

Das Gewicht zwischen Geben und Nehmen muss nicht immer sofort, jedoch unbedingt auf lange Sicht ausgeglichen sein. Man darf also durchaus auch mal über längere Zeit beim anderen in der Kreide stehen oder mehr investieren als er (siehe weiter unten), doch dann muss ein Ausgleich stattfinden. Häufig zählt dabei gar nicht das, was man objektiv gibt oder erhält. Sondern vielmehr, wie dieses Geben und Nehmen persönlich bewertet wird.

Deshalb brauchen Beziehungen ein ausgewogenes Verhältnis

Mit Berechnung oder gar Haarspalterei hat dieses Abwiegen der Beiträge nichts zu tun. Aber bei einem Ungleichgewicht macht sich möglicherweise früher oder später Missstimmung in der Beziehung breit. Vielleicht stellen sich Fragen wie: Warum bin ich in der Beziehung nicht mehr zufrieden? Weil ich mir ausgenutzt vorkomme? Weil ich mehr investiere als der andere? Weil ich dem anderen nie etwas geben kann, nur immer nehmen muss?

Interessanterweise löst bei vielen Menschen auch ein Übermaß an Nehmen Unzufriedenheit aus. Und das aus gutem Grund: Wer geben kann, fühlt sich nützlich, wertvoll, gebraucht – und möglicherweise auch überlegen.

Wer hingegen immer nur nehmen muss und nie etwas zurückgeben kann, für den hat das Nehmen vielleicht mit der Zeit einen schalen Beigeschmack von Abhängigkeit, Mitleid oder Unterlegenheit. Sätze wie „Ich kann ihm nie etwas schenken, er hat keine Wünsche", „Ich kann ihr nie etwas geben, sie kann ohnehin alles besser" oder „Er will nichts von mir, er hat schon alles oder kauft es sich selbst" sind in einer Partnerschaft ebenso problematisch wie ein Zuviel an Nehmen.

Gemeinsam sind Sie stark

Beide Partner müssen die Gelegenheit haben, zu geben und zu nehmen. Schaffen Sie diese Gelegenheiten! Beschenken Sie sich nicht nur materiell (CDs, Bücher, Süßigkeiten, Schmuck, Kleider), sondern auch mit lieben Gesten: Lächeln, Interesse zeigen, Nachfragen, Verwöhnen, Zärtlichkeit, Zuwendung.

Und was ist, wenn es ein Ungleichgewicht gibt?

Es gibt in Beziehungen immer wieder Phasen, in denen das Geben und Nehmen aus dem Gleichgewicht gerät. Vielleicht, weil der eine Partner krank oder gerade im Job stark eingebunden ist. Das muss nicht problematisch zu sein, solange das Ungleichgewicht zeitlich begrenzt ist. Der „Ausgleich" muss auch nicht heute oder morgen passieren, sollte jedoch in absehbarer Zeit geschehen.

Dabei sollte man bedenken, dass jeder immer geben kann. Vielleicht sind nur die Beiträge anders oder kleiner als in früheren Phasen der Beziehung.

→ Gertrud

Seit längerer Zeit ist sie krank und bettlägerig. Sie kann viele Aufgaben im Haus und auch außerhalb nicht mehr erledigen. Ihr Mann Max übernimmt die. Er geht einkaufen, wäscht, bügelt und kümmert sich hauptsächlich um die Kinder. Gertrud hilft ihm dafür bei seinem Job als Makler, so gut sie kann. Mit einem Laptop auf der Bettdecke erledigt sie für ihn Schriftverkehr, recherchiert im Internet und bedient das Telefon. So kann sie sich weiterhin nützlich machen und ihren Mann in vielen Punkten entlasten. Max genießt wiederum die zusätzliche Zeit, die er nun mit den Kindern verbringt.

Wie viel „wert" ist mein Beitrag?

Seien Sie nicht voreilig bei der Bewertung der Sachen, die jemand in die Beziehung einbringt. Denn die Vielfalt ist riesig: Dazu zählen sowohl materielle als auch weniger handfeste Dinge wie Fähigkeiten oder Persönlichkeitszüge. Herrscht auf den ersten Blick ein Ungleichgewicht zwischen den Partnern, ist das oft nur deshalb so, weil sich Äpfel nicht mit Birnen vergleichen lassen: Der eine Partner steuert vielleicht mehr materielle Dinge bei und ist tatkräftig, während der andere für Humor oder Wärme sorgt. Einer behält in Krisensituationen einen kühlen Kopf, der andere ist ein Meister am Herd.

Niemand kann entscheiden, welcher Beitrag wichtiger oder wertvollere ist. Und selbst wenn es einen objektiven Maßstab gäbe, wäre der nicht von Bedeutung. Denn es spielt keine Rolle, wer welche und wie viele Mittel in die Beziehung bringt. Entscheidend ist nur, dass beide Partner den Austausch fair finden.

Wie geht man mit Zweifeln am Selbstwertgefühl um?

Die meisten Menschen kennen das Gefühl, in einigen Dingen oder sogar allgemein mit dem Partner nicht mithalten zu können. Vielleicht, weil sie materiell schlechter gestellt oder weniger erfolgreich sind. Weil sie nicht so gut aussehen oder mit einer schwierigen Vergangenheit kämpfen und es dadurch im Leben schwerer haben. Die Frage „Genüge ich?" kann irritierend, ja sogar quälend sein. Bei einem scheinbaren Ungleichgewicht der Kräfte sollten Sie sich folgende Dinge überlegen.

1 Niemand will den perfekten Partner.

Aus wissenschaftlichen Studien weiß man, dass Männer und Frauen meistens einen Partner auswählen, den sie als ebenbürtig einschätzen. Wir sind also nicht auf der Suche nach jemandem, der perfekt ist, sondern wir suchen den, der am besten zu uns passt. Jeder hat seine Stärken und Schwächen, und jeder trägt seinen persönlichen „Rucksack". Zu wissen, dass es dem Partner gleich ergeht, kann entlastend sein. Spielen Sie daher nicht den Starken oder die Souveräne, sondern legen Sie

Die Beziehungswaage

In einer Beziehung sollte ein ausgeglichenes Verhältnis zwischen Geben und Nehmen herrschen. Jede Fähigkeit oder Eigenschaft ist gleich viel wert, keine ist selbstverständlich. Wichtig ist, dass beide Partner sowohl die Fähigkeiten des anderen als auch die eigenen anerkennen und wertschätzen.

Ihre Fassade ab. Einfach Sie selbst zu sein ist auf Dauer weniger anstrengend und macht Sie ganz allgemein – und Ihrem Partner gegenüber – sympathischer (siehe „So verhindern Sie ein Machtgefälle", S. 133).

2 Wert ist relativ.
Welches Gewicht eine bestimmte Eigenschaft oder scheinbare Stärke in der Beziehungs-Waagschale hat, ist subjektiv und hängt von der Situation ab. Was für den einen wünschens- und erstrebenswert ist, ist für jemand anderen belanglos. Vielleicht, weil er selbst genug davon hat. Oder auch, weil er sich einfach nicht dafür interessiert. Was nützt es, ein hervorragender Fußballspieler zu sein, wenn die Partnerin sich viel mehr wünscht, dass man den Kindern bei den Hausaufgaben hilft? Was nützt der perfekte Haushalt, wenn der Partner sich eher danach sehnt, dass man am Abend auch mal gemütlich zusammensitzt und sich bei einem Glas Wein austauscht?

3 Status ist relativ.
Ob Bundesrat, Tierpfleger, Bäcker, Straßenkehrer, Kranführer, Ingenieur, Formel-1-Fahrer, Tänzer oder Polarforscher – es gibt kein objektives Kriterium, das darüber entscheidet, wie wertvoll eine Person ist. Gesellschaftlicher Status zählt nicht, wenn man sich im intimen Zweierkreis der Beziehung bewegt. Was zählt, ist einzig und allein die Begegnung von Mensch zu Mensch. Die Bereitschaft, sich auf die Beziehung einzulassen, sich um sie zu kümmern, für den anderen da zu sein. Was hat eine Frau davon, wenn ihr Mann ein renommierter Wissenschaftler ist, aber keine Zeit für sie und die Familie hat?

Es kommt immer darauf an, was man überhaupt von einer Beziehung erwartet. Ist man an Status interessiert, punktet ein Partner mit hohem Status. Wenn man hingegen mehr auf Nähe, Authentizität und Liebe aus ist, spielt der Status in solch einer Partnerschaft nur eine untergeordnete Rolle oder kann sogar hinderlich sein.

Entscheidend ist letztlich nur, was Ihnen ganz persönlich wichtig ist. Fragen Sie sich ehrlich, wonach Sie in der Beziehung suchen.

 Denken Sie daran: Sie beide haben einander für diese Beziehung ausgewählt. Schon das allein zeigt, dass Sie mindestens „gut genug" füreinander sind.

Übung: Meine Stärken, deine Stärken

Machen Sie für sich allein eine Liste mit Dingen und Qualitäten, die Sie und Ihr Partner jeweils in Ihre Beziehung einbringen. Einige dieser Dinge wirken vielleicht auf den ersten Blick klein und unbedeutend. Andere hingegen wichtig und unverzichtbar. Tragen Sie ohne Wertung alles ein, was Ihnen spontan in den Sinn kommt. Einige Beispiele finden Sie am Anfang der Tabelle:

Meine Stärken	Die Stärken meines Partners
- Ich habe oft kreative Ideen, wie wir unsere Freizeit gestalten können.	- Mein Partner hat ein Händchen für buchhalterische Dinge und kann gut mit Geld umgehen.
- Ich vergesse nie einen Geburtstag im Freundes- und Verwandtenkreis.	- Mein Partner bewahrt auch in hektischen Situationen Ruhe.
- Ich sorge dafür, dass die Pflanzen in unserer Wohnung gesund sind.	- Mein Partner ist ein toller Koch.
-	- ....
-	- ....
-	- ....

Machen Sie sich klar: Diese Übung dient nicht dazu, herauszufinden, wer mehr oder weniger leistet. Die Liste soll Ihnen einfach nur Ihre Stärken in Erinnerung rufen. Vielleicht finden Sie Dinge, in denen Sie als Team besonders geschickt sind, aber auch Bereiche, wo Sie sich gut ergänzen. Genießen Sie, was Sie beide für Qualitäten haben.

Nähe braucht Fairness

Schwächen zu zeigen, macht menschlich und sympathisch.
Es macht aber auch verletzlich. Damit aus der Nähe kein Nah-
kampf wird, braucht man Spielregeln.

Die Sache ist einfach: Je näher man sich in einer Partnerschaft kommt, desto intimer und stärker wird die Beziehung. Sich nah sein bedeutet aber auch, dass man sich leichter auf die Füße treten kann. Das schmerzt, wenn es zufällig passiert. So richtig weh tut es aber, wenn Absicht dahintersteckt. Denn wer die wunden Punkte seines Partners kennt, kann im Streit in Versuchung geraten, mit dem Finger drauf zu zeigen oder sogar darin herumzustochern: Ein unverzeihlicher Verrat an diesem besonderen intimen Wissen über den Partner. Man riskiert mit einem solchen Verhalten, die Beziehung zu zerstören.

Deshalb ist auch in Sachen Nähe und Distanz ein faires Gleichgewicht nötig. Es ist für beide Partner wichtig, sich zu öffnen, die eigenen Gefühle, Bedürfnisse und Ziele mitzuteilen. Aber auch zu Schwächen und Unzulänglichkeiten zu stehen und sich dadurch mit dem Partner auf die gleiche Stufe zu stellen. Bildlich gesprochen: Steigen Sie von Ihrem Podest herab, begegnen Sie sich in den Niederungen des Lebens. Denn da sind wir alle mehr oder weniger gleich, haben unsere Ängste und Sorgen, unsere Sehnsüchte und Neigungen, unsere Schwächen und Stärken.

Sich anvertrauen heißt, dem Partner Macht zu geben

Wer sich seinem Partner gegenüber emotional öffnet, macht sich verwundbar. Es entsteht ein Machtgefälle, was potenziell ausgenutzt werden könnte. Aber genau dieser eigentlich riskante Austausch und das Ablegen des eigenen Panzers macht die Selbstöffnung so kostbar und verbindend. Sie signalisiert: „Ich vertraue dir und zeige dir mein Innerstes, weil ich weiß, dass dieses Wissen bei dir gut aufgehoben ist." Eine stärkere Intimität als in diesen Momenten können Paare nicht erleben. Hier fällt die Fassade.

Sich ungeschminkt schön finden

Viele Paare meinen, dass man sich in der Beziehung etwas vorspielen und den Partner ständig mit unterhaltsamen Sprüchen, intelligenten Schlussfolgerungen, rhetorischer Brillanz, Schlagfertigkeit oder Humor beeindrucken muss. Oder ihn zu verführen und betören habe. Das alles ist ziemlich stressig und auf Dauer kaum durchzuhalten. Ersparen Sie sich diese Anstrengungen! Seien Sie so, wie Sie sind und sein möchten – von Anfang an. Wenn Ihr Partner Sie dennoch wählt, heißt das, dass Sie ihm in Ihrer Art gefallen.

Haben Sie Ihrem Partner bisher etwas vorgemacht? Schluss damit! Nehmen Sie sich Zeit füreinander und sprechen Sie die „Maske" an (S. 109). Spüren Sie dabei, wie tief Sie sich öffnen wollen, was möglich ist. Wenn Sie auf Unverständnis und Ablehnung stoßen, gehen Sie nicht tiefer.

Wenn Sie Verständnis und Akzeptanz erfahren, teilen Sie sich so mit wie Sie wirklich sind und fordern Sie dann Ihren Partner auf, auch von sich zu erzählen. Es erleichtert das Leben, dem Partner nichts vorspielen zu müssen – und es hilft, Ihr Beziehungsschiff auf Kurs zu halten oder wieder auf Kurs zu bringen.

So verhindern Sie ein Machtgefälle

Die emotionale Selbstöffnung ist das wichtigste Grundgerüst der Partnerschaft (S. 96). Sie bietet eine wunderbare Gelegenheit, sich näher zu kommen und – auch im Verlauf einer langen Partnerschaft – nah zu bleiben. Selbstöffnung ist und bleibt der Treibstoff für eine intime, liebevolle Beziehung. Sie aus Angst vor Machtspielen zu unterlassen, wäre fatal. Vor allem, weil sich ein Machtgefälle relativ leicht verhindern lässt.

→ **Gut zu wissen**

Wenn sich beide Partner öffnen, entsteht kein Machtgefälle, das ausgenutzt werden kann.

Wenn sich beide Partner regelmäßig voreinander öffnen und zu gleichen Teilen Unterstützung annehmen und geben, bleibt das Kräftegleichgewicht in der Beziehung erhalten. Dann entsteht Intimität gleichzeitig mit dem Gefühl von Fairness und Ausgeglichenheit.

Doch was, wenn der eine ein größeres Bedürfnis nach Mitteilung hat als der andere? Das führt wieder zur Gratwanderung zwischen Akzeptanz und dem Wunsch nach Veränderung. Diese Fragen können nur Sie beantworten: Was kann ich mit meinem Bedürfnis beim Partner akzeptieren? Kann ich akzeptieren, dass wir uns emotional nicht intim begegnen, weil mein Partner das nicht will? Kann ich meine Bedürfnisse nach Intimität und Nähe seinen Bedürfnissen anpassen, mich ändern? Was bin ich bereit und in der Lage zu akzeptieren? Und was muss sich beim anderen ändern, damit ich in dieser Beziehung glücklich sein kann?

Wer die intimen Seiten des Partners kennt, bekommt damit einen kostbaren Schatz. Und er trägt eine große Verantwortung dafür, mit diesem Schatz sorgsam umzugehen, ihn zu hüten und das Wissen nicht zu missbrauchen.

Realistisch bleiben

Eine Partnerschaft muss heute so einiges bieten: Geborgenheit, Erfüllung, Entfaltung und nie versiegende Verliebtheit. Doch unrealistische Erwartungen erdrücken die zarte Pflanze Liebe. Hier erfahren Sie, wie Sie auf dem Teppich bleiben und Ihrer Beziehung die nötige Luft verschaffen.

→ **Manchmal ist eine Beziehung** in der Vorstellung so gut, dass die Realität davor nur noch den Hut ziehen und aufgeben kann. Sinnvoller und nützlicher für Ihre Partnerschaft ist es, wenn Sie in Ihren Erwartungen realistisch bleiben.

Eine Partnerschaft muss heute fast alle erdenklichen Wünsche des modernen Menschen erfüllen: Sie soll nicht nur Geborgenheit, Leidenschaft, intellektuelle Anregung, gesunde Herausforderung und vor allem auch ewige Liebe bieten. All das soll bitte auch noch reichlich und pausenlos vorhanden sein. Ein permanentes Glücksgefühl ist schon fast das Mindeste, das die traute Zweisamkeit bringen soll.

Konsumgut Liebe – aber bitte in Spitzenqualität

Das Leistungs- und Konsumdenken der modernen westlichen Gesellschaft hat längst auch die Beziehung erreicht. Erwartet wird Topqualität und die ständige Verfügbarkeit des gerade gewünschten „Gutes". Pflege und Unterhalt ist etwas für Langweiler und Sparfüchse. Investitionen werden nur gemacht, wenn es sich lohnt. Wie in der Wirtschaft soll der Gewinn reichlich und vor allem schnell kommen – und am besten ohne viel Aufwand.

Der Erwartungsdruck, der auf modernen Beziehungen lastet, ist mittlerweile so groß, dass Enttäuschungen vorprogrammiert sind. Daher ist es ratsam, etwas von diesem Druck wegzunehmen.

Hält eine Beziehung den überzogenen Erwartungen nicht mehr stand, wird der Partner oft ohne langes Zögern ausgewechselt. Denn wer weiß, was das Leben noch so zu bieten hat? Hinter der nächsten Ecke wartet ja vielleicht schon der nächste, noch aufregendere, noch sympathischere Partner, mit dem man neue Höhenflüge erleben und die Schmetterlinge im Bauch wieder flattern lassen kann.

Die große Mehrheit hat mehr von ihrer Beziehung erwartet

In einer amerikanischen Umfrage zur Partnerschaftszufriedenheit gaben 75 Prozent der Befragten an, dass ihre Erwartungen in der Beziehung nicht erfüllt wurden. Gerade einmal 20 Prozent gaben an, dass ihre Erwartungen erreicht wurden, und nur 5 Prozent meinten, ihre Hoffnungen seien übertroffen worden.

Viele erwarten zu viel von ihrer Beziehung

Es wäre voreilig, aus diesen Ergebnissen zu schließen, dass Beziehungen nichts taugen und bei fast allen Paaren in Enttäuschungen enden müssen. Viel eher ist das Projekt moderne Beziehung" mit so vielen Idealvorstellungen belastet, dass die sich ganz einfach nicht alle erfüllen können. Wer mit (zu) hohen Erwartungen startet, muss mit Enttäuschungen rechnen.

Die Liebesbeziehung – eine Überzüchtung?

Der „Erwartungsberg", der auf einer modernen Beziehung lastet, ist ein gesellschaftliches Phänomen: einerseits ist er ein Ergebnis davon, dass sich die Partnerschaft von einer reinen Zweck- zu einer Liebesbeziehung gewandelt hat. Andererseits ein Produkt der heutigen Zeit, in der alles möglich zu sein scheint und die sofortige Wunsch- und Bedürfnisbefriedigung gefordert wird. Bis vor wenigen Jahrzehnten war klar, dass eine Ehe vor allem auch eine Zweckgemeinschaft zu sein hatte. Eine Verbindung bis ans Lebensende, in der man füreinander sorgte – damals vor allem auch in wirtschaftlicher Hinsicht – und das gemeinsame Projekt Familie auf Kurs hielt.

Dieses Modell der Partnerschaft ist heute der Liebesheirat gewichen und den individuellen Partnerschaftsmodellen: Jeder definiert selber, wie er seine Beziehung gestalten will. „Genormte" Partnerschaften sind aus der Mode gekommen – und mit ihnen bestimmte Vorgaben und traditionelle Modelle. Die waren auf der einen Seite vielleicht mühsam und mit Einschränkungen verbunden. Auf der anderen Seite aber sorgten sie auch für Struktur, Hilfestellungen und Leitlinien. Früher wusste man, worauf man sich mit einer Partnerschaft einließ. Heute muss man das in der Beziehung entdecken. Und damit sind den Phantasien – und eben auch vielen überzogenen Erwartungen – Tür und Tor geöffnet.

Ich bin verliebt!
Ein tolles Gefühl – aber auch
endlos romantisch verklärt in
unzähligen Büchern, Songs
und Filmen.

Also ist eine arrangierte Ehe doch besser?

Die Statistik spricht eine klare Sprache: Arrangierte Ehen werden seltener geschieden und die Partner bekunden eine höhere Zufriedenheit als die in frei gewählten Verbindungen. Sollten also lieber Eltern und Verwandte über die Partnerwahl entscheiden?

Vermutlich nicht, denn die Ergebnisse dieser Befragungen sind mit Vorsicht zu genießen. Arrangierte Ehen werden in der Regel in einem ganz anderen Kulturkreis geschlossen. Die Familie hat einen wesentlich stärkeren Einfluss und es herrschen oft strengere religiöse Vorstellungen. Dazu kommen wirtschaftliche Abhängigkeiten und gesellschaftliche Zwänge. Eine Scheidung ist aus diesen Gründen gar keine Möglichkeit. Doch viele Paare machen aus der Not eine Tugend: Statt mit der Situation zu hadern und zu verbittern, bemühen sie sich verstärkt darum, die Beziehung am Laufen zu halten. Dazu kommt ein psychologischer

Effekt: Menschen bewerten ihre Lebensumstände automatisch besser, wenn sie gar keine Handlungsalternativen haben. Mit anderen Worten: Wer von vornherein weiß, dass er die Taube auf dem Dach nie haben wird, ist mit dem Spatz in der Hand gleich viel zufriedener. Oder, wie Bertold Brecht es formulierte: „Man muss sich nach der Decke strecken."

Welche Botschaften lassen sich aus diesen Erkenntnissen über arrangierte Ehen für unsere westlichen Partnerschaften ziehen? Es sind zwei: Erstens, dass sich auch die moderne, auf Liebe basierende Partnerschaft nach der Decke strecken und ihren Möglichkeiten anpassen kann. Und zweitens, dass Liebe wachsen und gedeihen kann, wenn man sie pflegt.

Wolke 7: kein Dauerzustand

Der Start der meisten Beziehungen ist himmlisch: Man ist verliebt, alles läuft von alleine, der Partner ist liebevoll, faszinierend, perfekt. Doch nach ein paar Wochen oder Monaten legt sich nach und nach der Sturm der Hormone. Die erste Verliebtheit nimmt ab, die Realität macht sich bemerkbar. Wie bei der Vertreibung aus dem Paradies ist das Paar jetzt plötzlich mit einem oft nicht mehr ganz so rosigen Alltag konfrontiert.

Die Situation in der Partnerschaft ähnelt schnellen Erfolgen im Sport: Wenn man in eine neue Sportart einsteigt und schon beim ersten offiziellen Turnier gewinnt, wird jeder weitere Wettkampf an diesem ersten Triumph gemessen. Ein zweiter oder dritter Rang fühlt sich dann nicht mehr wie ein Erfolg an, sondern nur noch wie eine Leistung, die hinter den Erwartungen zurückbleibt.

→ Gut zu wissen

Wer meint, eine langjährige Beziehung muss sich genauso anfühlen wie die erste Verliebtheit, ist unrealistisch. Beide Phasen haben viel zu bieten, doch vergleichbar sind sie genauso wenig wie etwa die Lebensphasen des Alters mit denen der Jugend. Lassen Sie sich generell nicht auf Vergleiche ein: weder mit anderen, die von ihrer Partnerschaft schwärmen und Ihnen vielleicht etwas vormachen. Noch mit früheren Beziehungen, die scheinbar besser waren oder mit romantischen Idealen, die Ihnen die Medien vorgaukeln. Am besten fahren Sie, wenn Sie auf dem Boden bleiben. So geben Sie Ihrer Beziehung die beste Chance und wappnen sich für die Herausforderungen des Alltags.

Hinter dieser Haltung steckt eine völlig falsche Einstellung. Niemand kann ständig gewinnen, keine Beziehung bietet ein pausenloses Hochgefühl. Und selbst wenn es dauerhaft bleiben würde, wäre es wahrscheinlich irgendwann langweilig. Und die Beziehung würde aus Eintönigkeit ihren Reiz verlieren.

Der Teufelskreis unerfüllter Erwartungen

Wer vom Verlust der anfänglichen Liebeseuphorie überrumpelt wird und nicht wahrhaben will, dass es in jeder Beziehung auch mal Alltag wird, gerät schnell in einen Teufelskreis: Die Enttäuschung über die Erwartungen, die nicht erfüllte wurden, führt dazu, dass weniger in die Partnerschaft investiert wird. Dadurch wiederum verschlechtert sich die Qualität der Beziehung, es werden noch mehr Hoffnungen enttäuscht – und die Abwärtsspirale dreht sich immer schneller.

Sich auf Durststrecken einstellen

Anders als bei anderen, eher emotionsgeladenen Bereichen der Beziehung, ist das Spiel mit den Erwartungen eine Kopfsache.

Man muss akzeptieren, dass Höhen und Tiefen zu jeder Beziehung gehören. Sie sind völlig normal und überhaupt kein Grund zur Sorge. Oder sogar dafür, das „Beziehungs-Handtuch" zu schmeißen. Sie können allerdings dafür sorgen, dass die Höhen möglichst lange andauern und die Tiefen nicht allzudramatisch werden.

Natürlich sind auch an Erwartungen Gefühle geknüpft. Aber wer realistisch bleibt und bei seinen Hoffnungen und Forderungen Vernunft walten lässt, ist weniger anfällig für Enttäuschungen.

Jagen Sie nicht dem Bild einer makellosen Beziehung nach. Wer seine Ansprüche nicht zu hoch schraubt und sich über kleine Dinge freut, fühlt sich in der eigenen Beziehung viel wohler.

Mit Schwierigkeiten in der Beziehung zu rechnen und sie zu akzeptieren, heißt nicht, dass man sich einfach untätig in sein Schicksal ergibt. Je mehr Sie sich die Einstellung verinnerlichen, dass alles Lebende gepflegt werden will, desto eher wird Ihnen auch klar werden, dass Sie sich aktiv um eine lebendige Partnerschaft bemühen müssen und Probleme entsprechend gelöst werden wollen.

Trotzdem gibt es in jeder Beziehung Zeiten, in denen man sich nicht so nahe steht oder einander schneller auf den Wecker geht. Vielleicht fordert der Familienalltag gerade besonders viel Aufmerksamkeit oder im Job geht es stressig zu. Oder man erkennt ganz einfach, dass auch der Partner nur ein Mensch ist – mit seinen Stärken und Schwächen, seinen faszinierenden und seinen schwierigeren Seiten. Und manchmal muss man die akzeptieren. Denn ohne Ecken und Kanten ist jeder Mensch konturlos – und wer möchte schon einen langweiligen, öden Partner?

→ Gut zu wissen

Wer bei den ersten Schwierigkeiten gleich die Flucht aus seiner Beziehung antritt, verpasst die Erfahrung, wie befriedigend es ist, solche Phasen gemeinsam durchzustehen. Bleiben Sie realistisch, aber positiv – und (an)erkennen Sie täglich die kleinen schönen Seiten Ihrer Beziehung. Das ist besser, als einem großen Idealbild einer Beziehung nachzuhängen, das es so nicht gibt.

So lernen Sie, realistisch zu sein
Folgende Punkte unterstützen Sie dabei, keine zu hohen, d. h. nur realistische Erwartungen an den Partner und an Ihre Beziehung zu stellen.

1 Damit rechnen. Machen Sie sich bewusst, dass es in jeder Beziehung Hochs und Tiefs gibt. Solche Schwankungen sind normal. Sie brauchen nicht vom Sofa hochzuschrecken und Ihr Leben umzukrempeln, weil das Zusammenleben auch schon mal prickelnder oder entspannter war. Vielleicht lässt sich eine Durststrecke ganz einfach erklären, und ihr Ende ist absehbar. Und: Nach jeder schwierigen Zeit kommt in der Regel wieder eine freudvollere, schönere Phase.

2 Krisen ansprechen. Sprechen Sie tiefere Probleme und Punkte, die dauerhaft stören, immer an. Rechnen Sie nicht damit, dass sich hartnäckig dicke Luft von allein verzieht. Wenn die Beziehung vor längerer Zeit aus der Balance geriet, muss das, was Sie unglücklich macht, auf den Tisch kommen.

3 Nicht solange warten, bis es zum Tiefpunkt kommt. Bleiben Sie dran, wenn sich Probleme nicht auf Anhieb lösen lassen. Die Chance ist groß, dass Sie sich sonst nur weiter in Ihren Konflikten verheddern. So können aus Durststrecken ernsthafte Krisen werden. Und es besteht die Gefahr, dass Sie sich immer mehr darin verstricken und sie alleine nicht mehr lösen können. Suchen Sie in einem solchen Fall rechtzeitig Hilfe bei einer Paarberatungsstelle oder einem Paartherapeuten – und nicht erst dann, wenn der Tiefpunkt schon erreicht ist. So vermeiden Sie, dass es zu Verletzungen kommt, die sich vielleicht nicht mehr überwinden lassen.

4 Erwartungen und Einstellungen anpassen. Unterziehen Sie Ihre Einstellungen und Erwartungen einem Realitäts-Check (wie das geht, lesen Sie gleich anschließend). Kann es sein, dass Sie sich für Ihre Beziehung unerreichbar hohe Ziele gesteckt haben?

Realitäts-Check für Ihre Ansprüche

Wünsche und Erwartungen zu haben, ist wichtig. Sie motivieren und sorgen als kleine „Checkpunkte" dafür, dass das Macht- und Leistungsgefüge in der Partnerschaft ausgeglichen ist. Denn eine Beziehung ist, auch wenn das vielleicht unromantisch klingt, immer auch ein Tauschgeschäft: Jeder Partner bringt seine eigenen Stärken und Fähigkeiten ein, und es ist wichtig, dass sich ein faires Geben und Nehmen zwischen den Partnern gestaltet (siehe „Toleranz und Fairness", S. 115).

Problematisch wird die Sache dann, wenn die Erwartungen an die Beziehung und an den Partner unrealistisch und überzogen sind. Wer allzu hohen Zielen hinterher jagt, fühlt sich bald ernüchtert, ausgepumpt und frustriert. Um das zu verhindern, sollten Sie Ihre Erwartungen kritisch unter die Lupe nehmen. Orientieren Sie sich dazu am folgenden Erwartungskatalog (siehe Kasten „Der Erwartungskatalog", S. 142).

Gehen Sie einmal in sich und führen Sie sich vor Augen, welche Ansprüche Sie konkret an Ihre Beziehung und an Ihren Partner haben. Um herauszufinden, ob Ihre Erwartungen angemessen sind, stellen Sie sich die drei folgenden Fragen:

▸ **Ist die Erwartung menschlich?** Es mag banal klingen, aber fragen Sie sich, ob Ihre Erwartungen überhaupt im Bereich des Menschenmöglichen liegen. Man hört zum Beispiel oft den Wunsch, der Partner sollte immer fröhlich und gut gelaunt sein. Bei genauerer Betrachtung muss man allerdings zugeben, dass es wohl kaum einen Menschen auf dieser Welt gibt, der immer guter Dinge ist (und es würde einem vermutlich auf die Nerven gehen, wenn es so wäre).

▸ **Könnte ich selber diese Erwartung erfüllen?** Angenommen, eine Erwartung ist grundsätzlich zu erfüllen: Fragen Sie sich als Nächstes, ob Sie denn auch selbst dazu in der Lage und bereit wären. Wir sollten in der Regel nichts vom anderen erwarten, das wir nicht auch selber zu geben bereit und fähig sind. So können wir vom Partner nicht erwarten, dass er uns immer wieder seine Liebe bekundet – und es selber nicht tun. Wir können auch nicht vom Partner verlangen, dass er immer da ist und sich für uns aufopfert, wenn wir selber nicht bereit sind, Opfer für die Beziehung zu bringen.

▸ **Kann mein Partner die Erwartung erfüllen?** Die Sache ist möglich? Und für Sie selber ist die Erfüllung des Wunsches ein Klacks? Das heißt aber noch lange nicht, dass das auch für den Partner gilt. Gut möglich, dass man auf einen Bereich gestoßen ist, der das Gegenüber überfordert. Dann muss man vor dem „Unvermögen" des Partners tolerant sein. Jeder von uns hat seine wunden Punkte und seine Schwächen. Ein Partner beispielsweise, der in seiner Kindheit nie die Erfahrung gemacht hat, wie man sensibel aufeinander eingeht und füreinander da ist, braucht mehr „Anleitung" und Geduld, um sich auch so verhalten zu können. Dass er sich bemüht, ist dann schon ein wichtiger Schritt in die gewünschte Richtung.

→ **Lisa**

In ihrer Kindheit hat sie Gewalt erfahren und musste mit wechselnden Bezugspersonen fertig werden. Als Folge davon ist sie noch als junge Erwachsene zurückhaltend und misstrauisch. Als sie Martin kennenlernt, lässt sie ihn lange um sich werben. Aus einer tief sitzenden Angst heraus scheut sie davor zurück, sich zu öffnen, weil sie nicht verletzt werden möchte. Martin lässt nicht locker und gewinnt Lisas Zuneigung. Doch auch in der Beziehung zieht sie sich noch schnell zurück. Martin hat erwartet, dass nach der Heirat alles anders wird, sie sich ihm öffnet und ihr „kompliziertes" Verhalten ablegt. Nun erkennt er, dass es viel Geduld brauchen wird, um zu diesem Ziel zu gelangen.

Erwartungen anzupassen ist keine Niederlage

Vielleicht zögern Sie, Ihre Ansprüche auf ein realistisches Maß zu schrumpfen, weil Sie befürchten, die eigenen Bedürfnisse zu verraten oder schlicht nachgeben zu müssen? Das ist zwar verständlich. Doch durch diese

Der Erwartungskatalog

Erwartungen lassen sich in folgende Kategorien einteilen:

Typ	Inhalt
Realistische Erwartungen	Erwartungen an die Beziehung und den Partner, die erfüllt werden können (und die wichtig sind und gut tun): „Ich erwarte von meinem Partner, dass er mich ab und zu mit einer Kleinigkeit überrascht und mir so seine Zuneigung und Liebe zeigt." „Ich erwarte, dass mein Partner sich genauso wie ich für unsere Beziehung einsetzt und sich um sie kümmert."
Überzogene Erwartungen	Erwartungen, denen man zwar nachkommen kann, die aber schon einiges erfordern. Sie entstehen oft aus einer Phase der Leidenschaft heraus und können auf Dauer nur schwer erfüllt werden: „Ich erwarte von meinem Partner, dass er jeden Samstagabend etwas Aufregendes für mich organisiert."
Unrealistische Erwartungen	Erwartungen, die praktisch unmöglich zu erfüllen sind: „Ich erwarte von meinem Partner, dass er in meiner Anwesenheit immer gut gelaunt ist." „Ich erwarte von meinem Partner, dass er weiß, wie es mir geht. Sonst liebt er mich nicht."
Unklare Erwartungen	Eine Erwartungshaltung gegenüber dem Partner, die man nicht konkret formulieren kann; oft mit schwelender Unzufriedenheit verbunden: „Ich kann nicht genau sagen, was ich anders haben möchte. Aber etwas müsste sich ändern, damit ich zufrieden bin."

Befürchtungen sollten Sie sich nicht Ihren Weg versperren lassen. Tatsache ist: Hat man seine Erwartungen erst mal auf eine realistisches Stufe reduziert, wird man oft mit der Erkenntnis belohnt, dass das, was man tatsächlich bekommt, völlig genügt. Der Gradmesser sind nur Sie – und nicht gesellschaftliche Idealvorstellungen oder irgendwelche sozialen Normen. Lassen Sie sich Ansprüche nicht von außen aufdrängen. Fragen Sie sich stattdessen ehrlich, ob Sie selbst zufrieden sind mit dem, was Sie bekommen.

Immer wieder werden Paare Opfer von sozialen Maßstäben, weil sie sich von außen Erwartungen an die eigene Beziehung aufdrängen lassen. Etwa, wie oft pro Woche ein glückliches Paar Sex haben „muss", laut statistischem Durchschnitt. Was, wenn ein Paar momentan gar nicht mehr Sex haben mochte, aber trotzdem glücklich ist? Es ist wichtig, sich immer wieder neu aufeinander einzustellen, die Bedürfnisse, Wünsche und Ziele abgleichen und für sich festlegen.

Stellen Sie sich dabei folgende Fragen:

▸ **Was möchten** wir?
▸ **Sind unsere** Wünsche realistisch und umsetzbar?
▸ **Wie können** wir uns diese Wünsche gegenseitig erfüllen?
▸ **Sind die** Erwartungen aneinander fair und ausgewogen?

Vielleicht erkennen Sie dann, dass Ihre Ziele in einzelne Schritte unterteilt werden müssen, damit sie leichter erreichbar sind. Außerdem gilt: Je klarer Ihre Ziele mit Handlungen verbunden sind, desto leichter fällt meist die Umsetzung. Wenn Sie sich einfach wünschen, dass Ihr Partner Sie immer lieben wird, dann ist das ein schönes, aber auch reichlich abstraktes Anliegen. Wenn Sie sich hingegen wünschen, dass Ihr Partner Ihnen seine Liebe immer wieder durch liebevolle Worte, Zärtlichkeiten, Aufmerksamkeiten oder Einladungen zeigt, dann hat er eine reelle Chance, Ihnen diesen Wunsch auch wirklich erfüllen zu können.

ℹ️ Die Medien beeinflussen uns gern mit Bildern von makellosen Traumbeziehungen, garniert mit viel Romantik. Wie die Minnesänger im Mittelalter ihre Geliebte verklärten, so gaukeln uns Filme und Zeitschriften heute Liebesgeschichten vor, die uns zum Träumen verführen. Doch so wie mit Filmhelden verhält es sich auch mit den idealisierten Partnerschaften – beides gibt's kaum in der Realität. Würden die Filme länger dauern, hätten die Gedichte mehr Zeilen und die Zeitschriftenartikel mehr Seiten, würde der Alltag auch in diesen Beziehungen zum Vorschein kommen.

Wie Ihre Einstellung die Beziehung beeinflusst

„Das schafft er nie!", denken Sie – und werden bestätigt. Oder aber: „Das packt er schon irgendwie" – stimmt auch! Eigene Erwartungen beeinflussen die Handlungen unserer Mitmenschen.

Erwartungen beeinflussen unsere Gefühlslage – das wurde in diesem Buch schon mehrmals erwähnt. Erwarten Sie etwas Negatives, empfinden Sie Nervosität, Sorge, Furcht, Abscheu oder Verzweiflung. Erwarten Sie dagegen etwas Positives, ist das mit Gefühlen von Freude, Hoffnung, Neugier, Zuversicht oder Stolz verbunden. Doch das ist noch nicht alles. Viele Menschen sind sich dessen nicht bewusst, doch Erwartungen wirken auch nach außen: Sie beeinflussen auch das Verhalten von anderen.

Die Studien von Robert Rosenthal gehören zu den faszinierendsten der Sozialpsychologie: Der amerikanische Forscher konnte in den 1960er-Jahren zeigen, was Vertrauen und eine positive Einstellung bewirken können. Er wies Lehrer an, bestimmten Schülern in ihren Klassen aufmunternde kleine Gesten und bestärkende Kommentare zu geben. Ansonsten wurden sie behandelt wie die anderen Schüler. Am Ende des Schuljahres zeigte sich: Die Leistungen der betreffenden Schüler hatten sich einzig und allein durch diese positiven Erwartungen der Lehrer gesteigert und sie erreichten bessere Noten.

Sie erwarten das Schlimmste? Dann kommt es auch

Sie müssen zu Hause nicht Lehrer und Schüler spielen, um diesen sogenannten Rosenthal-Effekt in der eigenen Beziehung zu erleben. Trotzdem gilt: In Sekundenschnelle tauschen wir unbewusst Signale und unsere Einstellung aus. Genau wie wir uns selber – vielleicht vor einem sportlichen Wettkampf – durch eine positive Einstellung zu Höchstleistungen bringen können, können wir auch unseren Partner „anfeuern".

→ Gut zu wissen

Wenn wir die Handlungen von jemandem im Voraus optimistisch und positiv bewerten, ist die Chance groß, dass auch das spätere Ergebnis positiver ausfällt.

Der Rosenthal-Effekt hat aber zwei Seiten: Während die Erwartung von Positivem Erfolg fördert, fördert die Erwartung von Miss-

Seien Sie wachsam, welche Erwartungen Sie an Ihren Partner im Alltag stellen. Wer ein bestimmtes Verhalten erwartet, darf nicht überrascht sein, wenn es tatsächlich eintritt – im Guten wie im Schlechten.

erfolg eben auch negative Verläufe und Enttäuschungen. Wenn Sie jemals mit einem flauen Gefühl in eine Unternehmung gestartet sind, wissen Sie: Neben der eigentlichen Herausforderung müssen Sie auch noch gegen das Teufelchen auf der Schulter ankämpfen, das Ihnen ins Ohr flüstert, dass Sie sowieso keine Chance haben. Und das ist ganz schön anstrengend.

Was aber bedeutet das für Ihre Beziehung? Ganz einfach: Wer von seinem Partner erwartet, dass er sich positiv verhält, fördert genau dieses Verhalten. Wer aber schon Stunden zuvor davon überzeugt ist, dass der andere mit einer sauren Miene zur Tür hereinkommen wird, der fördert auch dieses Verhalten. Wieso sollte sich eine Person auch Mühe geben, wenn sie ständig das Gefühl bekommt, dass sie sowieso nur alles falsch machen kann?

→ Rahel und Alexander

Die beiden sind seit fünf Jahren ein Paar und haben seit Kurzem ein Kind. Rahel kümmert sich hauptsächlich um den kleinen Julian und hat deswegen ihre Berufstätigkeit auf 40 Prozent reduziert. Sie hat immer gerne gearbeitet, doch nun macht ihr auch das Muttersein Spaß. Allerdings stört es sie, dass Alexander seinen Verpflichtungen nicht nachkommt. Zwar verspricht er, den Kleinen abends regelmäßig ins Bett zu bringen. Doch meist wird daraus nichts: Alexander kommt später nach Hause, ist zu müde oder hat noch etwas Dringendes zu erledigen.

Rahel regt sich darüber immer mehr auf und wartet schließlich gar nicht mehr ab, sondern bringt Julian selber ins Bett. Sie erwartet nicht mehr, dass Alexander das je tun wird. Dieser zieht sich erst recht zurück und fühlt sich überflüssig. Beide sind frustriert.

Was ist schiefgegangen?

Rahel beeinflusst die Situation, weil sie eine negative Erwartungshaltung hat, bevor Alexander überhaupt handelt – oder eben nicht handelt. Sie ist enttäuscht, weil sie schon von vornherein überzeugt ist, dass Alexander auch heute das Baby nicht ins

Rollen teilen
Spielen mit den Kleinen und
Zubettbringen: Partner sollten sowohl Glücksmomente
wie die Pflichten gleich ver-
teilen.

Bett bringen wird. Ihr Frust beruht also genau genommen auf einer Sache, die noch
gar nicht passiert ist. Nun zieht sie die Konsequenzen, bevor Alexander überhaupt die
Gelegenheit hat, den Jungen zu Bett zu bringen. Dadurch nimmt sie ihm die Möglichkeit, sich zu bewähren.

Alexander hingegen macht die Erfahrung, dass man ihn beim Zubettbringen
nicht wirklich braucht. Dadurch, dass Rahel
immer wieder für ihn einspringt, wenn er
der Sache zu wenig Vorrang einräumt, lernt
er, dass er Julians Schlafenszeit gar keinen
Vorrang geben muss. Durch die Haltung,
dass man ihn „so oder so nicht braucht", versäumt er immer mehr Gelegenheiten und
schließt sich auf diese Weise selber aus dem
Eltern-Kind-Alltag aus.

Was können die beiden besser machen?

Das können Rahel und Alexander tun, um
die verfahrene Situation zu durchbrechen:

▶ **Dem anderen** Handlungsspielraum
lassen. Auch wenn es schwerfällt: Rahel
und Alexander sollten versuchen, ver-
gangene Versäumnisse hinter sich zu
lassen und sich immer wieder neu auf
die Situation einzustellen.

▶ **Verbindlichkeiten** klar regeln. Das Zubettbringen muss ganz klar als Alexan-
ders Aufgabe definiert werden. Notfalls
mit Hilfe eines Wochenplans, falls er
diese Aufgabe nicht jeden Tag wahrnehmen kann.

▶ **Den Ist-Zustand** sichtbar machen.
Auch wenn es vielen Paaren kleinlich
vorkommt: Eine Strichliste oder eine
Art Stundenplan, auf dem übernomme-
ne oder versäumte Pflichten schwarz
auf weiß eingetragen werden, schafft
Klarheit. So bekommen schwammige
Behauptungen („Nie bringst du Julian
ins Bett!") Hand und Fuß.

▶ **Die Verantwortung** soll spürbar sein.
Die Person, die etwas versäumt oder

vernachlässigt, soll auch die Konsequenzen ihres Handelns tragen. Selbstverständlich darf es nicht sein, dass Julian unter den Verständigungsschwierigkeiten seiner Eltern leidet. Aber Rahel könnte Alexander beispielsweise ein anderes „Ämtlein" überlassen, wenn es mit diesem nicht klappt. Auch hier braucht man klare Regeln und – zumindest in der Anfangszeit – eventuell eine „Buchführung".

Seien Sie unberechenbar – im positiven Sinn

In der Paarforschung hat man die folgende spannende Beobachtung gemacht: Unglückliche Paare sind viel besser darin, das Verhalten ihres Partners vorherzusagen. Sie haben eine wesentlich höhere Trefferquote als glückliche Paare.

Fragt man unglückliche Paare beispielsweise danach, wie der kommende Abend wohl verlaufen wird, tippen sie auf „schlecht" – und folgen damit ganz einfach der Wahrscheinlichkeit und ihren Erfahrungen der letzten Zeit. Denn der Kontakt ist bei einem unglücklichen Paar bereits zu einem großen Teil angespannt, gehässig oder destruktiv – diese Erfahrung hat sich eingeprägt und schafft eine negative Erwartungshaltung.

Also ist die Annahme, dass der Abend unangenehm verlaufen wird, nichts weiter als die Einschätzung des – so zeigt die Erfahrung – wahrscheinlichsten Ausgangs: „Wenn es die letzten Wochen oder Monate so war, wird es auch heute Abend so sein."

Wie beim Pferderennen setzen unglückliche Paare auf das „Pferd", dessen Sieg sie für am wahrscheinlichsten halten, weil es bereits mehrfach gewonnen hat. Hat sich der Partner über längere Zeit negativ verhalten, wird auch künftig negatives Verhalten von ihm erwartet. Und er wird als unzulänglicher, unzuverlässiger oder charakterschwacher Mensch abgestempelt.

Und die glücklichen Paare?

Die glücklichen Paare haben es bei der Einschätzung schwieriger. Weil sie nicht in einer Spirale der Negativität gefangen sind, kann an einem Abend so gut wie alles passieren. Die Sache ist völlig offen. Der Partner kann gut gelaunt nach Hause kommen, Blumen mitbringen, einen zu einer Überraschung einladen oder man verbringt einfach einen gemütlichen, schönen Abend gemeinsam zu Hause. Der Partner kann aber auch ganz neutral nach Hause kommen, weder positiv noch negativ gestimmt. Der Abend ist nichts Besonderes, gibt aber auch keinen Anlass zur Klage. Oder aber der Partner kommt müde, gereizt und energielos nach Hause und möchte seine Ruhe haben, sodass jeder den Abend für sich alleine verbringt. Insgesamt ist es also nie von vornherein klar, wie ein Partner in einer glücklichen Partnerschaft reagiert. Vermutlich meistens positiv. Doch sicherlich nicht immer negativ, wie das bei einer unzufriedenen Partnerschaft der Fall ist oder erwartet wird.

Dieselbe Dynamik zeigt sich bei einem Konflikt. Im Streitgespräch schießen sich unglückliche Paare schnell auf einem hohen Negativ-Niveau ein. Auf eine unfreundliche Bemerkung des einen folgt eine gehässige Bemerkung des anderen. Die wird auch wiederum negativ beantwortet und so weiter. Dadurch verstricken sich beide immer tiefer in den Streit und finden kaum noch heraus.

Während diese abwechselnden negativen Reaktionen bei unglücklichen Paaren sehr vorhersehbar sind, ist das bei zufriedenen Paaren anders. Wenn der eine eine negative Äußerung macht und zum Beispiel eine Kritik anbringt, stehen die Chancen gut, dass der Partner es ihm nicht mit gleicher Münze heimzahlt, sondern neutral auf die Kritik reagiert. Es ist sogar eine hilfreiche Reaktion denkbar, indem der Partner zum Beispiel positiv auf die Kritik eingeht, einen Lösungsvorschlag macht oder dem Ganzen mit Humor die Schärfe nimmt.

Zu diesem Zeitpunkt sind unglückliche Paare bereits gereizt und in stecken tief im Negativ-Sumpf. Das zeigt sich nicht nur in ihrer Stimmung, sondern hat auch körperliche Auswirkungen, weil der Körper fleißig Stresshormone ausschüttet. Physiologische Reaktion, negative Emotionen und destruktives Verhalten schaukeln sich gegenseitig hoch. Während es bei einem unglücklichen Paar nun zu einem zerstörerischen Streit kommt, ist bei einem glücklichen Paar der Verlauf offen und wird in den meisten Fällen eine positive Wendung nehmen.

Gemeinsam sind Sie stark

Pflegen Sie Ihre Beziehung und arbeiten Sie an einer positiven Grundstimmung, damit aus einem Funken nicht gleich eine Explosion wird. Dabei spielt Ihre positive Erwartung eine wichtige Rolle. Suchen Sie das Gespräch mit Ihrem Partner, wenn diese immer wieder enttäuscht wird, um gemeinsam eine Veränderung zu erreichen.

Wenn eine offene Haltung nicht ausreicht

Wenn sich ärgerliche Vorkommnisse häufen und Ihr Partner zum Beispiel mehrmals pro Woche abends zu spät nach Hause kommt, dann wird dieses Verhalten irgendwann auf Ihre Erwartungen abfärben. Vielleicht gelingt es Ihnen anfangs noch, sich positiv einzustellen Doch diese wohlwollende Erwartungshaltung wird sich bald als unangemessen herausstellen, wenn sie immer wieder enttäuscht wird. In diesem Fall sollten Sie einen Schritt weiter gehen und ein klärendes Gespräch zu führen (siehe „Mit die-

Enttäuschungen
Wenn der Partner an sechs von sieben Abenden zu spät nach Hause kommt, erwartet der andere irgendwann schon gar nicht mehr, dass man zusammen ins Bett gehen wird.

sen Regeln ...", S. 70). Sprechen Sie folgende Punkte an:

- ▶ **Weshalb** kommt Ihr Partner so häufig zu spät nach Hause?
- ▶ **Was** wünschen Sie sich?
- ▶ **Wie** kann das störende Verhalten verändert werden? Und wie lässt sich die Änderung umsetzen?

→ Gut zu wissen

Erwartungen beeinflussen Verhalten – aber anders herum beeinflusst Verhalten auch Erwartungen. Bemühen Sie sich deshalb im Alltag um ein Verhalten, das keinen Anlass zu pessimistischen Erwartungen gibt. Wenn Sie bemerken, dass Sie dabei sind, Ihrem Partner gegenüber negative Erwartungen aufzubauen, sprechen Sie die Probleme und die störenden Punkte so schnell wie möglich an, um sie gemeinsam klären zu können.

→ Jonathan und Eva

Das Paar hat seit mehreren Monaten eine angespannte Beziehung. Seit Evas Seitensprung, den Jonathan zufällig entdeckt hat, spricht er kaum noch mit ihr. Er zieht sich häufig zurück, bastelt stundenlang an seinen Modellflugzeugen oder sieht fern. Beide sind berufstätig, und Eva kommt abends häufig später nach Hause, da sie in einem Kaufhaus arbeitet und nach den letzten Kunden abschließen muss. Während diese Verspätungen für Jonathan früher nie ein Grund zur Sorge waren, reagiert er seit dem Vorfall mit Nervosität. Er befürchtet, dass seine Frau wieder eine Affäre haben könnte, spricht Eva jedoch nicht darauf an. Seine negativen Vorstellungen quälen ihn so, dass er ein Magengeschwür entwickelt.

Anstatt seine Befürchtungen zu äußern, zieht sich Jonathan zurück und meidet Eva – und auch sie geht keinen Schritt auf Jonathan zu. Doch so können die Verletzungen und Befürchtungen nicht aufgearbeitet werden. Und weil der Konflikt totgeschwiegen wird, können negative Erwartungen – die vielleicht völlig unberechtigt sind – das Paarklima zusätzlich vergiften.

Was können Jonathan und Eva tun? Auch wenn es Überwindung kostet und schwierig ist: Die beiden sollten sich zusammensetzen und über ihre Einschätzungen und Gefühle sprechen. Sind die Verletzungen zu tief, sodass ein gutes Gespräch nicht möglich ist, kann es hilfreich sein, eine Paarberatung in Anspruch zu nehmen.

Erwartungsmanagement oder wie man das Zepter in der Hand behält

Wie Sie in den vorherigen Kapiteln erfahren haben, beeinflussen Ihre Erwartungen sowohl Ihr Erleben sowie auch Ihr Verhalten und das der anderen. Die Erwartungen gegenüber dem Partner beruhen zum einen auf Erfahrung: Wenn jemand in Konflikten häufig aufbraust und destruktiv wird, erwartet man dieses Verhalten auch in künftigen Auseinandersetzungen. Zum anderen werden Erwartungen von außen beeinflusst, etwa durch Freunde, Medien usw.

Zu diesen beiden Einflüssen kommt noch ein dritter Punkt dazu: Erwartungen werden auch von Ihrer Persönlichkeit und Ihrer eigenen Geschichte in der Kindheit und Jugend geprägt. Vor allem in Situationen, die neuartig oder widersprüchlich für Sie sind, werden Sie häufig auf diesen Typ Erwartungen zurückgreifen. Sie heißen in der Psychologie „Kontrollüberzeugungen".

Es liegt in Ihrer Hand

Kontrollüberzeugungen entwickeln sich im Verlauf des Lebens. Sie beschreiben das Ausmaß, in dem eine Person das Gefühl hat, ihr Schicksal – oder zumindest den Verlauf eines Ereignisses – aktiv beeinflussen zu können. Auf die Partnerschaft bezogen stellt sich also die Frage: Glauben Sie, dass Sie in der Lage sind, die Stimmung des Partners zu beeinflussen? Oder allgemeiner: Glauben Sie, auf das Schicksal der Beziehung Einfluss nehmen zu können? Ihre Haltung in diesen Fragen ist sehr bedeutend.

Pflege der Partnerschaft bedeutet, dass Sie sich aktiv für deren Wohl einsetzen müssen. Und dass es letztlich hauptsächlich an Ihnen selber liegt, ob eine Beziehung eine fruchtbare Zukunft hat und gedeihen kann. Sie sind sozusagen der Gärtner Ihrer eigenen Partnerschaft.

Genau hier kommen die Kontrollüberzeugungen ins Spiel: Sind Sie der Meinung, dass Sie das wirklich können – Ihre Partnerschaft beeinflussen, die Liebe pflegen? Oder glauben Sie eher, dass eine glückliche Partnerschaft ein Geschenk des Himmels ist, eine Frage des Schicksals, im Guten wie im Schlechten? Oder hängt alles vom Partner ab – davon, wie stark und wie lange er Sie liebt und ob überhaupt?

Kontrollüberzeugungen bestimmen mit, wie Sie zu diesen Fragen stehen. Die Psychologie unterscheidet drei Typen:

❶ External-defensiv: „Mein Partner hat Kontrolle über sein Verhalten und seine Laune." Wer eine external-defensive Kontrollüberzeugung hat, glaubt, dass es nur der Partner selbst in der Hand hat, seine Stimmung zu beeinflussen. Ist er guter Laune, ist das sein Verdienst. Genauso wie er Schuld daran hat, wenn er schlecht gelaunt ist. Er ist es, der seine Laune auslebt, der sich das Recht herausnimmt, so zu sein, wie er will. Jemand mit dieser Kontrollüberzeugung geht auch davon aus, dass der Partner die Verantwortung für das Funktionieren der Partnerschaft trägt. Man ist überzeugt, dass nur er in der Lage ist, die Partnerschaft stabil, positiv und schön zu gestalten. Sich selber schreibt man keinen oder höchstens einen geringen Einfluss zu. Eine external-defensive Kontrollüberzeugung findet man bei Personen mit niedrigem Selbstwertgefühl und damit auch häufiger bei unglücklichen Paaren. Denn solche Menschen unterschätzen ihre Einflussmöglichkeiten und bemühen sich deshalb bei Konflikten gar nicht erst groß – sie sind ja der Meinung, dass das sowieso nichts nützen würde.

❷ External-passiv: „Alles ist dem Zufall überlassen." Wie bei dem eben beschriebenen Typ sehen auch Menschen mit external-passiven Kontrollüberzeugungen die Macht außerhalb von sich selbst. Aber anders als bei der external-defensiven Einstellung gehen Menschen mit dieser Kontrollüberzeugung davon aus, dass die Laune des Partners vom Schicksal bestimmt ist und auch nicht vom Partner beeinflusst werden kann. Es ist in ihren Augen somit eine Frage des Glücks oder des Zufalls, ob der Partner gut gelaunt ist oder nicht. Auch die Beziehung selbst ist eine Sache des Zufalls. So, wie man zusammenkam, geht es wieder auseinander: die Partnerschaft ist Spielball von Schicksal, Glück und Zufall. Auch diese Kontrollüberzeugung ist ungünstig. Man findet sie häufiger bei Menschen mit Selbstwertproblemen. Sie trauen sich nicht, etwas zu unternehmen, weil sie im Laufe ihres Lebens gelernt haben: Ereignisse und deren Erfolg oder Misserfolg finden unabhängig von ihnen statt. Deshalb haben sie nicht die Motivation, sich für ihre Partnerschaft einzusetzen, dafür zu kämpfen – sie halten das für aussichtslos. Dieser Schicksalsglaube lähmt das aktive Bemühen, die Beziehung zu verbessern. Dementsprechend ist diese Art von Kontrollüberzeugung häufiger bei unzufriedenen Paaren zu finden.

3 **Internal: „Ich habe einen Einfluss auf die Stimmung meines Partners."** Jemand mit einer internalen Kontrollüberzeugung hat das Gefühl, die Laune des Partners aktiv beeinflussen zu können. Falls der Partner also in schlechter Stimmung nach Hause kommt, besteht immer noch die Möglichkeit, diese Laune aufzufangen und ins Positive zu kehren. Wer diese Kontrollüberzeugung hat, traut sich zu, etwas zu verändern, und fühlt sich den Ereignissen nicht einfach schutzlos ausgeliefert. Diese Überzeugung kann man nicht nur als Einzelperson haben und pflegen, sondern auch als Paar. Nämlich dann, wenn man zu zweit das Gefühl hat: Wir haben es in der Hand, unser Leben zu gestalten. Dieser Typ ist bei zufriedenen Paaren häufiger zu finden, da hier die Partner zuversichtlich sind, ihre Beziehung positiv gestalten, Schwierigkeiten überwinden und Krisen bewältigen zu können. Partner mit dieser Kontrollüberzeugung packen ihre Probleme an und lassen sich nicht von ihnen beherrschen.

Was tun, wenn man sich ausgeliefert fühlt?

Eine externe Kontrollüberzeugung (defensiv oder passiv) ist vor allem deshalb ungünstig, weil sie ein Gefühl der Machtlosigkeit mit sich bringt. Die Betroffenen haben keine Hoffnung, etwas aus eigener Kraft be-

einflussen zu können. Es klingt vielleicht wie ein kitschiger Satz aus einer Selbsthilfegruppe, aber Tatsache ist: Man kann sich aktiv dagegen entscheiden, ein hilfloses Opfer zu sein und zu denken: „Wenn der andere erst mal schlecht gelaunt nach Hause kommt, ist der Abend sowieso gelaufen." Wer das Gefühl hat, Einfluss nehmen zu können, kann immer auch etwas bewirken.

Aber was können Sie tun, wenn Sie merken, dass Sie es sich nicht zutrauen, etwas zu verändern? Hinterfragen Sie in diesem Fall zuerst einmal Ihre Einstellung:

▶ **Schätze ich** die Situation realistisch ein? Wer sich machtlos und bedrängt fühlt, schafft es oft nicht, eine Situation sachlich zu analysieren. Versuchen Sie, etwas Distanz zu gewinnen. Atmen Sie tief durch und bemühen Sie sich, die Sache noch mal ganz nüchtern zu betrachten. Schreiben Sie gegebenenfalls die wichtigsten Punkte Ihres Problems auf, um ein klareres Bild zu gewinnen.

▶ **Kann ich wirklich** nichts ändern oder sehe ich vielleicht einfach momentan nur die Möglichkeit nicht? Genauso sachlich wie die Grundsituation sollten Sie auch Ihre Optionen betrachten. Oft fühlt man sich im ersten Moment viel hilfloser, als man tatsächlich ist. Vielleicht hilft es Ihnen, sich einmal vorzustellen, wie eine andere Person mit Ihren Problem umgehen würde. Kommen Sie auf neue Gedanken? Versuchen Sie dann, die Handlungsmöglichkeiten, die

Stimmungsmache
Ist der Partner mal schlecht gelaunt, kann man versuchen, die
Stimmung seines Partners zu he-
ben. Die Einstellung zählt, dass
man den Stimmungen seines
Partners nie völlig ausgeliefert ist.

Sie auf diesem Weg erkannt haben, in die Tat umzusetzen.

▶ **Habe ich vielleicht** eine externale Kontrollüberzeugung (siehe oben) und denke deshalb, dass alles dem Schicksal überlassen ist? Oder dass nur die anderen die Macht haben, Dinge zu beeinflussen, ich selber aber nicht? Sehe ich eine Möglichkeit, mich in diesem bestimmten Fall anders zu verhalten?

Wenn Sie erkennen, welche Art der Kontrollüberzeugung Sie haben, dann ist das der erste Schritt in die richtige Richtung. Stellen Sie fest, dass Sie eine internale Kontrollüberzeugung haben, sich aber trotzdem in einer bestimmten Situation nichts zutrauen, dann sollten Sie mit aller Kraft versuchen, dennoch Einfluss zu nehmen und aktiv zu werden. Fragen Sie sich bewusst und in einer ruhigen Situation, was Sie dazu beitragen können, die Lage zu verändern:

▶ **Gibt es etwas,** das Sie unternehmen können, um das Wohl der Partnerschaft zu fördern?

▶ **Was hat früher** in ähnlichen Situationen gut funktioniert?

Für externale Kontrollüberzeugungen: Hilfe von außen holen

Stellen Sie dagegen fest, dass Sie eine externale Kontrollüberzeugung haben, dann hilft das nicht weiter. Sie werden dann vermutlich eher passiv bleiben, die Probleme zu akzeptieren versuchen und resignieren. Holen Sie sich in diesem Fall Unterstützung bei einem Therapeuten, der Ihnen hilft, diese tief liegenden Überzeugungen und Erwartungshaltungen zu verändern.

Kontrollüberzeugungen sind schwer veränderbar Und es fällt nicht allen Leuten in gleichem Maße leicht, das Ruder in die Hand zu nehmen und den Kurs mitzugestalten. Machen Sie sich daher bewusst, wo Sie Hilfe von außen brauchen – und was Sie selber tun können.

→ **Gut zu wissen**

Insgesamt gilt: Sie können in der Realität durchaus etwas beeinflussen, wenn Sie es sich gedanklich nur zutrauen.

Faire Ursachenforschung betreiben

„Er ist und bleibt unsensibel" und „Sie war schon immer chaotisch" – manchmal finden wir Erklärungen schneller, als uns gut tut. Und hauen dabei oft ganz schön daneben.

Erwartungen – das Thema der vorigen Kapitel – beziehen sich auf künftige Ereignisse. Wir machen uns eine Vorstellung davon, was wie werden wird. Kontrollüberzeugungen sind ein spezieller Typ von Erwartungen: Bei ihnen stellt sich die Frage, ob wir uns zutrauen, den Ausgang eines Ereignisses zu beeinflussen (internale Kontrollüberzeugung). Oder ob wir denken, dass ein Ereignis unabhängig von unserem Einfluss stattfindet (externale Kontrollüberzeugung).

Nach einem Ereignis – besonders wenn das unerwartet positiv oder unerwartet negativ ausgegangen ist – setzt immer ein neuer Einschätzungsprozess ein. Wir fragen uns, warum etwas so abläuft und nicht anders. Warum kommt der Partner so häufig zu spät nach Hause? Warum schaffen wir es nicht, in Konfliktgesprächen sachlich und fair zu bleiben? Warum küsst mich der Partner heute weniger als noch vor ein paar Jahren? Warum stört mich auf einmal eine Gewohnheit des Partners, die mich früher kalt gelassen hat? Im nächsten Abschnitt geht es um diesen Einschätzungsprozess und um seine Bedeutung für die Partnerschaft.

Wie wir uns Erklärungen zurechtlegen

Wir alle sind Forscher. Was auch immer in unserem Leben passiert – wir wollen der Sache instinktiv auf den Grund gehen und die Ursache für ein bestimmtes Ereignis finden. Und wir werden mit schlüssigen Erklärungen fast immer in Rekordzeit fündig. Häufig beruhen die auf unseren Erfahrungen, und wir schließen von Einzelfällen voreilig auf andere. Zudem folgen diese Erklärungen meist einem Schwarz-Weiß-Muster und sind ziemlich pauschal.

Dabei hätten wir ganz verschiedene Möglichkeiten, den Ausgang eines Ereignisses zu deuten: Sind wir durch die Prüfung gerasselt, weil wir zu wenig gelernt haben – oder war der Test ganz einfach zu schwer? Haben wir den Job nicht bekommen, weil wir beim Vorstellungsgespräch gepatzt haben – oder war die Firma auf der Suche nach einer Person mit anderen Eigenschaften?

Übung: Gedankenexperiment

Lassen Sie sich kurz auf ein Gedankenexperiment ein und stellen Sie sich folgende Situation vor: Sie haben einen gemütlichen Paarabend geplant. Sie kommen früher nach Hause, bereiten ein leckeres Abendessen vor, machen sich schick und erwarten Ihren Partner bester Laune. Ihre Vorfreude wird aber bald strapaziert, denn Ihr Partner taucht nicht zum vereinbarten Zeitpunkt auf. Eine Viertelstunde vergeht. Dann eine halbe und schließlich fast eine ganze. Auch auf dem Handy ist Ihr Partner nicht zu erreichen – und das Essen ist längst kalt.

Wie erklären Sie sich die Situation? Welche der unten stehenden Erklärungen kommt Ihrer eigenen am nächsten?

- ▸ **Etwas Unvorhergesehenes** ist passiert. Vielleicht ein Stau?
- ▸ **Mein Partner wurde** wohl im Büro aufgehalten. Vielleicht hatte der Chef einen Sonderwunsch.
- ▸ **Mein Partner hat** den Termin vermutlich schlicht vergessen.
- ▸ Pünktlichkeit war noch nie die Stärke meines Partners.
- ▸ **Mein Partner treibt** sich irgendwo rum. Meine Bedürfnisse waren ihm schon immer egal.

Unser Denken bestimmt, was wir fühlen

Der wahre Grund hinter einem Vorgang ist oft nicht restlos zu erklären. Fest steht aber: Je nachdem, welche Erklärungen wir für das Ergebnis wählen, fällt auch unser Urteil über uns selbst aus – mehr oder weniger schmeichelhaft. Und diese Ursachenzu-schreibungen sind ein weiterer Faktor, der auf unsere Partnerschaft einwirkt – und den wir beeinflussen können.

Das Gedankenexperiment zeigt: Die genau gleiche Situation lässt sich auf verschiedenste Weise erklären. Alle aufgelisteten Erklärungen sind durchaus denkbar. Vielleicht ist Ihnen aber schon beim Durchlesen aufgefallen, dass es gefühlsmäßig einen Unterschied macht, welche Variante Sie wählen: Wer die Verspätung auf einen Zwischenfall zurückführt, ist vielleicht besorgt. Vermuten Sie dahinter eine Forderung des Chefs, sind Sie vielleicht auf den Vorgesetzten sauer, aber nicht auf den Partner. Etwas anders sieht es aus, wenn Sie die Verspätung als ein Versäumnis des Partners, als eine generelle Schwäche von ihm oder sogar als einen „Charakterfehler" sehen. Dann dürften eher Frust und Ärger aufkeimen. Denn auch hier gilt:

Kleine Systematik der Ursachenzu-schreibung

Die Art und Weise, wie wir unplanmäßige Ereignisse erklären, funktioniert nach einem ganz bestimmten System. Entscheidend sind diese drei Fragen:

1. **Ort:** Liegt der Grund bei meinem Partner oder sind äußere Gründe entscheidend? „Hat der Partner die Abmachung vergessen oder gab es einen Stau?"
2. **Zeit:** Reagiert mein Partner in ähnlichen Situationen ständig so oder nur in diesem konkreten Fall? „Vergisst

mein Partner öfter Abmachungen mit mir oder ist das nur heute so?"

3 **Thema / Bereiche:** Reagiert mein Partner in allen Bereichen so oder nur bei diesem einen? „Hält mein Partner nur Abmachungen mit mir nicht ein oder kommt er zu allen Verabredungen zu spät?"

Natürlich ist es nicht so, dass wir in solch einer Situation mal eben blitzschnell all diese Fragen abchecken. Das passiert unbewusst

und in Sekundenbruchteilen. Oft greifen wir auch auf vorgefertigte Erklärungen zurück – und die können mehr oder weniger vorteilhaft für uns oder den Partner ausfallen.

Kombiniert man alle drei Fragen, kommt man für ein Ereignis auf insgesamt acht mögliche Erklärungen (siehe Tabelle unten).

Die Tabelle zeigt, wie unterschiedlich ein und dasselbe Ereignis erklärt werden kann. Wichtig ist vor allem, ob man die schlechte Laune des Partners auf äußere Umstände

Ein Ereignis – Acht Erklärungen

Das zu erklärende Ereignis: Laura fängt mit ihrem Freund einen Streit an.
Welche Erklärungen gibt es?

	Der Grund liegt beim Partner (internal)		Äußere Gründe (external)	
	Ständig	Jetzt/aktuell	Ständig	Jetzt/aktuell
Trifft auf alle Bereiche zu (global)	Laura hat einen schlechten Charakter, sie ist eine schwierige Person.	Laura ist momentan generell in schlechter Verfassung. Sie eckt überall an.	Laura ist seit Monaten mit ihrer Lebenssituation überfordert.	Laura steht beruflich gerade sehr unter Druck und ist deshalb in schlechter Verfassung.
Trifft nur auf diesen einen Bereich zu (spezifisch)	Laura hat einen Hang zum Übertreiben.	Laura hat ihre Tage, da ist sie immer reizbarer.	Laura hat im Beruf immer viele Probleme.	Laura steht beruflich gerade sehr unter Druck und ist deshalb leicht reizbar.

(externale Ursachenzuschreibung) oder auf den Partner selbst (internale Ursachenzuschreibung) schiebt. Und ob man denkt, dass der Zustand nur gerade jetzt aktuell ist oder dass es sich um einen Dauerzustand handelt.

So nicht: Diese Einschätzungen schaden der Partnerschaft

Problematisch wird es dann, wenn man sich bei Erklärungsversuchen in „Nie"- und „Immer"-Begründungen verstrickt und zum Beispiel alles auf dauerhaft schlechte Charaktereigenschaften schiebt.

66 Bleiben Sie fair bei der Ursachenzuschreibung.

———

Annahmen wie: „Er war schon immer unpünktlich", „Sie ist einfach zu unsensibel, um das zu verstehen" oder „Er beachtet mich sowieso nicht, weil er kein Gespür für Frauen hat" sind verallgemeinernde und unfaire Rundumschläge gegen den Partner. Einerseits färben diese Einschätzungen auf Ihre Gefühle ab. Andererseits beeinflussen sie auch den Partner (siehe „Wie Ihre Einstellung ...", S. 144). Wenn Sie denken, dass er immer zu spät kommt, weil er einen schlechten Charakter hat, dann wird es ihm schwerfallen, dagegen anzukämpfen. Und das Bild, das Sie von ihm haben, zu korrigieren. Weisen Sie dem Partner aber eine positivere Er-

klärung für sein Verhalten zu, schaffen Sie eine bessere Ausgangslage: "Pünktlichkeit ist zwar nicht deine Stärke. Ich bin aber sicher, dass du das mir zuliebe ändern kannst, wenn es mir wichtig ist."

Die ungünstigste Art und Weise, die drei Fragen von Seite 155 zu beantworten, wäre also:

▶ **Der Fehler liegt** bei meinem Partner (internale Ursachenzuschreibung auf den Partner bezogen).
▶ **Er macht** diesen Fehler ständig (Chronizität).
▶ **Er macht** den Fehler überall (alle Bereiche).

Geht man allerdings so bei der Zuweisung von Ursachen vor, schränkt das den Spielraum für positive Veränderungen stark ein. Eine „optimistischere" Variante der Begründung wäre:

▶ **Der Fehler liegt** in etwas Äußerem, Unvorhergesehenem (externale Ursachenzuschreibung, nicht auf den Partner bezogen: „Er ist im Stau stecken geblieben.").
▶ **Dieser Fehler** passiert ihm nie oder nur ganz selten (Einmaligkeit: „Er ist sonst immer sehr pünktlich.").
▶ **Dieser Fehler ist** sehr untypisch für ihn (es handelt sich um einen Einzelbereich: „Dass er eine Abmachung mit mir nicht einhält, ist völlig untypisch.").

→ Nina und Pascal

Die beiden sitzen abends im Wohnzimmer und lesen. Beiläufig erwähnt Nina, dass am nächsten Tag ihre Mutter zu Besuch kommt. Pascal findet das unmöglich, da dienstags immer sein freier Abend ist. Er beklagt sich, dass Nina ohne vorherige Absprache jemanden an seinem freien Abend einlädt. Und wirft ihr vor, dass sie gemeinsam getroffene Abmachungen nicht einhält. Es störe seinen Abend, wenn jemand da sei, da er sich dann aus Anstand nicht einfach zurückziehen und seine Ruhe haben könne. Nina findet die Reaktion völlig übertrieben: "Aber Mama kann doch auch an deinem freien Abend kommen. Du bist immer so kompliziert, intolerant und starrsinnig. Richtig kleinkariert! Dann wechselst du halt mal deinen freien Abend." Pascal ärgert sich und zieht sich grollend zurück: „Das ist unfair. Zuerst lädt sie ihre Mutter an meinem freien Abend ein, und dann wirft sie mir vor, dass ich unflexibel bin. Das ist eine Frechheit."

Was läuft schief?

Nina macht im Gespräch verallgemeinernde Äußerungen, die sich auf seinen Charakter beziehen. Die treiben Pascal in die Enge treiben und stempeln ihn als Kleinkrämer, unflexiblen und starrsinnigen Typen ab. Das passiert, weil Nina eine internale (auf Pascals Art bezogene), stabile („Du bist immer so kompliziert") und globale Ursachenzuschreibung („Überall bist du so unflexibel und starrköpfig geworden") vornimmt.

Was können Nina und Pascal besser machen?

Günstiger wäre, wenn Nina sich mit der Erklärung entschuldigt, dass sie den freien Abend von Pascal vergessen hat, als sie ihre Mutter einlud. Statt Pascal anzugreifen und abzuwerten, würde sie ihm so die Möglichkeit bieten, sich großzügiger und flexibler zu zeigen, wenn er das möchte.

---

i **Bleiben Sie offen,** wenn Sie nach Gründen für das Verhalten Ihres Partners suchen. Ideal ist es, wenn Ihr Partner das gleiche im Hinblick auf Ihr Verhalten macht. Räumen Sie bei unerfreulichen Ereignissen einen Vorsprung an „Positiv-Gedanken" ein und vermuten Sie nicht gleich etwas Negatives.

Bleiben Sie ein aktiver Mitspieler

Selbstverständlich soll das keine Aufforderung dazu sein, beispielsweise einen notorischen Zuspätkommer mit irgendwelchen fadenscheinigen Gründen zu schützen, wenn klar ist, dass der Partner sich mehr bemühen sollte. Wichtig ist nur, dass Sie Urteile nicht voreilig fällen und sich an den Leitsatz „Im Zweifel für den Angeklagten" halten.

Übernehmen Sie Verantwortung

Eine offene Einstellung lohnt sich auch, wenn es darum geht, die Verantwortung für Ereignisse zu übernehmen, die zwischen Ihrem Partner und Ihnen passiert sind. Unglückliche Paare neigen dazu, bei Konflikten die Schuld abzuschieben – gerne auch auf die grundlegende Persönlichkeit des Partners. Das bringt nichts. Prüfen Sie stattdessen, wo Sie Verantwortung übernehmen können – so tragen Sie dazu bei, etwas zu verändern.

Machen Sie sich Ihre eigenen Einflussmöglichkeiten und Ihren Gestaltungsspielraum bewusst. Sie sind ein aktiver Mitspieler in Ihrer Partnerschaft! Sie haben es selbst in der Hand, mit Ihrer Haltung in Sachen Erwartungen und Ursachenzuschreibungen etwas zu bewirken.

Der Sexualität Raum geben

Damit aus Lust nicht Frust wird, braucht der sensible Bereich der Sexualität Pflege und Aufmerksamkeit. In diesem Kapitel erfahren Sie, wie Sie als Paar Ihr eigenes Kommunikationssystem der Lust entwickeln können.

Die Sexualität ist wie ein Muskel: Wenn er nicht gebraucht wird, verkümmert er. In diesem Kapitel erfahren Sie, wie Sie das verhindern und in Ihrer Beziehung eine gute Basis für lustvolle Begegnungen schaffen.

Die körperliche Liebe ist ein wichtiger Bestandteil der Partnerschaft. Sie ist eine Quelle der Begegnung und Intimität. Und meist auch ein Zeichen von Exklusivität und Zweisamkeit.

Genau wie eine Partnerschaft als Ganzes braucht auch die Sexualität Pflege und Investitionen, damit sie auf Dauer erfüllend ist. Denn eine lustvoll befriedigende Sexualität ist kein Selbstläufer.

Gradmesser für die Beziehungsqualität

Verschiedene Studien zeigen, dass eine hohe Zufriedenheit in der Partnerschaft mit einer hohen Zufriedenheit im Sexuellen zusammenhängt. Anders ausgedrückt: Glückliche Paare haben meistens auch guten Sex. Dieser Zusammenhang gilt auch im Negativen: Kämpft ein Paar mit Beziehungsproblemen, zeigt sich das praktisch immer auch in einer Unzufriedenheit im Bett. Allerdings gilt: Während bei glücklichen Paaren durchaus auch sexuelle Probleme oder eine sexuelle Unzufriedenheit auftreten können, gibt es bei unglücklichen Paaren nur selten eine befriedigende Sexualität.

Henne und Ei, Sex und Glück

Die Frage nach Ursache und Wirkung lässt sich kaum beantworten: Leidet die Zufriedenheit, weil es mit dem Sex nicht so richtig klappen will? Oder ist umgekehrt die unbefriedigende Sexualität das Ergebnis der schlechten Stimmung in der Partnerschaft? Obwohl keine definitive Antwort möglich ist, zeigen Studien und die Erfahrungen im therapeutischen Alltag, dass sich sexuelle Probleme oft spontan bessern oder sogar ganz verschwinden, wenn Paare andere Beziehungsprobleme in den Griff bekommen und allgemein mit ihrer Partnerschaft wieder zufriedener sind.

Die wichtigste Sache der Welt?

Religiöse und gesellschaftliche Einflüsse, aber auch die Medien prägen unsere Einstellungen zur Sexualität. Doch wie wichtig ist Sex wirklich? Diese Frage kann jedes Paar nur für sich selbst beantworten. Einerseits spielt die Libido (Stärke des Sexualtriebs) beider Partner eine Rolle. Andererseits die Bedeutung, die ein Paar der Sexualität zuschreibt. Haben beide Partner eine starke Libido, wird ihnen Sexualität zwangsläufig wichtiger sein als Paaren mit schwächerem Sexualtrieb.

Problematisch wird es dann, wenn das Bedürfnis nach sexuellen Begegnungen bei den Partnern unterschiedlich groß ist. Dann geht es darum, einen Kompromiss zu finden, der für beide annehmbar ist (siehe „Mit unterschiedlichen Bedürfnissen ...", S. 36).

Paare können sich aber auch dafür entscheiden, dass die Sexualität eine Nebenrolle spielt. Oder akzeptieren, dass sie mit zunehmendem Alter eine geringere Bedeutung bekommt.

Außerdem gibt es phasenweise Unterschiede: So kann die Sexualität mal eine größere, mal eine kleinere Rolle spielen. Insgesamt stellt sie jedoch eine Größe dar, die viele Paare als Quelle der Lust, der positiven Energie, der körperlichen und emotionalen Intimität und Exklusivität empfinden. Eine erfüllende Sexualität verbindet. Sie ist eine wichtige Art, sich positiv zu begegnen, wobei auch Hormone (Endorphin, Oxytozin) ihren Beitrag zum Glückserlebnis leisten.

Eine Beziehung, die nur auf gutem Sex beruht, hat meist keine langfristige Perspektive. Umgekehrt gilt jedoch: Eine gute Paarbeziehung schafft in der Regel einen Nährboden für eine befriedigende Sexualität .

→ Gut zu wissen

Wer in seiner Beziehung eine liebevolle, entspannte Atmosphäre pflegt, schafft die besten Voraussetzungen für ein erfülltes Sexleben.

Die Zutaten für ein erfülltes Sexleben

Ein befriedigendes Sexleben gehört zu den Idealvorstellungen, die viele Menschen mit einer Partnerschaft verbinden. In der Regel

Stimmung im Bett
Die meisten Paare starten mit häufigem und befriedigendem Sex in die Beziehung.

starten Paare mit häufigem und befriedigendem Sex in die Beziehung: Man begehrt sich, liebt sich, experimentiert und genießt die körperliche Zweisamkeit.

Mit fortschreitender Beziehungsdauer – und vor allem nach der Geburt von Kindern – verändert sich der Stellenwert der Sexualität. Zum einen tritt häufiger Lustlosigkeit ein. Zum anderen tritt das Prickelnde, Stimulierende und Aufregende immer stärker in den Hintergrund und macht einer gewissen Eintönigkeit und Routine Platz, die gerade im Bereich der Sexualität als störend und unbefriedigend empfunden wird. Und trotzdem gibt es Paare, die ihre Freude an der Sexualität über Jahrzehnte bewahren können und bei denen die Lust aufeinander nicht versiegt. Was ist deren Geheimnis?

Ein erfülltes Sexleben baut im Wesentlichen auf drei Pfeilern auf:
▶ **Sex braucht** Priorität.
▶ **Sex braucht** Abwechslung.
▶ **Sex braucht** Raum.

Sex braucht Priorität

Viele Paare erwarten, dass Sexualität in der Partnerschaft „einfach so" passiert. Das ist deshalb verständlich, weil man sich ja zumindest ganz am Anfang der Beziehung auf einen Hormon-Sturm verlassen kann, der ohne Zutun und irgendwelche Bemühungen für ordentlich viel Prickeln sorgt. Doch nach dieser ersten Phase der Verliebtheit muss man sich aktiv um seine Beziehung kümmern – auch ums Sexleben.

Entscheiden Sie sich aktiv dafür, der Sexualität in Ihrer Beziehung Priorität zu geben und sie zu pflegen. Das kann bedeuten, den Haushalt auch mal Haushalt sein zu lassen. Und das Einräumen des Weinkellers auf den nächsten Tag zu verschieben.

Sex braucht Abwechslung

Auch wenn es Ihr absolutes Lieblingsgericht ist – das beste Essen der Welt wird langweilig, wenn Sie es Tag für Tag serviert bekommen. Es ist nun einmal eine Tatsache, dass die Schmetterlinge im Bauch beim Anblick des Partners nach jahrelanger Beziehung weniger werden. Auch wenn das ganz normal ist – tatenlos hinnehmen müssen Sie es nicht.

Sorgen Sie für Abwechslung. Achten Sie auf Ihr Äußeres und versuchen Sie, immer mal wieder ein neues Element in Ihr Liebesspiel einzubringen. Vielleicht träumen Sie davon, eine Nacht in einem besonderen Hotel zu verbringen. Oder Sie möchten auch in den eigenen vier Wänden Sex mal woanders haben als im Bett . Oder statt immer nur abends auch mal tagsüber oder mitten in der Nacht. Probieren Sie auch verschiedene Stellungen aus. Vielleicht haben Sie eine Phantasie, die Sie schon länger ausleben möchten?

Gemeinsam sind Sie stark

Besprechen Sie mit Ihrem Partner, was Ihnen gefällt und was Sie sich wünschen. Versuchen Sie, sich gegenseitig in der körperlichen Liebe Wünsche zu erfüllen und gemeinsam Freude und Lust zu empfinden. Und überraschen Sie den anderen immer wieder – mit Romantik, Zärtlichkeit, sinnlicher oder leidenschaftlicher Verführung.

Bei allem Experimentieren ist es wichtig, dass Sie nur das tun, was Sie und Ihr Partner auch wirklich tun wollen. Denn nur so können Sie beide den Sex genießen.

Sex braucht (Frei)raum

Welche Atmosphäre ist Ihnen beim Sex wichtig? Richten Sie es sich genau so ein, wie es für Sie stimmt.

Intimität kann man als Paar nur genießen, wenn der Rahmen stimmt. Sexualität braucht nicht nur Zeit, sie braucht auch einen angemessenen (Frei)raum. Dazu gehört, dass Sie sich, wenn Sie Kinder haben, zurückziehen können. Oder Sie Ihre Nachbarn akustisch nicht mehr teilnehmen lassen müssen, als Ihnen lieb ist. Schaffen Sie auch die richtige Atmosphäre für Intimität, indem Sie den Raum, in dem der Sex stattfindet, attraktiv gestalten und sich eine Nische für Intimität schaffen.

Was sonst noch zählt

Neben räumlichen und zeitlichen Faktoren beeinflussen viele weitere Umstände die Sexualität. Dazu zählen beispielsweise die aktuelle Lebenssituation, die momentane Stimmung und Befindlichkeit und das dadurch bedingte Interesse an Sex.

Auch der Alltag spielt mit all seinen Erfahrungen und Erlebnissen ins Sexleben eines Paares hinein. Wenn jemand beispielsweise einen sehr aufreibenden Tag hinter sich hat, kann die Lust auf Sex geringer sein, dafür vielleicht die auf Kuscheln größer.

Stress hat somit einen direkten Einfluss auf die Sexualität des Paares.

Sex und Stress: Männer und Frauen ticken anders

Stress und Belastungen sind nicht nur eine generelle Bedrohung für die gesamte Beziehung, sondern auch für die Sexualität im Speziellen. Im Bereich der körperlichen Liebe reagieren Männer und Frauen jedoch auf Stress meist unterschiedlich, weil Lust, Anspannung und Entspannung bei Frauen und Männern anders funktionieren.

Der männliche Weg: Sex als Stress-Therapie

Für Männer wird Sex in stressigen Zeiten oft zu einem Ventil, über das sie Druck abbauen können. Die tiefgreifende Entspannung nach dem Akt wird so mehr oder weniger bewusst als „Anti-Stress-Therapie" eingesetzt. Männer sind daher häufig auch unter Stress für Sex offen und können ihn genießen.

Der weibliche Weg: Stress als Lustkiller

Sex wie die Männer zum Stressabbau einzusetzen, funktioniert dagegen für die meisten Frauen nicht. Denn die Entspannung nach dem Orgasmus, die beim Mann so unmittelbar einsetzt, ist bei der Frau nicht so deutlich. Das gibt ihr zwar die Möglichkeit, während eines Liebesspiels mehrere Orgasmen hintereinander zu erleben. Das Einset-zen der Entspannung ist dafür aber wesentlich subtiler.

Viele Frauen haben auch einfach keine Lust auf Sex, wenn Probleme anstehen oder wenn sie gestresst sind. Für Frauen sind Atmosphäre und Stimmung wichtiger als für Männer, weil es ihnen häufig um mehr als um die reine Erfahrung von Lust geht. Intimität, Nähe und Verbundenheit spielen für sie eine größere Rolle. Stress und Sorgen können die Lust dämpfen.

Fehlende Lust ist daher auch ein häufiges Phänomen in Partnerschaften – zwischen 30 und 40 Prozent aller Paare klagen darüber. Lustkiller sind vielfältig, doch Stress spielt dabei eine große Rolle: Er macht müde, ungelöste Probleme kreisen stundenlang im Kopf, man ist emotional aufgewühlt vom Tagesgeschehen, etwas wurmt einen – der Abend ist vermiest. Da Frauen meist gefühlsbetonter sind und neben ihrem eigenen Stress oft auch noch den der Kinder, des Partners und anderer Bezugspersonen mittragen, hat das auf ihre Sexualität häufig einen lustdämpfenden Einfluss.

→ Lars und Jenny

Das Paar kommt in die Paartherapie, weil sie ihr Sexleben als unbefriedigend erleben. Die beiden sind sich einig: Es läuft zu wenig. Zwar schlafen sie noch ab und zu miteinander. Doch beide haben das Bedürfnis, es öfter zu tun. Wenn nur nicht die Gelegen-

Geplant spontan
Geben Sie der Sexualität bewusst Raum und lassen Sie sich auf kleine „Abenteuer" mit dem Partner ein, wenn sie sich ergeben.

heiten fehlen würden! Jenny klagt, dass es einfach nie den richtigen Moment gibt. Sie findet Lars nach wie vor attraktiv, doch das Leben der beiden ist so voll, dass sich kaum Zeit für Sex findet Beide arbeiten bis spät in den Abend hinein. Wenn sie dann nach Hause kommen, wartet der Haushalt, die Wäsche… Danach sind Jenny und Lars zu müde, sie kuscheln höchstens noch kurz miteinander und schlafen dann ein.

Wie so viele Paare haben sich Lars und Jenny in der Idee des „perfekten Momentes für Sex" verstrickt. Sie warten auf die richtige Stimmung, den richtigen Zeitpunkt, das ausreichend große Zeitfenster, den richtigen Ort, vielleicht sogar auf die richtige Kleidung oder darauf, dass der jeweils andere den Anfang macht und eindeutige Signale sendet – und wenn er es nicht tut, so der Gedanke, würde er eben keine Lust verspüren.

Schließlich soll der Sex, wenn er doch nur noch so selten stattfindet, auch etwas ganz Besonderes sein. Aber plötzlich wird die Liste der Bedingungen, die stimmen müssen, so lang, der Erwartungsdruck für beide so groß, dass in einem turbulenten Alltag nie mehr alle Punkte erfüllt sein können.

Wie lässt sich das ändern? Lars und Jenny können sich folgende Dinge fragen:

▸ **Können wir** neue Zeitpunkte entdecken, an denen wir Sex haben und genießen können? Zum Beispiel gleich nach der Arbeit statt am Ende des Tages oder am Morgen nach dem Aufwachen?
▸ **Können wir** neue Freiräume schaffen? Beispielsweise die gemeinsame Lieblingsserie aufnehmen und die frühere Fernseh-Zeit für Zärtlichkeiten nutzen?
▸ **Können wir** Sexualität wirklich nur genießen, wenn sich beide vor Lust verzehren – oder können wir einfach auch mal nur Sex haben, ohne große Erwartungen?

- **Können wir** auch einen Quickie genießen?
- **Welche sexuellen** Begegnungen, die wir früher zusammen genossen haben, könnten wir wieder aufleben lassen?
- **Macht es uns Spaß,** Sex an einem neuen Ort zu haben? Vielleicht ganz einfach in einem anderen Raum als im Schlafzimmer?

Oft ist es nicht so, dass ein Paar wirklich zu wenig Zeit oder Energie für die Liebe hat. Sondern, dass dem Sex zu wenig Wichtigkeit zugestanden wird. Wie Sie das ändern können, erfahren Sie im nächsten Kapitel.

Wenn nicht der Alltag, sondern der Partner stresst

Wirklich verzwickt wird die Sache dann, wenn der Ursprung des Stresses in der Partnerschaft selber liegt. Bei der Frau ist die Lust auf Sex eng mit der Zufriedenheit mit dem Partner verknüpft: Bei Beziehungsproblemen und Unzufriedenheit mit der Beziehung schwindet auch die Lust auf Sex. Deshalb ist es so wichtig, dass ein Paar die Beziehung im Lot hält.

Denn: Jede Pflege der Partnerschaft ist auch eine Pflege der Sexualität

Sex nach der Schwangerschaft

Die Geburt eines Kindes ist der vielleicht deutlichste Einschnitt, den man im Sexleben der meisten Paare findet. Als Frau sind Sie plötzlich nicht mehr nur Partnerin und Geliebte, sondern auf einmal auch Mutter. Und als Mann werden Sie Ihre Frau jetzt in dieser erweiterten Rolle wahrnehmen, aber auch Ihre Vaterpflichten übernehmen müssen. Ist das Kind da, steht das Paar vor der schwierigen Herausforderung, Eltern- und Partnerschaft unter einen Hut zu bringen. Das Baby verlangt die ganze Aufmerksamkeit, die Rollenaufteilung muss neu definiert werden, beide Partner stoßen an ihre physische Grenzen: (wenig Schlaf, neuer Rhythmus usw.) und durchleben eine Zeit voller neuer Aufgaben und Unsicherheiten.

Aufgrund dieser Belastungen nimmt die Partnerschaftsqualität bei den meisten Eltern in dieser Zeit ab. Das wiederum hat Auswirkungen auf die Sexualität, die in dieser Phase keine Hochzeit erlebt.

> 66 **Jetzt gibt es nur eines: Gönnen Sie sich als Paar weiterhin Raum für die Pflege Ihrer Partnerschaft.**

Gehen Sie verständnisvoll miteinander um. Sprechen Sie an, was die neue Situation für Sie bedeutet und welche Unterstützung Sie vom anderen brauchen (siehe „Unterstützung geben und bekommen", S. 77). So werden Sie als Eltern auch den Weg zurück zu einer erfüllenden Sexualität finden.

Männer sollten ihre Partnerin in dieser Phase nicht bedrängen. Es ist wichtig, dass der Impuls, wieder Sex zu haben, von der Frau aus kommt. Geburtsbedingte Verletzungen (Dammschnitt oder -riss usw.), körperliche und hormonelle Veränderungen, die physische Beanspruchung durchs Baby, Schlafmangel – die Umstellung des gesamten Lebens – dämpfen häufig ihre Lust auf Sex. Die Zärtlichkeit des Partners ist dennoch gerade jetzt wichtig – vor allem aber sein Verständnis und seine Wertschätzung.

Wenn Sie als Mann die sexuelle Pause nach der Geburt, die ihre Partnerin vorgibt, akzeptieren können, wird ihre Lust früher oder später wiederkommen. Ist das nicht oder nur zögerlich der Fall? Dann sollten Sie gemeinsam nach Gründen suchen: Gibt es unausgesprochene Enttäuschungen, zum Beispiel über die Mithilfe im Haushalt oder mit dem Kind? Ist die Partnerin unzufrieden mit den neuen Lebensumständen, vielleicht weil sie ihren Job aufgegeben hat und in der neuen Rolle nicht zurechtkommt? Schätzen Sie, was Ihre Partnerin für Sie und das Kind tut? Die besten Erfahrungen machen die Paare, die nicht ihre Sexualität in den Mittelpunkt stellen, sondern zuerst an der Partnerschaftsqualität arbeiten. Sie ist und bleibt die wichtigste Voraussetzung für eine befriedigende Sexualität.

Sie wollen mehr Sex? Haben Sie ihn!

Wer mehr Sex haben will, sollte nicht nur dafür sorgen, dass die Beziehungsqualität stimmt. Wer mehr Sex haben will, soll ganz einfach auch mehr Sex haben. Klingt banal? Aber es funktioniert.

Das Warten auf den perfekten Moment wird vielen Paaren zum Verhängnis. Denn Hand aufs Herz: Im Alltag gibt es doch immer etwas, das nicht ganz stimmt, das es noch zu erledigen gibt oder das einen beschäftigt.

▸ **Mal ist man** zu müde.
▸ **Mal sind** Gäste im Haus.
▸ **Mal hat** einer der beiden keine Lust.
▸ **Mal wären beide** in der Stimmung, da will eines der Kinder im Ehebett schlafen.
▸ **Wieder ein** anderes Mal fühlt man sich unwohl oder hat zu wenig innere Ruhe.
▸ **Dann hofft man** auf das bevorstehende Wochenende und stellt dann am Samstag Abend fest, dass beide jetzt zu müde sind.

Gemeinsam sind Sie stark

Viele Paare sind so darauf fixiert, den idealen Moment für Sex abzuwarten, dass es gar nicht mehr dazu kommt. Das können Sie ändern, indem Sie sich für die körperliche Liebe ganz pragmatisch und bewusst Zeit nehmen – die Sexualität in Ihrem Leben sozusagen einplanen.

Es scheint fast ein Naturgesetz zu sein: Gründe, um den Sex zu verschieben, finden sich immer.

Die Sexualität ist wie ein Muskel

Aus Studien mit älteren Paaren weiß man, dass die Paare bis ins hohe Alter ein befriedigendes Sexleben haben, die während ihrer Partnerschaft regelmäßig Sex hatten (spezielle Phasen wie beispielsweise die Zeit nach einer Geburt selbstverständlich ausgeklammert). Denn die Sexualität ist wie ein Muskel: Wenn man ihn nicht benutzt, dann verkümmert er. Der Körper verlernt schnell, die notwendigen Systeme „in Schwung" zu halten, die für erfüllenden Sex notwendig sind. Und so schläft mit der Zeit nicht nur die Lust auf Sex ein. Auf körperlicher Ebene sind beispielsweise auch Erektionsstörungen oder ein ungenügendes Feuchtwerden der Scheide die Folge.

❝❝ Heute Sex zu haben, ist der beste Weg, auch morgen, nächste Woche und im nächsten Jahr Sex zu haben.

Selbstverständlich müssen Sie sich nicht verpflichtet fühlen, jeden Tag Sex zu haben, wenn Sie das nicht möchten. Sie und Ihr Partner entscheiden, welche Häufigkeit für Sie stimmt (siehe „Die Frage nach der Häufigkeit", S. 173). Es geht einzig und allein darum, dass Sie Ihre Sexualität nicht aufs Abstellgleis rollen lassen, weil Sie sie von dort nur mit viel Kraft und Anstrengung wieder wegkriegen. Um es ein bisschen salopp auszudrücken: Je mehr der Wagen rollt, desto leichter fährt es sich.

Planen Sie Sex bewusst ein

Sie möchten verhindern, dass Sex klammheimlich aus Ihrer Beziehung verschwindet? Dann gibt's nur eins: Planen Sie ihn ein! Vielleicht gibt es bestimmte Tage, die sich anbieten. Oder Sie vereinbaren mit Ihrem Partner ganz einfach einen Termin, den Sie sich in den Terminkalender schreiben.

Vielen Paaren gefällt die Idee von „Sex nach Stundenplan" nicht, weil sie dabei die Spontaneität vermissen. Doch Spontaneität bezieht sich nicht nur auf den Augenblick, in dem Sie Sex haben, sondern auch darauf, wie Sie Sex haben – hier können Sie Ihrer Kreativität nach wie vor freien Lauf lassen. Und fest eingeplanter Sex hat entscheidende Vorteile:

▸ **Geplanter Sex** findet statt!
▸ **Geplanter Sex** benötigt weniger Aktivierungsenergie, weil man sich nicht um das Drumherum kümmern muss.
▸ **Für geplanten Sex** nimmt man sich bewusst Zeit.
▸ **Geplanter Sex** lässt Raum für Vorfreude.

Das Beste daran: Neben dem geplanten Sex bleibt noch beliebig viel Raum für freie, spontane erotische Begegnungen. Und geplanter Sex ist nicht gleichbedeutend mit Sex nach Rezept: Ihnen stehen weiterhin alle Freiheiten der Gestaltung offen.

Der Appetit kommt beim Essen

Viele Paare reagieren mit Unverständnis oder sogar mit Widerwillen auf den Vorschlag, für sexuelle Intimitäten bewusst Raum im Alltag zu schaffen. Der häufigste Einwand: Man könne ja schließlich nicht wissen, ob man im entsprechenden Moment auch Lust haben wird. Doch mit dem Sex ist es ein bisschen wie mit dem Essen: So, wie sich der Appetit häufig erst beim Anblick von Speisen einstellt, so kommt auch die Lust vielleicht erst beim Sex. Wie man regelmäßige Mahlzeiten einnimmt, kann man auch regelmäßigen Sex planen. Der Unterschied zwischen Hunger und Lust ist nämlich gar nicht so groß.

Das Beispiel zeigt, dass viele Stolpersteine in unseren Gewohnheiten und Einstellungen liegen. Wir sind es gewohnt oder denken, dass Sex spontan sein muss. Das ist er ja auch häufig. Doch wenn das eben nicht mehr der Fall ist, dann lässt sich mit Planung leicht nachhelfen.

Auf die Lust zählen reicht nicht

Sex zu haben, obwohl man sich nicht schon im Voraus nach dem Partner verzehrt, ist ein Gegensatz zu unserer Idealvorstellung von spontanem, heißem Sex. Doch nur wenige Paare können sich nach Jahren oder gar Jahrzehnten der Beziehung auf pure Lust verlassen, um ihre Sexualität wach zu halten. So attraktiv die Partner auch füreinander sind, die sexuelle Anziehung schwindet trotzdem mit der Zeit und reduziert die Empfänglichkeit für den Sex-Appeal des anderen. Man gewöhnt sich aneinander – und damit nimmt die spontane Lust ab. Auch wenn man den Anblick des Partners weiterhin als schön empfindet, löst sein nackter Körper nach Jahren nicht mehr das gleiche elektrisierende Gefühl aus.

Doch das ist auch nicht nötig, um guten Sex zu haben. Sie stürzen sich zu den Essenszeiten in der Regel auch nicht gierig auf Ihre Mahlzeit, sondern genießen sie und lassen es sich schmecken. Machen Sie es mit dem Sex genauso. Denn Sex zusammen genießen kann man über Jahre hinweg, ja das Leben lang. Und wie man gute Speisen lange kaut, wird auch Sex mit der Zeit immer besser.

> 66 **Wer auf die brennende Lust wartet, um Sex zu haben, kann unter Umständen länger warten, als ihm lieb ist.**

Warten Sie also nicht auf den gewaltigen Vulkanausbruch, sondern schüren Sie stattdessen lieber die Glut und halten Sie jedes kleine Feuer lebendig.

Sex-Tipp Nr. 1
Der wichtigste Sex-Tipp überhaupt: Reden Sie mit Ihrem
Partner über Ihre Wünsche
und Vorlieben. Nur so macht
es Ihnen Spaß – und ihrem
Partner, weil der weiß, dass
auch Sie es genießen.

→ Gut zu wissen

Guten Sex haben heißt nicht, dass
man gleich von null auf hundert be-
schleunigen muss. Lust entsteht oft-
mals erst während des Vorspiels oder
sogar während des Liebesaktes selber. Verstärkt wird sie durch Kreativität und Spontaneität, Variation und
Ideen.

Bestimmen Sie ein Liebessignal
Sie haben Lust auf Sex, wissen aber nicht so
recht, ob das auch auf Ihren Partner zutrifft
und ob der Moment passt? Man muss sich
nicht immer mit Worten mitteilen. Entwickeln Sie Ihr eigenes Kommunikationssystem der Lust: Bestimmen Sie einen Gegenstand, den Sie an einer bestimmten, gut
sichtbaren Stelle in der Wohnung platzie-
ren, wenn Sie mit Ihrem Partner schlafen
möchten. Das kann beispielsweise eine Ker-
ze sein, die Sie anzünden. Oder eine getrock-

nete Rose, die Sie an einem vereinbarten Ort
hinlegen.

Seien Sie kreativ, wenn Sie Ihr Liebessignal aussuchen. Wenn Sie möchten, können Sie diese Art der lustvollen Kommunikation auch zu einem Spiel werden lassen,
in dem Sie mit verschiedenen Objekten
oder Stellen arbeiten, die alle ihre eigene,
geheime Bedeutung haben.

→ Patrick und Sarah

Seit 20 Jahren sind die beiden verheiratet – und haben immer noch ein
schönes und befriedigendes Sexleben. Sie genießen beide die Momente der Zweisamkeit und Intimität
– Sex gehört bei ihnen zum Leben dazu. Häufig ergreift Patrick die Initiative. Doch auch Sarah teilt Patrick immer mit, wenn sie Lust hat. Sie
schmiegt sich dann im Bett an ihn
und berührt ihn offenkundig, gibt sich

Wie ist unser Sex?
Der Sex in Büchern und Filmen scheint immer ein sprühendes Feuerwerk zu sein – aber das entspricht schlicht nicht der Realität. Vergleichen Sie Ihren Sex nicht mit anderen – Hauptsache Sie als Paar haben Spaß.

verführerisch oder spricht ihn auf ihre Lust an. Patrick hingegen teilt Sarah oft direkt mit, was er möchte. Beide gehen offen auf die sexuellen Wünsche des anderen ein, auch wenn beide vielleicht nicht von Anfang an eine gleich intensive Lust verspüren. Sie lassen sich von der Lust des anderen anstecken, genießen zunächst das sexuelle Zusammensein und steigern sich dann meist gegenseitig in eine tiefere Lust hinein.

Lust ist ein Extra und keine Voraussetzung

Sex ist in unserer Gesellschaft sehr präsent – und wird trotzdem oft völlig falsch eingeschätzt. So trifft die Vorstellung, Sex ist immer ein sprühendes Feuerwerk der Leidenschaft, einfach nicht zu. Im echten Leben ist Sex manchmal feurig, manchmal ruhig und sinnlich. Manchmal ist er leidenschaftlich,

manchmal leise und zerbrechlich. Manchmal ist er laut, dann wieder still, manchmal ist er wild, dann wieder zärtlich. Manchmal ist er fordernd, manchmal unsicher und weich.

Finden Sie sich mit der Tatsache ab, dass nicht jeder Sex der Sex Ihres Lebens ist. Sex ist manchmal nicht berauschend – und das ist in Ordnung so.

Vor allem aber sollte Sex so sein, wie Sie ihn sich wünschen. Teilen Sie daher Ihrem Partner mit, was Sie gerade mögen, denn auch Ihre Vorlieben und sexuellen Wünsche können sich verändern. Sie sind abhängig von Ihrer Stimmung, Ihrer Laune, Ihren Bedürfnisse und Ihren Hormone. Und diese Unberechenbarkeit von Sex macht ihn auch immer wieder spannend – trotz Planung!

Freunden Sie sich mit dem Gedanken an, dass Lust das Sahnehäubchen auf Ihrer Sexualität ist und keine Grundzutat. Haben Sie keine allzu hohen Erwartungen. Genießen Sie den Augenblick, die Zärtlichkeit, das

Zusammensein mit dem Partner, die Lust und Sinnlichkeit der Begegnung. Der Orgasmus ist nur ein Teil des Ganzen – fixieren Sie sich nicht darauf und suchen Sie nicht jedes Mal den ultimativen Höhepunkt.

Die Frage nach der Häufigkeit

Vergessen Sie alle Statistiken, die Sie jemals über die Häufigkeit von Sex gehört haben! Entscheidend sind bei diesem Thema ganz allein die Bedürfnisse von Ihnen und Ihrem Partner. Im Grunde genommen geht es nur um zwei Fragen:

▸ **Wie oft möchten Sie** Sex haben?
▸ **Wie oft möchte Ihr** Partner Sex?

Sind die Antworten deckungsgleich und haben beide Partner eine ähnliche Vorstellung von der Häufigkeit? Umso besser. Andernfalls muss man sich auszutauschen und seine Bedürfnisse mitteilen. Häufig müssen dann Kompromisse gefunden werden. Im Übrigen können phasenweise die Bedürfnisse bei beiden Partnern auch variieren.

Kann ich mit der Diskrepanz leben?

Vielleicht klaffen Wunsch und Wirklichkeit auseinander und Sie haben etwas seltener Sex, als Sie es sich wünschen. Vielleicht fallen Ihnen aber auch gute Gründe ein, weshalb das im Moment so ist.

Halten Sie sich nicht lange mit dem Gedanken auf, dass Sie weniger Sex haben, als Sie gerne hätten, solange Sie damit leben können. Legen Sie eventuell mit Ihrem Partner fest, was das Minimum ist, das Sie sich wünschen.

Seien Sie tolerant, wenn vorübergehend weniger Sex stattfindet, als Sie gerne hätten. Schwangerschaften und Geburten, Krankheiten, stressige Zeiten, Sorgen und Leid, aber auch Unpässlichkeiten können die Häufigkeit beeinflussen. Seien Sie verständnisvoll, wenn der Partner aus diesen Gründen keine Lust hat oder vorübergehend „Schonraum" braucht. Achten Sie aber darauf, dass die Abstinenz nicht länger als nötig dauert. Und prüfen Sie, ob diese Zeiten nicht mit anderen Formen der Sexualität überbrückt werden können: So können Sie sich auch einfach zärtlich an den Partner schmiegen, ihn streicheln, ihn zum Höhepunkt bringen, wenn Sie selber dazu keine Lust haben. Auch Selbstbefriedigung kann eine Möglichkeit sein.

→ Andreas und Kathrin

Vor der Schwangerschaft hatten sie häufig Sex und genossen die Körperlichkeit zusammen. Nach der Geburt fühlt sich Kathrin von Andreas wenig angezogen und weicht seinen Annäherungsversuchen aus. Sie ist oft zu müde für Sex, fühlt sich unattraktiv, kennt ihren Körper nicht mehr, ist ständig mit dem Säugling beschäftigt. Natürlich möchte sie Andreas nicht verletzen. Doch sie müsste sich zwingen, um ihm wieder die Geliebte

Heute nicht
Keine Lust auf Sex muss nicht unbedingt mit der Lust selbst zusammenhängen. Oft ist Alltagsstress im Spiel. Suchen Sie das Gespräch, wenn die Situation sehr oft auftritt.

zu sein, die sie vor der Geburt war. Andreas ist zuerst frustriert und verunsichert, er fühlt sich zurückgestoßen. Doch bald realisiert er, wie sehr sich Kathrins Leben verändert hat. Er sieht, wie sie sich täglich abmüht und wie sie von all den Anforderungen zerrissen wird. Er hilft ihr, unterstützt sie und stellt seine Wünsche zurück.

Kathrin schätzt es sehr, dass sie von Andreas nicht unter Druck gesetzt wird. Bald erwacht auch bei ihr die sexuelle Lust wieder. Die beiden nähern sich körperlich wieder an und können an die schöne Sexualität von früher anknüpfen.

Kann ich die Tatsache ändern?

Gibt es keine triftigen Gründe für weniger Sex, sollten Sie das Thema ansprechen. Forschen Sie gemeinsam mit Ihrem Partner nach den Ursachen, weshalb Sie weniger Sex haben als gewünscht. Sprechen Sie beide etwa über folgende Fragen

- ▶ **War das** schon immer so?
- ▶ **Ist etwas** Bestimmtes vorgefallen?
- ▶ **Gibt es** vielleicht Enttäuschungen in der Beziehung, die nicht verdaut sind?
- ▶ **Müssen Sie** die Prioritäten in Ihrem Leben überdenken?
- ▶ **Gefällt Ihnen** überhaupt, was bei Ihnen zwischen den Laken passiert?

Klären Sie diese Fragen zusammen mit Ihrem Partner. Vielleicht finden Sie einen konkreten Punkt, an dem Sie arbeiten können. Vielleicht haben Sie den Partner mit Taten oder Worten verletzt, ihn zu wenig beachtet oder ihm zu wenig Anerkennung, Zuneigung oder Liebe geschenkt? Vielleicht haben Sie ihn eifersüchtig gemacht, ihn versetzt oder verstimmt?

Häufig hat die Unlust gar nicht so sehr mit der Sexualität direkt zu tun, sondern eher mit der Partnerschaft allgemein. Seien

Sie achtsam, sprechen Sie Spannungen an und bemühen Sie sich um Lösungen (siehe „So finden Sie ...", S. 43).

Genuss in späteren Jahren

Ältere Paare und Sex – dieses Thema hat zwei Seiten. Einerseits hat es durchaus Vorteile, ein paar Jährchen mehr auf dem Buckel zu haben. Denn viel Stress der Jugendjahre fällt weg: Als ältere Frau und älterer Mann muss man den Partner weniger beeindrucken, das leidige Thema der Verhütung ist vom Tisch, man steht nicht mehr unter dem Druck, Kinder zu bekommen, hat im Laufe des Lebens Selbstbewusstsein gewonnen und befindet sich ganz allgemein an einem anderen Punkt in der Entwicklung. Diese Umstände erlauben Paaren mittleren und höheren Alters häufig einen ungezwungeneren Genuss der Sexualität. Und für Männer ist Sex mit einer älteren Frau oft entspannter und weniger leistungsorientiert. Die Sexualität wird mit den Jahren vollständiger und ganzheitlicher.

Auf der andern Seite nimmt die Lust bei älteren Frauen häufig ab, was bei älter werdenden Männern nicht der Fall sein muss. Die moderne Gesellschaft mit ihrer Verherrlichung von Jugend und Schönheit sowie Vergleiche mit jungen Frauen, die ihre Reize zur Schau stellen, machen aus dem Älterwerden kein Zuckerschlecken.

Frauen können die Lust an der Sexualität verlieren, weil sie sich altersbedingt weniger begehrenswert fühlen. Männer hingegen gewinnen im Alter oft an Status und Ansehen und halten sich häufig auch in späteren Jahren für sexuell attraktiv.

Ihr Beitrag zu einer erfüllenden Sexualität

Bei der Lektüre dieses Kapitels haben Sie vielleicht die eine oder andere Anregung bekommen, wie Sie ein gutes Sexleben pflegen können.

Hier zusammengefasst noch mal die wichtigsten Tipps:

▸ **Schaffen Sie eine gute Grundlage,** indem Sie sich um die Partnerschaft kümmern und sich um einen liebevollen Umgang miteinander bemühen.
▸ **Schaffen Sie Zeit für die Beziehung,** Raum und Verfügbarkeit.
▸ **Schaffen Sie Gelegenheiten** für regelmäßige sexuelle Begegnungen.
▸ **Machen Sie sich attraktiv** und versuchen Sie, dem Partner zu gefallen.
▸ **Gehen Sie auf Bedürfnisse** des Partners ein, solange sie auch Ihnen gefallen. Äußern auch Sie Ihre Bedürfnisse.
▸ **Seien Sie zu Kompromissen** bereit und respektieren Sie die Wünsche und Grenzen des anderen.
▸ **Genießen Sie Ihre Sexualität** und sehen Sie sie als Quelle der Freude, Lust und Erfüllung.

Im Guten wie im Schlechten: Verbindlichkeit

Verbindlichkeit ist der Kitt in den Fugen jeder Beziehung. Hier erfahren Sie, warum es sich lohnt, mit dem Partner Widerstände zu überwinden. Und wie Sie mit Schwierigkeiten und Frust in Ihrer Beziehung umgehen können.

Der Wille, sich für die Partnerschaft einzusetzen, ist einer der wichtigsten Grundpfeiler in einer glücklichen Partnerschaft. Dazu gehört, dass man nicht gleich beim Auftauchen der ersten Probleme aufgibt, sondern sich unentwegt für den Erhalt der Beziehung einsetzt. Hier erfahren Sie, warum Verbindlichkeit entscheidend ist.

Wenn Psychologen davon reden, was ein Paar in guten und vor allem eben in schlechten Zeiten zusammenhält und welches Engagement beide Partner für die Beziehung zeigen wollen, dann sprechen sie von „Commitment". In diesen Fachbegriff verpacken sie einen Gedanken, der im Deutschen einfach nicht so richtig rüberkommen will. Übersetzungsversuche wie Festlegung, Verpflichtung, Verbindlichkeit oder Haftung klingen nüchtern und unromantisch – und keiner dieser Begriffe schafft es, das zu beschreiben, was mit Commitment wirklich gemeint ist: nämlich eine freundlich gesinnte und ernst gemeinte, liebevolle und manchmal auch standhafte Überzeugung, dass es richtig ist, beim Partner zu bleiben– auch wenn das Wetter in der Beziehung mal stürmisch ist.

Commitment ist nicht weniger als die grundlegende Voraussetzung für eine langfristig stabile und glückliche Partnerschaft. Commitment wird heute von den meisten Paaren ebenso stark ersehnt und erhofft wie

> ℹ **Commitment bedeutet,** sich bewusst für jemanden zu entscheiden und sich für diesen Menschen und die Beziehung mit ihm zu einzusetzen. Nicht nur am Anfang, wenn das Zusammenleben prickelnd und verheißungsvoll ist, sondern an jedem Tag und in jeder Situation – und vor allem auch dann, wenn es schwierig wird.

vor Hunderten von Jahren. Denn wenn man sich nicht emotional festlegt und bereit ist, sich dauerhaft auf den Partner einzulassen, fehlt die Basis für eine langjährige Beziehung. Und ohne die Bereitschaft zu Nachhaltigkeit und Dauer hat eine Partnerschaft langfristig keine Grundlage.

Wie stark sich beide Partner engagieren und ob sich die Anstrengungen der beiden auch die Waage halten, hat eine direkte Auswirkung darauf, wie viel Nähe, Intimität und Liebe in einer Beziehung entstehen.

Alter Wert mit Aktualitätsbezug

Der Begriff „Verbindlichkeit", der dem Fachausdruck „Commitment" wahrscheinlich am nächsten kommt, klingt ernst und wenig romantisch. Deshalb ist es kein Wunder, dass viele Paare ihn heute als veraltet empfinden. Und das hat die Idee, gemeinsam mit dem Partner durch dick und dünn zu gehen, wirklich nicht verdient. Schließlich ist sie tief in unserer Gesellschaft und unseren Wertvorstellungen verwurzelt.

Außerdem entspricht sie in den meisten Fällen auch einem Urbedürfnis – nämlich dem Bedürfnis, sich auf den anderen verlassen zu können, nach Sicherheit und Geborgenheit. Dieses Grundbedürfnis wird auch im klassischen Eheversprechen ausgedrückt: „... lieben und treu sein, in guten wie in schlechten Zeiten, ... bis dass der Tod euch scheidet." Commitment ist daher nicht einfach nur ein flüchtiges Lippenbekenntnis, sondern entspricht dem urmenschlichen Bedürfnis nach einem sicheren Hafen, in dem man vor den „Stürmen" dieser Welt geschützt ist.

Leidenschaft und die drei Dimensionen der Liebe

Commitment ist laut dem amerikanischen Psychologen Sternberg eine von drei Dimensionen der Liebe – neben Leidenschaft und Intimität vielleicht die am wenigsten spektakuläre. Die drei Dimensionen sind:

▸ **Leidenschaft** – im Sinne von Erotik und körperlicher Liebe

▸ **Intimität** – im Sinne von Verbundenheit und Vertrautheit, Nähe und Zusammengehörigkeit

▸ **Commitment** – im Sinne von Engagement und der Verbindlichkeit gegenüber dem Partner und des Bemühens, diese andauernde Verbundenheit mit ihm zu ermöglichen und zu erhalten Diese drei Bereiche der Liebe sind nicht in allen Liebesbeziehungen gleich stark ausgeprägt. Je nachdem, welchen Stellenwert jede der drei Dimensionen einnimmt, kann das eine Partnerschaft sehr beeinflussen.

Die fünf Liebesstile

In Studien werden hauptsächlich fünf Liebesstile unterschieden. Diese ergeben sich aus der Gewichtung dieser drei Dimensionen der Liebe.

▶ **Die freundschaftliche Liebe:** Diese Liebe setzt auf kameradschaftliche Werte, sie ist bestimmt durch Intimität und Commitment. Das Paar fühlt sich verbunden, man ist sich nahe, nimmt die Partnerschaft ernst und ist für den anderen da. Leidenschaftliche Aspekte stehen bei diesem Typus nicht so im Mittelpunkt; manchmal werden sie auch als fehlend empfunden.

▶ **Die pragmatische Liebe:** In dieser Liebe dominieren rationale Beweggründe. Vielleicht ist das Paar aus sozialen oder ökonomischen Gründen zusammen Oder die Partner stillen über die Beziehung ihr Bedürfnis nach sozialer Sicherheit, zum Beispiel weil sie nicht allein sein können oder wollen. Die Partner zeigen Commitment, aber kaum Intimität und Leidenschaft. Sie nehmen die Beziehung ernst, doch sind keine großen Liebesgefühle im Spiel.

DIE DREI DIMENSIONEN DER LIEBE

Übung: Überlegen Sie sich, wie wichtig Ihnen die drei Dimensionen der Liebe sind. Entscheiden Sie, wie viele Punkte auf einer Skala von 1 bis 10 Sie jedem Aspekt für seine Wichtigkeit in Ihrer Beziehung geben würden (10 Punkte = maximale Wichtigkeit).

1 Leidenschaft
Meine Punkte:
Punkte meines Partners:

2 Intimität
Meine Punkte:
Punkte meines Partners:

3 Commitment
Meine Punkte:
Punkte meines Partners:

Betrachten Sie die Bewertung:
– Gibt es Unterschiede in der Wichtigkeit/in Ihrer Einschätzung zwischen Ihnen und Ihrem Partner?
– Weshalb ist Ihnen ein Aspekt wichtiger als ein anderer? Diskutieren Sie Übereinstimmungen und Unterschiede mit Ihrem Partner.

▸ **Die erotische Liebe:** Diese Beziehung lebt vor allem von Leidenschaft, körperlicher Attraktivität und Sexualität. Oft handelt es sich um Liebe auf den ersten Blick. Intimität (im Sinne von Vertrautheit) steht weniger im Vordergrund, und auch Commitment – vor allem der Aspekt „langfristige Zusammengehörigkeit" – ist weniger zentral. Wenn es dem Paar nicht gelingt, neben guter Sexualität Intimität und Commitment aufzubauen, ist dieser Typ Liebe häufig von kürzerer Dauer.

▸ **Die besitzergreifende Liebe:** Bei diesem Typus dominieren Leidenschaft und Commitment. Die erotische Komponente ist sehr wichtig und wird durch das starke Bedürfnis ergänzt, dass der Partner einem „gehöre". Es wird eine sehr große Nähe gesucht. Die Partnerschaft ist leidenschaftlich, aber durch die starken Besitzansprüche oft auch problematisch.

▸ **Die romantische Liebe:** Bei der romantischen Liebe sind Intimität, Leidenschaft und Commitment in etwa zu gleichen Teilen vertreten. In der heutigen Gesellschaft gilt sie als Prototyp der Liebesheirat: Man begehrt den Partner physisch, möchte ihm emotional nah sein und erwartet Verbindlichkeit (Treue) in der Beziehung. Hinter diesem Liebestyp stecken aber auch viele romantisierte Ideale und überzogene Vorstellungen (siehe „Realistisch ...", S. 135).

Romantik und die fünf Liebesstile

Wie diese Typologie von Liebesstilen zeigt, kann Liebe sehr unterschiedlich verstanden werden. Es gibt nicht nur eine einzige Art der Liebe. Gleichzeitig wird deutlich, dass ohne Commitment keine langfristige Liebe möglich ist. Denn eine enge Verbundenheit und eine große emotionale Intimität zwischen den Partnern kann sich erst im Laufe der Zeit entwickeln – und dafür ist Commit-

---

ℹ **Kehren Sie noch einmal** zur letzten Übung („Drei Dimensionen der Liebe", S. 179) zurück und überprüfen Sie, wie viele Punkte Sie den drei Aspekten gegeben haben. Erkennen Sie sich in einem der Liebestypen wieder? Stimmt dieser Typ für Sie? Versuchen Sie, neutral zu bleiben und die Einteilung nicht zu bewerten – jeder Typus hat seine Stärken und Schwächen. Überlegen Sie, was Ihnen wichtig ist und was Sie in Ihrer Beziehung gegebenenfalls ändern möchten. Teilen Sie das Ihrem Partner mit, damit Sie gemeinsam nach Lösungen suchen können.

ment wichtig. Auch für Personen, die sich vielleicht am Satz des Eheversprechens „... bis dass der Tod euch scheidet" stören, ist es von Vorteil, sich ehrlich und motiviert für ihre Beziehung zu engagieren und zu verpflichten. Denn nur dann können auch die Früchte einer Partnerschaft geerntet werden, die nur langsam reifen: tiefe Nähe, Geborgenheit und Vertrauen.

Die drei Säulen der Verbindlichkeit

Häufig wird Commitment als reine Vernunfts-Einstellung gesehen, bei der man sich innerlich der Partnerschaft verpflichtet fühlt und sich halt um sie kümmert. Doch Commitment hat neben der verstandesmäßig, also rationalen, noch zwei weitere Komponenten: eine affektive (gefühlsmäßige) und eine triebhafte.

Die rationale Komponente

Damit ist die bewusste Entscheidung gemeint, dass man langfristig mit einem Partner zusammen sein möchte. Und zwar auch dann, wenn in und um die Beziehung Schwierigkeiten auftauchen und nicht mehr alles so einfach läuft.

Hinter dieser Entscheidung steht auch die Grundsatzfrage, ob es überhaupt zu den persönlichen Zielen und Wünschen gehört, in einer langfristigen, stabilen Beziehung zu leben. Ist das nicht der Fall, wird dementsprechend auch das Commitment schwächer sein. Und man ist vielleicht nicht bereit, der Beziehung einen hohen Stellenwert

einzuräumen. Das ist kein Problem, sofern der Partner eine Beziehung ähnlich definiert.

Die affektive Komponente

Der gefühlsmäßige Teil des Commitments bezieht sich auf die Gefühle und deren Tiefe. Eine emotionale Bindung zu haben, heißt, sich dem Partner gegenüber emotional intim zu öffnen, weil nur so echte Nähe entstehen kann. Diese Gefühlskomponente kann zu einer wichtigen Kraftquelle in der Beziehung werden. Dabei ist wichtig: Der Wunsch nach einem starken Wir-Gefühl (siehe S. 23) und die Bereitschaft, sich dem Partner gegenüber mit allen Stärken und Schwächen mitzuteilen. Und ihm exklusiv Zugang zur eigenen Gefühls- und Gedankenwelt mit Emotionen, Zielen, Wertesystemen, Bedürfnissen und Wünschen zu geben (siehe „Sich emotional öffnen", S. 96).

Die Triebkomponente

Die dritte Komponente bringt die sexuelle Exklusivität ins Spiel. Damit ist gemeint, dass man sexuelle Erfahrungen (Triebbefriedigung) nur mit dem Partner teilt.

Sehr viele Menschen betrachten die sexuelle Exklusivität als Voraussetzung für eine stabile, glückliche Paarbeziehung. Selbst in neueren Studien (z. B. Bodenmann, 2005) geben über 90 Prozent der Befragten an, dass sexuelle Treue für sie von großer Bedeutung dafür sei, ob eine Partnerschaft funktioniert.

Aug' in Aug'
Wann die Grenze zu einem harmlosen Flirt überschritten ist, sollten man untereinander klären.

Obwohl sexuelle Treue für viele Menschen äußerst wichtig ist, heißt das nicht, dass sie der einzige Weg zum Glück ist. Entscheidend ist vielmehr, welche Spielregeln die Partner „aushandeln". Sexuelle Exklusivität allein ist auch keine Garantie für eine stabile, glückliche Partnerschaft. So können sich beide Partner zwar durchaus ein Leben lang treu sein, sich jedoch sonst kaum emotional begegnen oder sich in anderer Hinsicht (z. B. Kommunikation, Problemlösung, Stressbewältigung) das Leben schwer machen.

Warum die Aktie „Commitment" im Sinkflug ist

Die Bereitschaft zur gegenseitigen Verpflichtung in der Partnerschaft nimmt in der westlichen Gesellschaft zunehmend ab. Es kommt heute schneller zur Trennung oder Scheidung. Und die Zahl der Paare, die Jahrzehntelang zusammenbleiben, sinkt weiter. Neuerdings findet sich auch bei älteren Paaren eine stärkere Scheidungsbereitschaft, wobei Paare zwischen 40 und 50 Jahren zur großen Risikogruppe gehören. Gründe für die Abnahme des Commitments lassen sich in allen drei Komponenten finden – also sowohl bei der rationalen und der affektiven wie auch bei der Triebkomponente.

Trennungen werden immer salonfähiger

Die Vernunfts-Komponente des Commitments war lange Zeit die stärkste. Wie eine Versicherung stand der Verstand über möglichen Zweifeln. Auch über denen, die aus den anderen zwei Komponenten entstanden sind. Ganz nach dem Motto: Gefühle und Triebe können eine Entscheidung zwar vorübergehend trüben, aber als letzte Instanz ist immer noch die rationale Überzeugung da. Doch diese Selbstverständlichkeit, dass eine Beziehung beziehungsweise Ehe auf Lebzeiten geschlossen wird, schwindet.

Das Konzept des „Lebenspartners" wird immer mehr von dem des „Lebensabschnittspartners" abgelöst.

Eine Trennung oder Scheidung ist in der modernen Gesellschaft kein Problem mehr.

66 Fast jeder kennt heute im persönlichen Umfeld Menschen, die nach einer Trennung neues Glück gefunden haben.

———

Der Einfluss der Kirche schwindet, und mit ihm auch ein Rückhalt für das Commitment. Dagegen wollen sich die Menschen seit den 1968er-Jahren immer mehr selbst verwirklichen und emanzipieren – und versuchen das vor allem in der Partnerschaft.

Nur gerade 10 Prozent der Paare gehen vor einer Scheidung in eine Paartherapie oder Beratung. Und das, obwohl man zu solchen Angebote heutzutage einen besseren Zugang hat als je zuvor. Das ist ein Zeichen dafür, dass heute weniger intensiv geprüft wird, was man mit einer Beziehung alles aufgibt. Man ist schneller bereit, eine Partnerschaft zu beenden, wenn sich die Ansprüche an sie nicht erfüllen.

Ein besonderes Zeitphänomen sind Trennungen oder Scheidungen von Partnerschaften, in denen die Partner an und für sich zufrieden sind und es keine nennenswerten Probleme gibt (Schätzungen gehen von 26 Prozent der Fälle aus). Der Grund dafür liegt häufig im Wunsch nach etwas noch Besserem oder im unstillbaren Bedürfnis nach ständiger Stimulation und lebenslangem Kick.

→ Paul und Simone

Die beiden sind seit 26 Jahren zusammen und seit 23 Jahren verheiratet. Für beide war es die erste richtige Beziehung. Sie haben es auch heute noch gut miteinander, doch sie verbringen kaum noch Freizeit zusam-

---

ℹ Commitment heißt nicht, eine Beziehung um jeden Preis zu verlängern und aufrechtzuerhalten. Commitment heißt, nicht bei den ersten Widrigkeiten aufzugeben. Und es heißt vor allem, von Anfang an mit Hingabe und Verbindlichkeit für die Beziehung einzustehen und damit gute Voraussetzungen für eine gesunde Entwicklung und Tiefe zu schaffen. Commitment beginnt also nicht erst bei Schwierigkeiten, sondern am ersten Tag, an dem man „Ja" zu einem Menschen als Partner sagt.

men. Beide sind berufstätig und erfolgreich – sie im Kulturbereich, er im Management einer Versicherung. Die Zeit für Partnerschafts-Pflege ist knapp. Pauls Sitzungen dauern häufig bis spät- abends, außerdem ist er im Gemeinderat tätig. Simone besucht abends oft Vernissagen und Kulturveranstaltungen. Paul begleitet sie ungern zu diesen Events; er brauche seine Ruhe und habe tagsüber bereits genug Leute gesehen. Beide nehmen Arbeit mit nach Hause, ziehen sich nach Feierabend in ihre Zimmer zurück. Obwohl kaum Konflikte auftauchen und beide wenig streiten, finden beide, dass in dieser Beziehung die Luft raus ist. Da lernt Simone bei einer Vernissage einen netten, attraktiven Mann kennen. Sie verliebt sich in ihn. Und obwohl ihre Beziehung zu Paul eigentlich ganz zufriedenstellend ist, entschließt sie sich zur Scheidung.

Gemeinsam einsam

Nicht nur die Vernunfts-Komponente des Commitments fördert die Entwicklung einer engen, stabilen Partnerschaft. Auch die affektive, also die gefühlsmäßige Komponente spielt eine wichtige Rolle.

Doch viele Paare investieren heute weder die Zeit noch die Energie, die nötig sind, um echte Intimität aufzubauen (siehe „Investie-

ren in das Projekt Wir", S. 21). Wer eine Beziehung zwischen Tür und Angel führt, ist bald gemeinsam einsam. Man entfremdet sich, wird unzufrieden, hadert, sieht sich nach anderen Möglichkeiten um – die Auflösung der Partnerschaft erscheint, oberflächlich betrachtet, als logischer Schritt. Das muss nicht sein, wie das nachfolgende Beispiel zeigt.

→ Tom und Sofia

Als Paar haben sie sich für ein Leben zu zweit entschieden und geheiratet. Beide sind beruflich erfolgreich und viel beschäftigt. Zu Beginn ihrer Ehe läuft alles weiter wie bisher. Sofia und Tom arbeiten in der Stadt und sind den ganzen Tag außer Haus. Abends haben sie entweder berufliche Verpflichtungen oder sie gehen zum Sporttraining oder treffen sich mit Freunden.

Sofia realisiert schon bald, dass die Beziehung trotz ihrer großen Liebe zu Tom zu kurz kommt, und sucht das Gespräch. Tom versteht anfangs nicht, was Sofia meint, wenn sie davon spricht, dass es schön wäre, mehr Zeit füreinander zu haben. Immerhin sind sie häufig am Wochenende zusammen. Und abends kriecht er meist spät noch in ihr Bett und kurz danach haben sie schönen Sex. „Ja, das stimmt schon", meint Sofia,

Untreue
Selbst bei Paaren, die sehr intim und leidenschaftlich im Umgang miteinander sind, kann ein Seitensprung vorkommen. Häufig entsteht die Ursache im Kopf des Einzelnen, nicht aus Unzufriedenheit mit der Beziehung selbst.

„wir haben es gut miteinander und lieben uns. Doch Zeit füreinander nehmen wir uns kaum. Alles andere ist uns wichtiger." Tom begreift allmählich, worauf Sofia hinaus will, und beide bemühen sich nun darum, Raum für die Beziehung zu schaffen. Sie legen in ihrem vollen Terminkalender feste Zeiten fest, um Gelegenheit für Gespräche und tiefere Begegnungen zu haben. Jetzt erst gesellt sich Commitment zu Leidenschaft und Intimität.

Untreue passiert nicht nur den anderen

Die Triebkomponente des Commitments ist häufig gekoppelt an die rationale und an die affektive Komponente. Doch das muss nicht zwingend so sein. Ein Paar kann sich sehr nahe sein (hohe Intimität) und auch guten Sex miteinander haben (Leidenschaft) – und trotzdem gelingt es einem oder beiden Partnern nicht, sich ausschließlich auf den anderen einzulassen und treu zu sein.

Heute sind schätzungsweise 50 Prozent aller Partnerschaften mindestens einmal mit dem Thema Untreue konfrontiert, wobei Männer und Frauen in ähnlichem Ausmaß „aktiv" sind.

Es gibt viele Gründe dafür: Unzufriedenheit in der Partnerschaft oder mit der partnerschaftlichen Sexualität zählt dazu, aber auch persönliche Krisen (Midlife-Krise), das Bedürfnis nach Abwechslung und Aufregung, die Suche nach Selbstbestätigung und Steigerung des Selbstbewusstseins, Rache für mangelnde Aufmerksamkeit oder für einen Seitensprung des Partners – oder schlichte Verliebtheit.

Viele Studien zeigen nämlich auch, dass Treue nicht nur ein Verhalten ist, das an die Beziehungszufriedenheit geknüpft ist. Daher muss man sich von der Vorstellung verabschieden, nur Männer und Frauen in unbefriedigenden oder sexuell zu wenig erfüllenden Beziehungen seien untreu.

Auch hier gilt: Untreue entsteht im Kopf und ist eine Frage des Commitments. Man entscheidet sich ganz bewusst (außer der Seitensprung findet im Rausch statt) dafür, die Exklusivität der Sexualität mit dem Partner zu brechen und andere Erfahrungen zu machen. Entsprechend spielt auch hier das Commitment eine wichtigere Rolle als die Qualität der Beziehung an und für sich.

Offene Beziehung

Wie weit ein Paar seine Beziehung für erotische Begegnungen außerhalb der Partnerschaft öffnet, ist eine sehr persönliche Angelegenheit. Tatsache ist aber, dass sich nur wenige Paare für diese offene Beziehungsform entscheiden – statistischen Angaben zufolge rund 10 Prozent. Eine „offene Beziehung" bringt nicht pauschal mehr Vorteile oder Schwierigkeiten mit sich, ist aber auch keine komplikationsfreie Garantie für eine unendlich sprühende Sexualität (siehe „Der Sexualität Raum geben", S. 161).

Entschließt sich ein Paar dazu, die Beziehung offen zu gestalten, dann ist es wichtig, dass das der ehrliche Wunsch beider Partner

Gemeinsam sind Sie stark

Bringen Sie das Thema sexuelle Exklusivität offen und auch früh zur Sprache, Denn in diesem Bereich gehört weit mehr als nur der Geschlechtsverkehr mit einer anderen Person. Während für das eine Paar ein folgenloser Flirt in einer Bar in Ordnung ist, bedeutet die gleiche Szene für ein anderes Paar einen massiven Vertrauensbruch. Sprechen Sie deshalb Grenzen und Übergänge der sexuellen Exklusivität gemeinsam ab.

ist. Es ist ungünstig, wenn der eine einfach nachgibt – etwa aus Angst, den andern zu verlieren. Oder weil er das Gefühl hat, modern und aufgeschlossen sein zu müssen. Wenn dagegen – was selten der Fall ist – beide in der Lage sind, sich von den allgemeinen moralischen Grundsätzen unserer Gesellschaft zu distanzieren und sich rational und gefühlsmäßig auf diese Beziehungsform einzulassen, kann eine offene Beziehung durchaus funktionieren.

Lust auf Neues? Warum es sich lohnt, zu bleiben

Von Blume zu Blume fliegen oder doch das ganze Leben mit dem gleichen Partner teilen? Es gibt Belege dafür, dass es sich lohnt, zu bleiben – auch wenn draußen fremder Nektar lockt.

„War das schon alles?" – Diese Frage stellen sich längst nicht nur Paare, denen man vielleicht jugendliche Abenteuerlust nachsagen könnte. Im Gegenteil! Gerade Paare um die 50 sind mit der Entscheidung für oder gegen die Fortsetzung der Partnerschaft oft besonders intensiv konfrontiert: Die Kinder sind aus dem Haus, man kann auf einige Höhepunkte und gemeisterte Krisen zurückblicken. Im Beruf hat man sich etabliert, es locken interessante Projekte und man möchte noch mal etwas ganz Neues erleben. Da passt die langjährige Beziehung plötzlich nicht mehr so recht in die Aufbruchstimmung.

Die großen Rivalen: Vertrautheit und Abnutzung

In langjährigen Beziehungen sind zwei Kräfte am Werk: auf der einen Seite die wachsende Vertrautheit, die sich als wohlig-warmes Gefühl von Sicherheit um ein Paar legt. Auf der anderen Seite das, was die Psychologie nüchtern als „Verstärkererosion" bezeichnet und was vom Laien bildlich wohl einfach als „Abnutzung" beschrieben wird. Der Fachbegriff beschreibt die Tatsache, dass Dinge, die während längerer Zeit praktisch uneingeschränkt zur Verfügung stehen und einem täglich begegnen, automatisch ihren Reiz verlieren.

Man gewöhnt sich aneinander, die Beziehung wird fade und eintönig. Selbst die Schönheit des Partners, sein Sex-Appeal, seine brillante Intelligenz oder Kreativität, seine Finanzkraft oder Liebenswürdigkeit büßen im Laufe der Zeit ihre Wirkung ein.

> ❝ **Das Besondere wird selbstverständlich und verliert damit an Wert.**

Es ist ein bisschen wie mit dem eigenen Lieblingsessen: Wenn Sie es bei jeder Mahlzeit serviert bekommen, kann es noch so perfekt schmecken – früher oder später haben Sie keinen Appetit mehr darauf. Wenn jegliche Abwechslung fehlt, verliert irgendwann alles seinen Reiz. Das gilt auch für Beziehungen.

Jeden Tag der gleiche Trott? Das mag gemütlich sein – ist aber nicht spannend. So werden Vertrautheit und Abnutzung zu Gegenspielern, weil beides mit zunehmender Beziehungsdauer stärker wird. Bei der Vertrautheit zum Vorteil, bei der Abnutzung zum Leidwesen der Partnerschaft.

Wer sich echte Nähe wünscht, wird die nur in einer lange dauernden Partnerschaft finden. Denn nur durch viel Zeit kann größte Intimität entstehen. Es ist daher wichtig, langjährige Beziehungen besonders gegen Gewöhnung und Eintönigkeit zu schützen.

Wer nun aber glaubt, er könne die Ankunft ultimativer Vertrautheit einfach Däumchen drehend abwarten, liegt auch falsch. Denn eine lange Beziehungsdauer alleine ist keine Garantie für Nähe. Beziehungen wachsen vielmehr durch Investitionen. Die kostbarste davon ist gemeinsam verbrachte Zeit (siehe „Gemeinsam ...", S. 24).

Gemeinsam sind Sie stark

Auch nach jahrzehntelanger Beziehung sind Sie und Ihr Partner nie wie selbstverständlich zusammen. Sie müssen und dürfen stets um ihn werben. Und vor allem können Sie ihn mit jedem Tag noch besser kennenlernen.

Risikounternehmen Langzeitbeziehung

Langeweile und fehlender Nervenkitzel sind oft genannte Klagen, wenn es um Langzeitbeziehungen geht. Außerdem handelt es sich bei einer langen Partnerschaft streng genommen um nichts anderes als um ein Risikogeschäft: Jeder Partner kann schließlich nur für sich allein entscheiden, ob er durch Commitment in die Beziehung investieren will. Ob der Partner mitzieht oder nicht – darüber hat man keine Macht.

66 Das Commitment wird so zu einer Art Aktie.

Man investiert, hofft auf Gewinn – in Form von Intimität und Nähe, Vertrautheit und enger emotionaler Verbundenheit, wie man sie mit keinem anderen Menschen hat. Zugleich hat man diesen Zuwachs an Vertrautheit und Nähe nie sicher: Immerhin könnte der Partner vom einen Tag auf den anderen aus dem Geschäft aussteigen. Damit ist klar: In einer Langzeitbeziehung muss man das Risiko eingehen, einfach von sich aus zu investieren, ohne dass man darauf zählen kann, dass sich die Investition auch auszahlen wird.

Das Geschäft ist zwar unbeständig wie eine Aktienanlage, aber nicht ganz so unberechenbar. Denn man spürt bei ausreichender Aufmerksamkeit und Offenheit, ob der Part-

In der Rangliste der menschlichen Bedürfnisse kommt der Wunsch nach Konstanz und Sicherheit schon sehr bald nach den noch grundlegenderen Bedürfnissen wie zum Beispiel die Nahrungsaufnahme.

ner mitzieht. Ob man einen wichtigen Stellenwert in seinem Leben einnimmt und ob ihm die Beziehung wichtig ist. Wenn man merkt, dass dem nicht so ist, sollte man das möglichst früh ansprechen und auf eine Veränderung pochen. Oder aber man erkennt, dass die Beziehung zu unverbindlich ist, und entscheidet sich, sie aufzulösen. Bevor man zu viel investiert und verloren hat.

Vorhersehbarkeit hat auch ihr Gutes

Die Umschreibung „vorhersehbar" dürfte im Wettbewerb der begehrtesten Merkmale für Partner wohl keinen Preis erhalten. Schließlich ist Vorhersehbarkeit so etwas wie die „kleine Schwester" von Langeweile. Und somit, da dürften sich die meisten Leute einig sein, bestimmt nicht etwas, das man sich für seine Beziehung besonders wünschen würde.

Wenn man die Sache weniger oberflächlich betrachtet, versteckt sich allerdings hinter dem schlechten Image der Vorhersehbarkeit eines der wichtigsten sozialen Bedürfnisse des Menschen: nämlich das nach Struktur und nach Sicherheit in einer zuverlässigen, beständigen Beziehung.

Jeder Partnerwechsel bedeutet einen Kontrollverlust und viel Unvorhersehbares. Das kann aufregend sein, wenn man es bewusst sucht. Aber auch belastend, wenn es im falschen Moment passiert, wenn es mit anderen unerwarteten Dingen zusammenfällt oder, ganz einfach, wenn man es nicht gewünscht hat. Konstanz und Rückhalt sind Dinge, die gern unterschätzt werden, solange man sie hat. Das soll nicht heißen, dass man um jeden Preis oder nur aus einem reinen Sicherheitsbedürfnis heraus in einer Beziehung bleiben soll.

Doch häufig schätzt man den Wert einer stabilen langjährigen Beziehung erst dann realistisch ein, nachdem man sie verloren hat. Nur in einer langjährigen Beziehung lassen sich tiefe Intimität und wahre Nähe finden.

So hat eine Langzeitbeziehung zwar weniger Prickelndes zu bieten, statt dessen schafft sie jedoch – vorausgesetzt, dass die Partnerschaftsqualität stimmt – die Rahmenbedingungen für eine stabile und gesunde persönliche Entwicklung der einzelnen Partner. Dass es sich lohnen kann, in einer Beziehung zu bleiben, zeigt das folgende Beispiel:

Zweifach glücklich
Liebe in einer langjährigen Partnerschaft macht gesund, zufrieden und hält fit.

→ Mirjam und Gerhard

Die beiden sind seit fünfundzwanzig Jahren verheiratet. Natürlich gab es in dieser Zeit neben schönen auch schwierigere Phasen, berufliche Rückschläge, Krankheiten und andere belastende Ereignisse. Doch insgesamt blicken beide auf eine gute Zeit miteinander zurück und sind dankbar für den gemeinsamen Weg. Auch wenn die frühere Leidenschaft nicht mehr so stark ist, schaffen sie es immer wieder, sich gegenseitig zu stimulieren und mit Überraschungen das Leben spannend zu machen. So hat Gerhard Mirjam nach einem größeren abgeschlossenen Projekt spontan zu einem verlängerten Wochenende nach Budapest eingeladen. Mirjam hingegen überrascht Gerhard immer wieder mit neuen Ideen in Küche und Garten. Und beide sind kulturell interessiert: Jetzt, da die Kinder aus dem Haus sind, genießen sie es, Bildungsreisen zu machen, ins Theater und zu Vernissagen zu gehen. Abends beim Tee tauschen sie sich gerne über kulturelle, politische und soziale Themen aus. Beide achten außerdem immer noch auf ihre körperliche Attraktivität, damit sie für den Partner begehrenswert bleiben.

Eine stabile, glückliche Partnerschaft ist ein Lebenselixier

Die Forschung zeigt: Nichts hängt so sehr mit einer hohen Lebenszufriedenheit und einer guten körperlichen und psychischen Gesundheit zusammen wie eine glückliche Beziehung. Das kommt daher, dass soziale Bindungen, zuverlässige Beziehungen und das Erleben von Beständigkeit und Kontrolle tief in unserem Bedürfnissystem verankert sind. Und am besten werden diese Bedürfnisse in einer stabilen, glücklichen Partnerschaft befriedigt.

→ Gut zu wissen

Ganz allgemein gilt: Wer auf eine stabile, glückliche Partnerschaft zählen kann, hat im Leben eine solide emotionale Basis, von der aus alles etwas leichter fällt. Und das ist ein Bonus, den man niemals aus einem schnellen und häufigen Partnerwechsel gewinnen kann.

Leider gilt aber auch umgekehrt: Ist die Beziehungsqualität schlecht, ist das einer der zentralen Risikofaktoren für körperliche und psychische Störungen, für eine geringe Lebenszufriedenheit und niedrige Produktivität im Beruf. Schwierigkeiten in der Partnerschaft führen zu mehr Krankheitstagen am Arbeitsplatz, einer geringeren Kreativität, einem niedrigeren Engagement und mehr Fehlern im Arbeitsprozess. So hat beispielsweise die US Airforce erkannt, dass Kampfjetpiloten mit Partnerschaftsproblemen riskanter fliegen, mehr Schäden an ihren Fliegern oder Abstürze verursachen und ihre Ziele ungenauer treffen. Störungen in der Partnerschaft strahlen stark in den Alltag ab, weil sie einen rund um die Uhr beschäftigen. Sie vermindern die Konzentrationsfähigkeit, weil man gedanklich ständig um die Paarproblematik kreist. Aktuelle Konflikte erhöhen außerdem den Adrenalinspiegel, während anhaltende Schwierigkeiten einen chronisch erhöhten Kortisolspiegel zur Folge haben, der das Immunsystem schwächt.

Trennungsgedanken – wenn das Commitment bröckelt

Diese Gedanken kommen in den besten Beziehungen vor. Handeln Sie jedoch nicht unüberlegt – Sie könnten es später bereuen. Das können Sie tun, wenn die dunklen Wolken tief hängen.

→ **Meist verlaufen Beziehungen** wellenförmig: Glückliche, beschwingte Phasen wechseln sich mit schwierigeren oder anspruchsvolleren Phasen ab. Manchmal münden die schwierigeren Zeiten auch in Krisen. Nicht wenige Menschen, die ihre Beziehung als harmonisch und glücklich einschätzen, haben schon mal Trennungsgedanken gehabt. Nach einer Studie von Bodenmann (2006) haben rund 30 Prozent der Frauen und 20 Prozent der Männer, die sich in ihrer Partnerschaft als zufrieden bezeichnen, bereits einmal an Scheidung gedacht.

Wer sich in einer Partnerschaft nicht mehr wohlfühlt, sollte das seinem Partner mitteilen. Das bedeutet nicht, dass man ihn im Affekt gleich mit Trennungsgedanken konfrontieren muss. Vermeiden Sie es auch, mit einer Trennung zu drohen. Teilen Sie dem Partner aber möglichst konkret mit, was Sie stört und welche Änderungen für Sie notwendig sind, damit die Beziehung wieder Freude macht.

Schlucken Sie Dinge, die Sie stören, nicht über Jahre hinweg hinunter und verdrängen sie. Erstens nehmen Sie dadurch dem Partner die Chance, die Schwierigkeiten zu erkennen und aktiv an einer Lösung zu arbeiten. Und zweitens stauen Sie in sich negative Energie an, die sich plötzlich mit großer Heftigkeit entladen kann. So gibt es gar nicht selten sogenannte harmonische Paare, die nie Streit haben und bei denen alles immer scheinbar verständnisvoll zu geht – bis auf einmal eine lang angestauter Frust aufbricht und großen Schaden anrichtet. Mit einem Mal entlädt sich alles, was sich

Gemeinsam sind Sie stark

Trennungsgedanken können auch in einer eigentlich zufriedenstellenden Partnerschaft auftauchen. Sie deuten darauf hin, dass etwas nicht mehr stimmt. Dann sollte man die Probleme anpacken, indem man sie anspricht und nach Lösungen sucht.

„Stilles Leiden und Dulden" ist nicht ratsam. Wenn Sie etwas in der Beziehung stört, sprechen Sie es an. Nur so schaffen Sie eine Grundlage für eine mögliche Veränderung. Wenn Ihr Partner trotz Ihrer Bemühungen nicht zuhört oder nichts zu ändern bereit ist, sollten Sie als nächsten Schritt eine Paarberatung oder Paartherapie ins Auge fassen.

über die Jahre oder sogar Jahrzehnte aufgestaut hat. Die Beziehung kann dann mitunter in kürzester Zeit in Frage gestellt oder sogar beendet werden.

Deshalb ist es wichtig, Probleme nicht unter den Teppich zu kehren, sondern sie gleich zu bemerken, wenn sie auftauchen. Und sie gemeinsam im Gespräch zu lösen. (siehe „Probleme erfolgreich angehen", S. 68). Commitment bedeutet also auch, sich für die tägliche „Partnerschaftshygiene" einzusetzen und Konflikte zusammen anzugehen. Jeder Partner muss dazu seinen Beitrag leisten.

Probleme nicht nach außen tragen

Es ist menschlich, wenn man bei Schwierigkeiten die Unterstützung einer nahe stehenden Person sucht. Frauen machen das wesentlich öfter als Männer und sprechen sich offen bei ihren Freundinnen und Bekannten aus. Das ist kein Problem bei Alltagssorgen. Kritisch wird es aber, wenn Sie außerhalb der Beziehung über Partnerschaftsprobleme sprechen. Denn damit ist immer ein Vertrauensbruch verbunden. Eine unbeteiligte Person weiß so vielleicht bald mehr über eine partnerschaftliche Angelegenheit als Ihr Partner selbst, den das Problem direkt angeht oder der es verursacht hat.

→ Susanne

Sie ist 50 Jahre alt und hat sich innerlich schon seit einigen Jahren von ihrem Partner zurückgezogen. Sie teilt das Schlafzimmer nicht mehr mit ihm, und gemeinsame Aktivitäten gibt es kaum noch. Susanne hat sich vorgenommen, die Partnerschaft weiterzuführen, bis die gemeinsame Tochter volljährig ist. Sie will noch acht Jahre ausharren und sich arrangieren. Sie behält die Dinge, die sie stören, für sich und lässt alles im alltäglichen Trott weiterlaufen. Wenn ihr Partner sie darauf anspricht, wiegelt sie ab und versäumt die Gelegenheit, die Probleme auf den Tisch zu legen. Als sie eines Tages einen anderen Mann kennenlernt, entschließt sie sich dazu, mit ihm eine Beziehung anzufangen. Vorher holt sie den Rat ihrer besten Freundinnen ein.

194

Schließlich tritt sie vor ihren Mann und eröffnet ihm, dass sie die Scheidung eingereicht hat.

Als Faustregel gilt: Ein Paar sollte immer zuerst versuchen, seine Schwierigkeiten selber zu bewältigen. Dazu kann auch der Gang zu einer Beratungsstelle oder eine Paartherapie gehören. Das ist besser, als die Paarprobleme im Freundes- und Bekanntenkreis herumzuerzählen. Auch, wenn Ihre Freunde es noch so gut meinen: Von Laien erhält man häufig Ratschläge, die auf den Erfahrungen von Einzelfällen basieren – und Ihnen in Ihrem konkreten Fall letztlich nicht groß weiterhelfen dürften. Eine professio-

Gemeinsam sind Sie stark

Partnerschaftsprobleme betreffen immer beide Partner. Beide haben ihren Anteil daran, beide können auch zur Lösung beitragen. Verbünden Sie sich gegen Schwierigkeiten! Sehen Sie die Probleme als Ihren Gegner an, dem Sie gemeinsam begegnen wollen. Kämpfen Sie nicht gegeneinander und suchen Sie nicht nach Verbündeten außerhalb, sondern gehen Sie die Sache gemeinsam an. Zusammen sind Sie stark!

nelle Unterstützung bringt meist mehr, wenn man sie rechtzeitig in Anspruch nimmt.

Den Partner nicht vor vollendete Tatsachen stellen

Es ist verletzend und unfair, den Partner vor vollendete Tatsachen zu stellen. Und ja, es erfordert Mut, den Partner zu konfrontieren und zu sagen: „Ich fühle mich nicht mehr wohl, wir müssen etwas ändern." Doch nur wer Probleme offen auf den Tisch legt, lässt auch die Möglichkeit zu, dass sie gelöst werden. Diese Offenheit ist man dem Partner schuldig. Behandeln Sie ihn auch im Falle von Schwierigkeiten so, wie Sie von ihm behandelt werden möchten: mit Respekt, Achtung und Wertschätzung.

Weg vom Gas! Trennungen wollen gut überlegt sein

Es geht hier nicht darum, Trennungen grundsätzlich abzulehnen. Im Gegenteil! Die Forschung zeigt, dass bei starken andauernden Konflikten eine Trennung oder Scheidung für das Paar und seine Kinder die bessere Lösung sein kann. Denn damit kann vermieden werden, dass alle Beteiligten auf Dauer Schaden nehmen. Besonders für die Entwicklung der Kinder ist ein unschönes Familienklima mit häufigen Streitereien der Eltern äußerst ungünstig.

Auch wenn sie das in der Situation selber nicht so wahrnehmen: Erfahrungen aus der Paarberatung zeigen, dass sich viele Paare

Nur 10 Prozent der Paare, die sich scheiden lassen, haben vorher eine Paartherapie gemacht. Doch man lässt sich ja auch nicht gleich den Arm amputieren, wenn man eine Entzündung im Handgelenk hat. Also: Schöpfen Sie alle Möglichkeiten aus, Ihre Probleme zu lösen, bevor Sie Ihre Trennungsgedanken in die Tat umsetzen.

überstürzt trennen. Oft kommt nach Wochen, Monaten oder sogar nach Jahren eine ehrliche Reue auf. Vielleicht, weil man die Dinge aus der Distanz etwas nüchterner betrachtet. Oder weil das erste Hochgefühl in der nächsten Beziehung verflogen ist.

Deshalb gilt: Bevor sich ein Paar trennt oder scheiden lässt, sollte es versuchen zu klären, ob das der einzige Weg ist. Oder ob nicht eine Beratung oder Therapie Abhilfe schaffen könnte. Der Beziehung eine zweite Chance zu geben, ist angesichts der hohen „emotionalen Kosten", die eine Scheidung für alle Betroffenen mit sich bringt, in vielen Fällen ratsam.

Wenn für Sie die Trennung zur ernsthaften Möglichkeit wird: Prüfen Sie die nachfolgenden Punkte. Diese sollen Sie darin unterstützen, ein paar wichtige Fragen möglichst genau zu klären.

Was verliere ich bei der Auflösung meiner Beziehung?

Viele Menschen versäumen es, die angestrebte Trennung auch von einer ganz verstandesmäßigen Seite anzusehen. Zum Teil, weil sie sich scheuen, etwas Gefühlsbeton-tes wie eine Beziehung nüchtern zu betrachten. Zum Teil, weil es ihnen ganz einfach nicht in den Sinn kommt, Vor- und Nachteile ganz genau abzuwägen. Dabei ist die Auflösung einer Partnerschaft in den allermeisten Fällen ein einschneidendes Ereignis.

Fragen Sie sich, was Sie in die Beziehung investiert haben und was Ihnen fehlen wird, falls Sie sie aufgeben. Nur 20 Prozent der Betroffenen nehmen eine Scheidung positiv wahr. Die meisten sehen sie als ein kritisches Lebensereignis. Denn zusätzlich zu den emotionalen Turbulenzen stehen meist Veränderungen der Wohnsituation, der sozialen Kontakte und der finanziellen Situation an. Sind Kinder da wird die Sache noch komplizierter.

Welche Verantwortung trage ich?

Machen Sie sich bewusst, dass Sie Ihrem Partner gegenüber eine Verantwortung tragen. Ihr Partner hat sich genau wie Sie verpflichtet. Sie haben die Entscheidung, diese Beziehung einzugehen, gemeinsam gefällt. Aber jetzt entscheiden Sie sich vielleicht alleine gegen ein weiteres Zusammensein. Damit übernehmen Sie Verantwortung.

Verantwortung
Überlegen Sie sich den
Schritt zur Trennung genau –
auch, was er beispielsweise
für Ihre Kinder bedeutet.

Die Verantwortung, die man für den Partner übernimmt, wächst mit der Dauer der Beziehung. Es klingt vielleicht etwas seltsam, von Verantwortung für einen erwachsenen Menschen zu sprechen – man könnte dagegen halten, dass Erwachsene nur für sich selbst verantwortlich sind.

Doch wenn beide Partner ein Commitment für diese Beziehung eingegangen sind, dann heißt es auch, dass man sich auf den anderen verlässt und in diese Beziehung Gefühle investiert hat. Jede Investition bedeutet aber eine Zunahme an Nähe und Verbundenheit. Wenn man die auflöst, fügt man dem anderen Schmerz zu. Man stößt ihn trotz seines Engagements zurück und kündigt das Commitment. Mit anderen Worten: Sie lösen ein gegenseitiges Sich-Umeinander-Sorgen auf.

Handeln Sie also verantwortungsvoll, wenn Sie sich trennen wollen. Überlegen Sie sich solch einen Schritt genau. Denken Sie dabei an Ihren Partner – aber ganz besonders auch an Ihre Kinder, die schließlich ebenso zur Familie gehören.

Denn wenn Sie Kinder haben, wird dieser Punkt noch entscheidender. Überlegen Sie sich, wie sehr Sie mit Ihrer Entscheidung das Leben der Kinder verändern. Auch hier ist es wichtig, Verantwortung zu übernehmen. Denn Kinder nehmen am Leben eines Paares teil und werden stark davon beeinflusst.

66 Eine Scheidung muss nicht grundsätzlich der falsche Weg sein.

Läuft die Beziehung nur noch negativ, kann eine Trennung ein sinnvoller Neuanfang sein. Fatale Auswirkungen auf Kinder haben Scheidungen allerdings, wenn die Eltern keinen erkennbaren Grund dafür haben. So lassen sich in den USA bereits rund 26 Prozent der Paare scheiden, die angeben, eigentlich

> **Wenn Sie die Kraft dazu haben,** dann gehen Sie zusammen Ihre Beziehung noch einmal durch, so wie Sie durch das Fotoalbum blättern würden. Nehmen Sie die guten und die schlechten Erfahrungen wahr und schließen Sie dann gemeinsam ab.

keine Eheprobleme zu haben und zufrieden zu sein. Solche Scheidungen sind für Kinder besonders traumatisch – sie beenden keinen Leidenszustand, sondern entspringen nur dem Wunsch des einen Partners, nochmal einen neuen Kick zu erleben. Das beschädigt bei Kindern massiv das Bild von Verlässlichkeit und Vertrauen in engen Beziehungen.

Was erhoffe ich mir von einer neuen Beziehung?

Auch ganz ohne Aussicht auf einen neuen Partner lohnt es sich, zu überlegen, was man sich von einer nächsten Beziehung wünscht. Auf welche Aspekte möchte man mehr achten? Welche Kriterien der Partnerwahl sind einem wichtig?

Viele Leute hoffen darauf, dass in einer neuen Beziehung alles besser wird, nur um dann wieder mit den gleichen Schwierigkeiten zu kämpfen wie vorher – und zwar schneller, als ihnen lieb ist.

Sie geben etwas Kostbares auf – behandeln Sie es auch so

Stellen Sie sich vor, Sie müssten zu Hause dringend entrümpeln, um Platz zu schaffen.

Dabei gerät Ihnen Ihr Fotoalbum zwischen die Finger. Würden Sie dieses Erinnerungsstück ebenso leichtfertig wegwerfen wie ein Taschenbuch, das Sie einmal beiläufig an einem Kiosk gekauft haben?

Genau so sollte es mit einer Beziehung sein: Sie ist etwas Kostbares, das mit der Zeit gewachsen ist und viele Erinnerungen in sich trägt. Wenn Sie die wirklich nicht mehr möchten (und vielleicht sind Sie sich mit Ihrem Partner ja sogar einig, dass Sie diesen gemeinsamen Lebensabschnitt hinter sich lassen wollen), dann ist es in Ordnung, sich davon zu trennen. Aber tun Sie es mit Bedacht und ohne unnötig Scherben zu hinterlassen.

In jeder Partnerschaft lernt man dazu. Nehmen Sie diese Erfahrungen mit, wenn Sie die Beziehung hinter sich lassen und sich für eine neue öffnen. Lernen Sie aus Fehlern, die begangen wurden. Nutzen Sie Ihre Erkenntnisse für Ihre neue Beziehung.

Commitment – ein Plädoyer

Ein uralter menschlicher Wunsch ist, das ganze Leben in Liebe zusammen sein. Die Wissenschaft zeigt: es ist möglich die Voraussetzungen dafür zu schaffen. Eine davon ist Commitment.

→ Commitment ist eine Entscheidung – und die können nur Sie treffen. Wollen Sie sich voll und ganz auf Ihre Beziehung einlassen? Wollen Sie versuchen, Ihren Partner auf lange Zeit zu lieben? Ihm nah sein und mit ihm wachsen? Erst wenn Sie zu diesen Fragen mit Kopf und Herz Ja sagen können, gehen Sie eine Partnerschaft wirklich ein.

Wie Sie sich entscheiden, ist allein Ihre Sache – doch Ihre Haltung sollte für Sie und Ihren Partner klar sein. Erst wenn Sie wissen, was Sie wollen und was diese Beziehung für Sie sein soll, können Sie danach handeln.

Commitment kann annäherungs- oder vermeidungsorientiert sein: Sie können sich der Partnerschaft bewusst zuwenden und sie als ein hohes Gut betrachten, das Ihnen wichtig ist. Diese annäherungsorientierte Sicht des Commitments bedeutet, für etwas Verantwortung zu übernehmen wie für eine Pflanze, die Sie in Obhut nehmen. Sie wässern diese Pflanze, stellen sie ins Licht oder in den Schatten, düngen, hegen und pflegen sie, damit sie gedeiht, wächst und ihre Schönheit behält.

Ein vermeidungsorientiertes Commitment bedeutet, dass Sie die Beziehung einfach deswegen aufrechterhalten, weil sich keine Alternativen bieten – und vielleicht, weil Sie keinen Aufwand betreiben möchten. Auch das kann in Ordnung sein, wenn es für Sie okay ist. Aber seien Sie ehrlich mit sich selbst und prüfen Sie, ob Sie sich nicht doch für die annäherungsorientierte Variante entscheiden möchten. Wie diese gelingt, versucht Ihnen dieses Buch zu zeigen.

Ewige Liebe als Ziel

Ein schönes Beispiel für Commitment findet sich beim altrömischen Dichter Ovid:

→ Göttervater Jupiter

In der römischen Mythologie suchte er einst spätabends eine Unterkunft und fand sie unerkannt bei Philemon und Baucis, einem älteren Paar. Die beiden Leute bewirteten ihn herzlich, obwohl sie arm waren – die ganzen Wochenvorräte verschwanden in Jupiters hungrigem Magen. Philemon und Baucis freuten sich, dass der Gast satt wurde, und stellten ihm ihre Schlafstätte zur Verfügung.

Ein Leben lang
Durch Commitment – die anhaltende Pflege und Investition in eine Partnerschaft – ist es möglich, eine stabile, liebevolle, lang anhaltende Partnerschaft zu führen.

Jupiter war gerührt von so viel großzügiger und selbstloser Gastfreundschaft. Am anderen Morgen gab er sich als Göttervater zu erkennen und fragte die beiden, welchen Wunsch er ihnen erfüllen solle. Sie antworteten: „Mach, dass wir gemeinsam sterben können, damit keiner von uns ohne den anderen weiterleben muss." Diesen Wunsch erfüllte Jupiter, indem er beide am Ende ihres Lebens in Bäume verwandelte, die ganz nah beieinander standen.

Auch wenn diese Sage von Ovid über 2000 Jahre alt ist – aus der Mode gekommen ist dieser Wunsch, sich ein Leben lang zu lieben und zusammenzubleiben, auch heute nicht. Denn im tiefsten Herzen sehnen wir uns alle nach einer verlässlichen, intimen, tiefen und stabilen Partnerschaft, in der wir Geborgenheit, Liebe, Achtung und Wertschätzung erfahren. Und die Wissenschaft zeigt: Es ist möglich, sich diesen „sicheren Hafen" selber zu schaffen. Durch die tägliche Pflege der Partnerschaft, den Glauben an sie und das Bemühen um gute Bedingungen – Commitment eben.

Hilfe

Adressen und Links

Paarberatung und Hilfe
Bundesverband Mediation
Kirchweg 80
34119 Kassel
Tel. 0561 7396413
www.bmev.de

Pro Familia
Der Verband bietet in bundesweit 180 Beratungsstellen Hilfe bei Partnerschaftsproblemen, Trennung und Scheidung
www.profamilia.de

Evangelische Beratung
Ein Angebot von Diakonie und evangelischer Kirche: Bundesweit gibt es rund 350 Beratungsstellen für Ehe- und Partnerschaftsprobleme
www.evangelische-beratung.info

Deutsche Arbeitsgemeinschaft für Jugend- und Eheberatung
Online können bundesweit Beratungsstellen gesucht werden.
www.dajeb.de

Psychotherapiesuchdienst
Der Psychotherapiesuchdienst ist ein Service der Deutschen Psychologen Akademie. Therapeuten können in der Online-

Datenbank gesucht werden. Auch Telefon-
beratung wird angeboten.
Tel. 030 209166330
www.psychotherapiesuche.de

Deutsche Gesellschaft für Systematische Therapie, Beratung und Familientherapie
Tel. 0221 613133
www.dgsf.org

Arbeitsgemeinschaft „Psych-Info"
Die Arbeitsgemeinschaft »Psych-Info«
ist ein Service der Psychotherapeuten-
Kammer. Experten-Suche per Online-
Datenbank.
www.psych-info.de

Paarinstitut
Seite des Instituts für Paartherapie in
Frankfurt/Main. Hier wird die psycho-
anlytische Paartherapie angewendet und
gelehrt. Es gibt ein Online-Therapeuten-
verzeichnis.
Tel. 069 95059019
www.paarinstitut.de

Deutscher Verband für systemische Forschung, Therapie, Supervision und Beratung.
Unter der Rubrik »Service« sind Kontakte
systemischer Fachleute aufgelistet.
www.systemische-gesellschaft.de

Katholische Eheberatung
Bietet kostenfreie Beratungen in ganz
Deutschland an (350 Beratungsstellen).
Auch Online-Beratung.
www.katholische-eheberatung.de

Bundesverband psychoanalytische Paar- und Familientherapie
Auf der Webseite des Fachverbandes gibt
es eine Therapeuten-Datenbank.
www.bvppf.de

Noch mehr Informationen

Weitere Werke von G. Bodenmann
Beziehungskrisen erkennen, verstehen und bewältigen. Bodenmann, G., Bern, Verlag Hans Huber, 2005.

Stress und Partnerschaft. Gemeinsam den Alltag bewältigen. Bodenmann, G., Bern, Verlag Hans Huber, 2007.

Depression und Partnerschaft. Hintergründe und Hilfen. Bodenmann, G., Bern, Verlag Hans Huber, 2009.

Interaktive DVD zur Verbesserung der Partnerschaftsqualität
Glücklich zu zweit trotz Alltagsstress. Interaktive DVD. Bodenmann, G., Schär, M. & Gmelch, S., Universität Zürich und Universität Fribourg, 2008. Bestellung über www.paarlife.de

Kurse für Paare zur Pflege der Partnerschaft
Paarlife-Kurse sind eine Möglichkeit, in kurzer Zeit durch dieses wissenschaftlich erprobte Training die Kommunikation und gegenseitige Unterstützung in der Partnerschaft zu verbessern. Die Kurse stärken die Partnerschaft behutsam und in anonymer Atmosphäre. Alle Paargespräche finden in separaten Räumen statt.

Unter Anleitung und Begleitung von speziell ausgebildeten Trainerinnen und Trainern übt das Paar neue Formen der konstruktiven Kommunikation. Paarlife hat seine Wirksamkeit in mehreren Untersuchungen nachgewiesen. Weitere Informationen unter www.paarlife.de.

Hintergrundliteratur (Auswahl wichtiger Schriften)
Psychologie der Beziehung. Asendorpf, J. & Banse, R. Bern, Huber, 2000.

Romantische Beziehungen. Bindung, Liebe, Partnerschaft. Bierhoff, H. W. & Grau, I. Bern, Huber, 1999.

Stress und Coping bei Paaren. Bodenmann, G. Göttingen, Hogrefe, 2000.

Verhaltenstherapie mit Paaren. Bodenmann, G. Bern: Huber, 2012.

Intimate Relationships. Bradbury, T. N. & Karney, B. New York, Norton, 2010.

What predicts divorce? Gottman, J. M., Hillsdale, NJ: Erlbaum, 1994.

Die 7 Geheimnisse der glücklichen Ehe. Gottman, J. M. München, Ullstein Taschenbuchverlag, 2002.

Sozialpsychologie der Partnerschaft. Grau, I. & Bierhoff, H. W. Berlin, Springer, 2002.

Partnerschaftliche Interaktion. Hahlweg, K. München, Röttger 1986.

Integrative couple therapy. Jacobson, N. S. & Christensen, A. New York, Norton, 1996.

The longitudinal course of marital quality and stability: A review of theory, method, and research. Karney, B. R. & Bradbury, T. N. Psychological Bulletin, 118, 3 – 34, 1995.

Commitment. Rusbult, C. E., Coolsen, M. K., Kirchner, J. L. & Clarke, J. In: Handbook of personal relationships. Vangelisti, A. & Perlman, D. (Eds.), pp. 615 – 635, New York: Cambridge, 2006.

Investment model. Rusbult, C. E. & Righetti, F. In: Encyclopedia of human relationships, Reis, H. T. & Sprecher, S. (Eds.), pp. 927 – 930. Thousand Oaks, CA, Sage, 2009.

Partnerschaftsprobleme: Diagnose und Therapie. Schindler, L., Hahlweg, K. & Revenstorf, D. Berlin, Springer, 2006.

Psychology of Love. Sternberg, R. J. & Barnes, M. L. (Eds.), New Haven, University Press, 1988.

Stichwortverzeichnis

Lizenzierte Ausgabe für Deutschland und
Österreich
© **2015 Stiftung Warentest, Berlin**
Titel der in der Beobachter-Edition erschienen
Originalausgabe: „Was Paare stark macht."
© 2010 Axel Springer Schweiz AG, Zürich
Alle Rechte vorbehalten.

Stiftung Warentest
Lützowplatz 11–13
10785 Berlin
Telefon 0 30/26 31–0
Fax 0 30/26 31–25 25
www.test.de
email@stiftung-warentest.de

USt.-ID-Nr.: DE 1367 25570

Vorstand: Hubertus Primus
Weitere Mitglieder der Geschäftsleitung:
Dr. Holger Brackemann, Daniel Gläser

Programmleitung: Niclas Dewitz

Autoren: Guy Bodenmann, Caroline Fux
Projektleitung / Lektorat: Johannes Tretau
Mitarbeit: Florian Ringwald
Titelentwurf: Josephine Rank, Berlin
Layout: Büro Brendel, Berlin
Gestaltung / Bildredaktion: Sylvia Heisler
Illustrationen: Mario Mensch, Hamburg (S. 73,
89, 129)
Bildnachweis: fotolia (Valua Vitaly – Titel); ave-
nue-images (Jakob Helbig S. 34, Pauline St Denis
S. 48, Mark Hanauer S. 160, Rob Lewine S. 176,
Heide Benser S. 185); gettyimages (Douglas Wa-
ters S. 10, Oliver Sieb S. 76, Newton Daly S. 159);
istock (S. 28, 37, 112, 123, 146, 149, 166, 171,
174); thinkstock (S. 16, 18, 20, 41, 44, 56, 59, 67,
70, 82, 93, 106, 109, 111, 114, 116, 118, 121,
134, 137, 153, 163, 172, 182, 190, 196, 199).

Produktion: Vera Göring, Sylvia Heisler
Verlagsherstellung: Rita Brosius (Ltg.),
Susanne Beeh
Litho: tiff.any, Berlin
Druck: BGZ Druckzentrum GmbH, Berlin

ISBN: 978-3-86851-152-9